PATRICIA BEUCHER

La permaculture sans courbatures !

TOUS LES CONSEILS POUR UN JARDIN FRUCTUEUX

terre vivante

Sommaire

La permaculture sans courbatures !

Terre vivante a réalisé en 2010 la première analyse du cycle de vie (ACV) d'un livre en France. Cette étude nous a permis d'identifier les impacts de la fabrication d'un livre sur l'environnement, dans l'objectif de les limiter. *Fabriquer des livres, quels impacts sur l'environnement ?* sur www.terrevivante.org

Le papier choisi pour cet ouvrage est issu de pâte vierge produite écologiquement en Europe à partir de forêts gérées durablement. Il ne provient pas de pâte à papier fabriquée aux quatre coins du monde !

Ce livre est de plus imprimé en France, par un imprimeur soucieux de préserver l'environnement à travers des actions d'économies d'énergie, de valorisation des déchets, d'utilisation de produits moins nocifs pour la santé des travailleurs...

Depuis 1979, **Terre vivante** partage ses expériences en matière d'écologie pratique (jardinage bio, alimentation saine, santé, bien-être, habitat écologique, consommation responsable) à travers :

- l'édition de livres pratiques,
- le magazine 4 saisons,
- des jardins écologiques proposant des stages pratiques,
- le portail Internet www.terrevivante.org.

Le catalogue des ouvrages publiés par Terre vivante est disponible sur simple demande et sur Internet.

Terre vivante, 169 chemin de Raud, Domaine de Raud, 38710 Mens.

Tél. 04 76 34 80 80. Email : info@terrevivante.org

www.terrevivante.org

Direction éditoriale : Brigitte Michaud

Coordination éditoriale : Émilie Escoulen

Mise en page : Françoise Masson

Crédits photographiques :
toutes les photos sont de l'autrice ; sauf p. 208 haut : CC Scott Bauer.

Index : Éline Susset, la Relectrice ad hoc

Fabrication : Marie Décamps

Photogravure : C'limage

ISBN : 9782--36098-777-1

DANGER LE PHOTOCOPILLAGE TUE LE LIVRE

© **Terre vivante**, Mens, mars 2023

Tous droits de traduction, de reproduction et d'adaptation par tous les moyens, tant actuels que futurs, strictement réservés pour tous pays.

Introduction

Ce livre est le fruit de multiples expériences partagées avec des cultivateurs d'ici et d'ailleurs. Car jardiner écologique, c'est aussi cultiver l'amitié, la vie sociable, échanger, avancer ensemble, chacun selon ses moyens. Et si la planète est dans un état inquiétant, il y a aussi beaucoup de gens pour agir intelligemment, partager, gamberger, expérimenter.

Ainsi, en 2022, alors que la sécheresse s'installait dès février dans l'Ouest, ai-je décidé de cultiver mon potager à la sénégalaise, en creux, comme le fait mon copain Lamine, fin jardinier de Casamance. Là-bas, les agroécologistes alternent la culture en buttes, en saison pluvieuse, avec celle en creux, en saison sèche... Comme le faisait une tradition méditerranéenne bien oubliée qui allait avec une irrigation économe, sans piles ni pannes, dans la musique de la terre qui craquette de bonheur et embaume tandis que l'eau la pénètre lentement au crépuscule.

Cultivateurs vivriers d'aujourd'hui, riches d'une infinie culture ancestrale et de notre expérience de tous les jours, nous nous penchons sur la terre avec amour et attention. En faisant circuler les graines, les expériences et les mets délicieux, nous sommes les arpenteurs des saisons, les butineurs d'un présent, les semeurs d'un futur que l'on aimerait radieux et gracieux.

Chapitre I

Connaître et organiser son territoire : la clé d'un jardin sans corvées

Pas de jardin réussi sans une bonne connaissance de l'endroit où l'on habite – réussi au sens plein du terme, autant pour le jardin que pour la personne qui le cultive et enrichit sa vie d'une vivante expérience tissée au fil de l'herbe et du fruit, de la terre et du vent, de la pluie, du gel et du brûlant, du gris et de la lumière. Pour agir à point nommé, ou ne rien faire du tout, car, parfois mieux vaut attendre le bon moment. Alors on peut s'en aller voir ailleurs car, bien parti, un jardin peut vivre sans son jardinier, sans le désespérer en faisant le sauvageon indomptable. C'est cela cultiver, trouver le point d'équilibre entre contrôle et liberté. Un exercice permanent pour qui veut se nourrir et bien vivre en son jardin. Pour jardiner sans courbettes ni courbatures, observons la nature, la nôtre et celle qui nous entoure, pour trouver l'accord le plus intelligent. C'est un exercice permanent. C'est un exercice vivifiant qui commence par une bonne organisation de l'espace.

Pour s'en nourrir, un bon jardin c'est : un terrain ensoleillé, mais pas trop, abrité des courants d'air, en pente pourquoi pas, mais pas trop. Avec de l'eau mais pas trop. Reste à y tracer des allées commodes et de jolies cloisons pour structurer l'espace, filtrer les courants d'air et rendre l'ensemble agréable. Alors, même si parfois ça commence à la dure, vient un bonheur, variable, mais intense !

D'abord on regarde, on discute, on réfléchit

Même si tout semble urgent, car vous arrivez en plein printemps fou, au moment où tout pousse à toute allure, même si vous êtes pressé d'installer un jardin qui ressemble à quelque chose, un conseil, prenez votre temps. Arpentez le terrain et regardez ! Commencez par les fenêtres. Est-ce que ce que vous voyez vous plaît ? Qu'aimeriez-vous voir en passant de l'une à l'autre quand vous êtes à la maison ? Posez-vous de tous les côtés du terrain et regardez encore. Croyez-moi, voilà qui fait du bien tout de suite ! Car, mine de rien, on s'apprivoise avec l'endroit où l'on habite, on rêve, on gamberge, on observe. Et plus on regarde, plus on apprend. Sans courbatures. Les voisins s'inquiètent ? Dans les jardins familiaux, dans les lotissements, un comportement « original » peut vite générer des conflits. Si vous leur expliquez que, pour vous, c'est réflexion avant action, les plus fanatiques du jardin « propre » – ceux qui, affolés par l'herbe qui pousse, vous proposent leur tondeuse – sont capables de comprendre, voire de changer d'habitudes. Parole d'un jardinier en zone pavillonnaire bien proprette ! Expliquez ce que vous faites, partagez boutures et jolis petits plants, et vous verrez comme le dialogue, d'abord un brin crispé, se dégèle.

Alors, si vous débarquez dans un nouvel endroit, présentez-vous. Ne pensez pas que la plantation des tomates ne vous laisse pas une minute. C'est le contraire : rendre une petite visite au voisinage vous fera gagner du temps, des bons plans et des plants, car il est rare de quitter un jardinier les mains vides et sans un conseil.

Grâce à cette diplomatie de l'herbe et de la binette, on fait connaissance avec le pays. Rien de tel pour apprendre en détail à quel genre de terre on a affaire, les erreurs et les bonheurs de votre prédécesseur, les facéties du microclimat local, ce qui marche et marche moins. Plus l'interlocuteur est vieux, plus il en a à dire. Cela

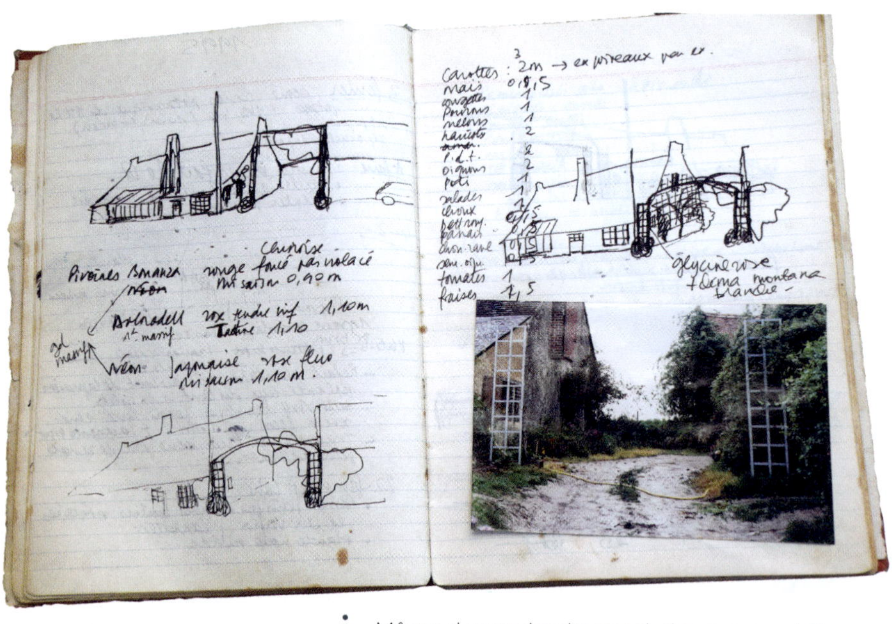

Même si vous dessinez mal, dessinez vos idées sur un carnet, cela aide beaucoup à se fixer les idées !

vaut la peine de passer sur les ragots et les rancœurs, car même là-dedans, il y a des informations ! Ne serait-ce que repérer comment s'apprivoiser. Tout le monde y gagne. Souvent on s'aperçoit que l'on cherche bien loin des pratiques éprouvées par l'expérience locale (le paillage, par exemple, jadis appelé paillis) et l'on se retrouve à expérimenter en bonne intelligence avec des gens que l'on n'aurait jamais imaginé fréquenter. Et ça aussi, c'est cultiver la biodiversité !

Avant de remplacer le portail en plastique, j'ai testé les barrières en bois trouvées sur place et pris des photos. Surprise, à la verticale, elles n'étaient plus moches ! Remontées de façon serrée et peintes en bleu (peinture suédoise à la bouillie bordelaise), voici un portail de 4 m de large par 1,80 m de haut pour moins de 50 € !

Modifier son jardin, c'est possible !

N'ayez pas peur de faire des erreurs, tout le monde en fait ! On va trop vite, on plante trop serré, on achète trop de choses disparates. Alors il arrive qu'après quelque temps on réalise que ça ne va pas, par exemple une allée peu pratique, des cultures mal orientées, des arbres mal placés… En prévision de ces ajustements, il est sage d'attendre pour daller ou gravillonner les allées. Modifier un potager organisé en planches fixes demande une ou deux matinées de sport, s'il est à plat, un ou deux jours s'il est en buttes, avec pour conséquence de nouvelles allées fertiles, donc à ensemencer avec du trèfle ou du gazon pour récupérer du paillage. Si vous créez un potager, optez plutôt pour des plates-bandes mobiles (voir p. 71) !

Mais peut-on les changer de sens sans conséquences, sachant que certaines plantes se retrouveront sur le même emplacement deux ans de suite ? Rassurez-vous, ce n'est pas si grave si on le fait une fois ! Mieux vaut tout réorienter que voir les pois renversés systématiquement par le vent.

Même chose si vous réalisez que vous avez planté des arbres ou des arbustes trop serrés, ou à un endroit mal choisi – une erreur que, dans la hâte de varier les cultures, nous faisons tous. Sauf exception, on a 4 ans pour changer d'avis. Mieux vaut une transplantation un peu galère, qu'une erreur qui risque de vous agacer toute votre vie, ou d'anéantir le potager en 10 ans.

Je ne parle pas à la légère, il y a 8 ans, un permaculteur à courte vue a planté une rangée de fruitiers au milieu de mon potager actuel de 22 m de long et 10 m de large.

Gare aux abricotiers et pruniers au milieu du potager : en une seule année, leurs racines peuvent s'allonger de 5 m, affamant, assoiffant les cultures voisines. Vous avez 4 ans pour déplacer un arbre mal implanté.

Dès le premier apport de compost, les racines des arbres se sont allongées de 5 m, appâtées par cette friandise inhabituelle. À ce rythme, dans ce terrain idéalement fertile, au sol incroyablement profond, le potager, dans 2 ans, c'est fini. Donc, avant de planter « une forêt fruitière » serré-serré dans les légumes, on réfléchit. Et si on se trompe, on transplante les arbres avant leur 4e anniversaire.

Apprécier le microclimat local

D'une partie d'un jardin à l'autre, ce n'est pas pareil. Un grand arbre peut drainer efficacement un coin de terrain trop humide et assécher un sol déjà bien filtrant, donc vous amener à cultiver des plantes différentes... voire rien du tout. Car il faut parfois accepter de ne rien faire ! Ce qui est sans doute le début de la sagesse.

Un bâtiment, une haie compacte causent de l'ombre et parfois de furieux courants d'air, qu'il est précieux d'observer avant d'installer, par exemple, de grands bacs difficiles à déplacer ensuite. C'est particulièrement vrai si l'on habite dans un lotissement où les parcelles sont très proches : des courants d'air aussi violents que surprenants peuvent perturber vos plans dans un terrain apparemment bien exposé à cause des haies et constructions. À l'inverse, le haut rideau d'arbres caducs d'un voisin peut protéger votre terrain. En effet, les caducs filtrent le vent sur une longueur équivalant à 20 fois leur hauteur (10 s'ils sont persistants, avec de plus, un effet d'ombre plus dense, jusqu'à 8 fois leur hauteur en hiver s'ils sont à l'ouest).

Avant de planter des arbres…

Renseignez-vous sur leurs caractéristiques. D'abord, sur leur taille adulte pour envisager l'ombre qu'ils feront d'ici 20, 30 ans – en hiver elle s'étire sur 6 fois leur hauteur –, mais aussi sur leur enracinement. Si, pour les fruitiers, les spécialistes peuvent vous offrir du sur-mesure, pour les autres arbres, c'est rarement le cas. D'où ces haies dépenaillées : leur propriétaire en a eu assez de les tailler au moins une fois l'an pour les maintenir à 2 m de haut et rester en paix avec le voisinage, alors elles se sont élancées vers le ciel et leurs racines se sont étendues à proportion. Car non seulement certains, comme le charme, le cyprès ou laurier-sauce deviennent géants, mais ils assèchent le sol jusqu'à 20 m alentour. Un vrai problème dans un jardin dont la surface excède rarement 500 m^2 !

On retiendra que :

- Les racines traçantes du bouleau, du charme, du peuplier, du mimosa, du robinier, du tilleul, mais aussi du chèvrefeuille du Japon sont capables d'envahir les canalisations, déstabiliser des fondations et envahir un terrain au point de rendre impossible la culture d'un potager.
- L'ailante, le buddléia, le mimosa, le frêne, l'érable plane se ressèment jusqu'entre les dalles des terrasses des étages alentour.
- Quant aux bambous, vous connaissez le programme, s'ils veulent conquérir le terrain, rien ne les arrête : ils sont capables de réduire leurs racines à 5 mm d'épaisseur pour franchir un mur !

Les climats les plus faciles sont sous influence océanique, mais jusqu'à 5 km du littoral, le vent violent et les embruns compliquent le choix du jardinier. C'est a priori difficile de jardiner en climat continental à cause du contraste entre hivers rigoureux et étés torrides, mais il y a aussi des sites protégés. Ainsi, la vallée d'Arbin en Savoie – patrie de la grelinette – abrite un vignoble réputé et des figuiers !

Dans un nouveau jardin, il faut donc vivre un peu pour voir comment transformer les défauts en opportunités. Et se mettre à la botanique des plantes sauvages et cultivées. Par exemple, les framboisiers aiment l'ombre, le splendide *Abutilon megapotamicum* s'accommode des sols tantôt inondés tantôt secs, à mi-ombre comme en plein soleil ; le serpolet et l'achillée crithmifolia déroulent leurs tapis fleuris dans l'archi sec et se moquent des embruns...

Le test du courant d'air

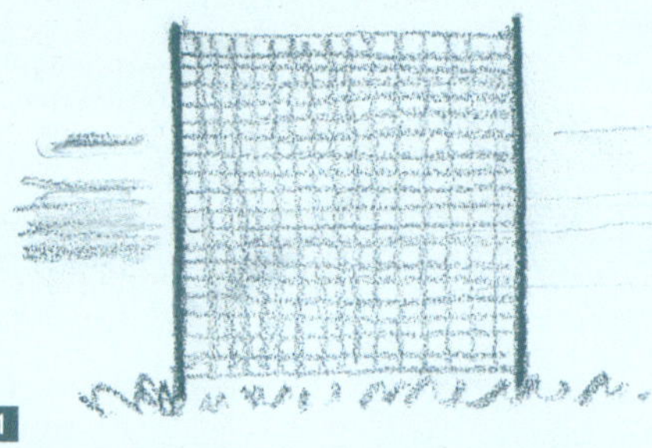

1

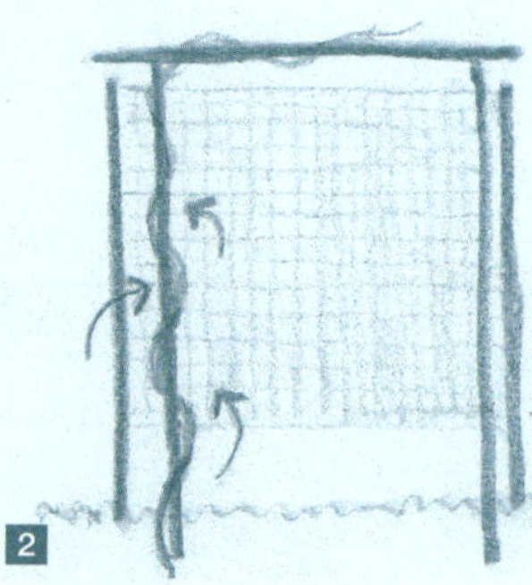

2

Avant d'installer une pergola légère ou un parasol, installez une table et quelques chaises à l'endroit désiré par un jour de vent et observez. Si les chaises s'envolent, il faut faire quelque chose. Parfois c'est clair, le passage est glacial. Pour retrouver le calme, faites un essai (1) : enfilez un morceau de grillage de 2 x 2 m dans deux brins de 2,50 m de fer à béton de 8 mm. Enfoncez les fers en tendant bien le grillage, face au vent perturbant et observez ce qui se passe : s'il est bien placé, derrière le grillage, c'est calme. C'est selon cette orientation que vous planterez arbustes ou grimpantes bien rustiques appuyées sur un grillage de cette hauteur (2).

Moche le grillage ? Vite, des bambous !

Faufilés dans les mailles, ces brins toujours droits et nets changent tout de suite le style. Bien serrés les uns contre les autres, ils peuvent aussi entraver la curiosité d'un voisin lorgneur. Faute de bambous, des liteaux à tuile, des brins de châtaignier font l'affaire pour pas cher.

Palissage filtrant

Pour l'effet immédiat : une simple rangée de bambous, maintenus par deux brins horizontaux entrecroisés. Après deux ans de patience, un fil tendu sur deux piquets espacés de 3 m de part et d'autre d'une glycine sera tricoté dans une souple torsade. Selon la densité du filtre souhaité, on ajoute un ou deux fils intermédiaires pour palisser les pousses de la glycine, qui grandissent de 3-4 m en un seul été. Et pas la peine de prendre de gros piquets, des perchettes de 5 cm suffisent. En se torsadant autour, la glycine les tiendra droit, en souplesse. Rappelez-vous la fable du chêne et du roseau !

Prenez des photos !

Pour repérer ce qui pousse naturellement, pour bien mémoriser les zones d'ombre et apprécier l'espace dont vous disposez, photographiez votre jardin !

Pour apprécier au mieux les zones lumineuses et celles ombragées, c'est le matin jusqu'à 10 h, puis le soir à partir de 16 h de novembre à mars, période où les ombres sont les plus denses, puis, aux mêmes heures, de juin à septembre, période de luminosité maximale.

Pour apprécier l'ensoleillement du jardin, prenez des photos à la même heure en hiver, puis en été en faisant le tour du terrain à chaque fois. Ici, on voit bien que sur la gauche, le matin c'est ombragé quelle que soit la saison.

Faites un tour complet du terrain en vous calant sur un repère, à droite de la photo en cours, puis à gauche de la suivante et ainsi de suite. Mieux, faites des photos de la flore spontanée, car les plantes n'apparaissent jamais par hasard, mais indiquent au contraire un endroit bien abrité, une zone d'ombre persistante, un sol trempé, un puissant vent dominant… Imprimez et collez ce tour de jardin dans un cahier, comme aide-mémoire avant d'installer de nouvelles plantations.

La botanique vous informe en direct

Les plantes sauvages sont le meilleur des guides pour comprendre un territoire car leur apparition dépend d'un ensemble de facteurs qu'elles traduisent en clair et en continu. Contrairement à une analyse de terre qui vous invite à mélanger 3 ou 4 prélèvements pour faire un échantillon de 500 g, et vous délivre un coûteux compte rendu souvent incompréhensible et approximatif, tant un sol peut varier, même sur une petite surface. Une analyse de sol aurait sans doute découragé mon voisin de planter un châtaignier, car il sait qu'il jardine sur un îlot calcaire. Ce fin jardinier, qui connaît son pays, l'a osé, et il se régale chaque année des seules châtaignes, à 10 km à la ronde ! Son châtaignier pousse vraisemblablement dans une veine de terre qui lui convient car il est magnifique.

Sur une toile de fond tenant au climat et à la nature du sol (lourd ou léger, calcaire ou acide, ombreux ou ensoleillé), les plantes sauvages vous donnent à voir toutes les variantes tenant aux circonstances : ce que vous avez fait (par exemple répandre du compost, raisonnablement ou trop) ou pas fait (amender, bêcher...) et aussi les différentes qualités du sol, car un jardin est loin d'être un territoire homogène.

Les hauts épis des bouillons-blancs (*Verbascum thapsus*) annoncent un sol maigre et filtrant.

Ainsi, par exemple, sur une parcelle de 800 m², nous avons : une bande tourbeuse, proche d'un pré inondable ; une partie en sable calcaire, aride ; une petite bande d'argile compacte ; un merveilleux sol sableux-limoneux.

Soit en traduction botanique : le myrtillier prospère dans la tourbe ; la mâche, la sauge des prés et le serpolet habitent le sable calcaire ; l'argile est pleine de pissenlits et de renoncules ; le potager, malmené par un permaculteur adepte de la bâche en plastique, était envahi de renouée persicaire (*Polygonum persicaria*) et d'agrostide rampante (*Agrostis stolonifera*). Deux ans après de copieux apports de compost couvert de feuilles de saule, il est tapissé de véronique petit-chêne et de gaillet gratteron. En langage clair : stop ! On frôle l'indigestion en azote ! Et c'est vrai, compost et paillage c'est bien, mais pas jusqu'au gavage.

Cette botanique de la flore spontanée se déchiffre plante à plante, mais se lit par ensembles. Ainsi apprend-on à fignoler son diagnostic : on apprécie d'un coup d'œil le coin de jardin qui s'assèche à cause de la haie qui a grandi, chassant

Un an sans jardinier et les monnaies-du-pape en profitent ! Le lierre risque d'étouffer le cerisier, la fougère-aigle a surgi de l'ombre en brigade déterminée.

l'amarante et le mouron au profit du lierre ; la parcelle trop riche car on a eu la main lourde avec le compost, tapissée de mouron. La pelouse de plus en plus fleurie parce qu'on l'appauvrit en y prélevant les tontes pour pailler les cultures.

Pour apprendre cette botanique de jardinier, deux guides : *Le guide des plantes bio indicatrices* de G. Ducerf et C. Thiri et *Le guide Delachaux des fleurs de France et d'Europe*.

Tant que le jardinier est là, il garde le contrôle car, au fond, ami de la nature ou pas, jardiner c'est contrôler, imposer ses choix plus ou moins en douceur. S'il décide d'opter pour la contemplation, les fleurs s'effaceront à leur tour devant la ronce, l'aubépine, l'érable ou l'églantier. La lande s'emparera des lieux, selon le processus « en route vers la forêt » de nos contrées. Presque imperceptiblement, semis de ronce par-ci, d'arbres par-là. Encore 10 ans et les arbres prendront leur essor, effaçant peu à peu l'herbe et les broussailles sous leur ombre croissante. Jardiner, c'est toujours maîtriser, même d'une main légère. Jardiner « à la paresseux écologique », c'est beaucoup observer !

Semis spontanés, des indications, pas des recettes

Un poivron surgit entre les dalles de la terrasse ? Cela ne veut pas dire qu'il prospère dans du sable, plutôt qu'il apprécie le frais d'un couvert tout en gardant la tête au soleil. Le gravier, les dallages sont de vraies pépinières, pas des listes de recettes ! On s'en inspirera avec succès en couvrant les semis de gravier menu, mais ça marche surtout avec les semis en pots. Pas de conclusions hâtives, l'observation des plantes est une éducation du regard !

Un brin de botanique pour connaître son terroir

Sol fertile

(1) Amarante réfléchie (comestible) ; (2) Bardane (comestible); (3) Chénopode blanc (comestible) ; Stellaire (comestible) ; (4) Véronique petit-chêne

Proposition : zéro compost cette année ou alors, ponctuellement, dans les trous de plantation des plantes exigeantes.

Sol gorgé d'eau en hiver, sec en été

(5) Brome stérile ; (6) Potentille rampante

Proposition : drainer, pailler, apporter du compost pour remonter la teneur du sol en humus. Désherber impérativement avant la mi-juin pour enrayer les semis spontanés.

Sol humide à inondable

(7) Prêle

Sol en voie d'appauvrissement

(8) Pâquerette

Proposition : distribuer compost ou calcaire selon diagnostic des autres plantes présentes.

Manque d'engrais animal

(9) Grande marguerite

Proposition : distribuer du fumier composté, selon les besoins des plantes.

Engorgement en matière organique, sol compacté, excès d'eau

(10) Chardon ; (11) (12) Rumex

Proposition : solariser. Après arrachage des racines, aérer le sol à la grelinette.

Excès d'azote, parfois de matière organique végétale

(13) Gaillet gratteron ; (14) Pourpier

Proposition : arrachage avant floraison et sobriété. On arrête le compost et on paille légèrement pour calmer le jeu !

Sol acide

(15) Digitale ; (16) Jacinthe des bois

Proposition : répandre 5 kg/m² de compost en fin d'hiver, puis 30 g/m² de lithothamne ou de dolomie au printemps.

Sol calcaire

(1) Chicorée ; (2) Hellébore fétide ; (3) Sauge des prés

Proposition : saupoudrer 30 g/m² de soufre en été, pailler en permanence si possible.

Sol filtrant

(4) Mauve musquée ; (5) Pavot de Californie

Proposition : entretenir sa perméabilité en l'étoffant par du compost.

Sol sec

(6) Bouillon-blanc ; (7) Muscari à toupet ; (8) Vipérine

Proposition : travailler à la grelinette pour l'aérer, enrichir en compost (3 kg/m²) et pailler.

Sol humide

(9) Liseron des haies ; (10) Pulicaire ; (11) Renoncule bouton d'or

Proposition : après arrachage, ameublir à grosses mottes à l'automne et laisser le gel agir. En avril-mai, griffer, exporter les herbes arrachées, apporter du compost aux cultures exigeantes (3 kg/m^2), puis pailler.

Variantes : pratiquer le barbecue itinérant (voir p. 38) sur les futures plates-bandes et enfouir les cendres superficiellement. Solariser de mars à mai, puis semer luzerne, mélilot ou sarrasin à faucher comme engrais vert pendant 2 ans, avant de commencer les plantations.

9

10

11

Apprécier la texture du sol

Pour apprécier si le sol est filtrant ou consistant, on prend une poignée de terre humide et on tente de la rouler dans la paume de la main. Si le rouleau s'émiette, le sol est sableux. Si au contraire, il est compact, il est argilo-limoneux. Si on peut le façonner en anneau, il contient plus de 15 % d'argile. Inutile en revanche de laisser reposer de la terre dans un bocal pour en observer la composition comme on le conseille partout, le résultat est illisible ! Même chose, hélas, avec les analyses de terre des jardineries. D'abord parce que l'on vous demandera de mélanger des échantillons prélevés en divers lieux du terrain qui en réalité sont souvent bien différents, et parce qu'en prime leurs comptes rendus sont illisibles voire illisibles. Ce qui fait cher pour un tissu d'erreurs ! En cas de problème, pour une analyse de sol plus approfondie, renseignez-vous auprès d'un maraîcher pour trouver un laboratoire capable de vous indiquer le pH du sol, sa teneur en matière organique et de vous proposer clairement comment corriger ses carences. Mais, c'est rarement nécessaire, l'étude des plantes spontanées permet de suivre l'évolution du sol gratuitement tout en cultivant son jardinier !

Cultiver un sol aride

Ce sol peu fertile a un avantage : il s'enherbe moins vite qu'un bon terrain. Donc on peut commencer tranquillement, en installant des fleurs super rustiques et des aromatiques, et ainsi progresser petit à petit. La méthode : on remplace une plante envahissante par une autre qu'on aime. On arrache la vilaine, on remplit sa place de bon compost et on plante une petite chérie. On arrose à fond, on paille épais (10 cm de gazon ou des pierres) et c'est parti. Si le sol est caillouteux, on utilise les pierres sans gros transport pour tenir les nouvelles plantations au frais, et limiter la concurrence de l'herbe. Pour arracher quelque chose de rampant et tenace, comme le chiendent ou la potentille, on soulève les racines avec une fourchette bien acérée (voir p. 33), puis on tire doucement et jusqu'à trouver le bon sens (il y en a toujours un) et alors de gros blocs s'arrachent sans peine. Ainsi, en commençant au printemps, on a déjà un très beau jardin dès l'été.

Et ce grâce à de belles et grandes plantes originaires de contrées au climat rude : zones méditerranéennes de la planète, prairies américaines. Par exemple, des aromatiques vivaces comme le fenouil, l'hysope, le romarin, toutes les sauges et serpolets, le thym font tout de suite de l'effet, en structurant le nouveau jardin de leurs feuillages persistants. Mieux, dans ce milieu, à la dure, elles sont plus savoureuses qu'en sol riche et bien arrosé. Pour les fleurs : l'anthémis des teinturiers, l'aster de Nouvelle-Angleterre, les hélianthus vivaces, les héliopsides, la knautie et la scabieuse, la lavatère arbustive, l'anisodontéa, la sauge sclarée et celles à petites fleurs.

Plantés à l'automne précédent, les hélianthus 'Lemon' et les asters de Nouvelle-Angleterre ont transformé une ancienne cour aride en jardin somptueux de juillet à octobre. Chacun a reçu une demi-pelletée de compost à la plantation. Il faudra les diviser dans 4 ans.

Stipa tenuifolia et fenouil vivace font la paire dans les sols les plus arides.

Le lotier corniculé, un gracieux intrépide en fleur tout l'été.

Après un an de ce jardinage nomade, les passants s'arrêtent admiratifs. J'ai ainsi remis en culture une ancienne cour damée-gravillonnée pendant 50 ans. Sans peine, à la grande surprise de mes voisins pratiquant du jardinage punitif.

Hélas, pour le potager, le programme est plus laborieux. D'abord, il faudrait l'installer près d'un point d'eau, par exemple, à proximité d'une gouttière sous un toit d'au moins 50 m^2 pour stocker au moins 3 000 l à la belle saison – sachant que, de plus en plus, entre juin et septembre, c'est la sécheresse. Puis, commencer par répandre beaucoup de compost de fumier mûr (5 kg au m^2) couvert de 15 cm de paillis à l'automne – de préférence, des copeaux de bois vert et tendre (noisetier, frêne, peuplier, saule). Répandus 3 automnes de suite, ils relancent la vie du sol de manière spectaculaire. À la belle saison, le paillage de gazon fait miracle (jusqu'à 10 cm autour des tomates, choux, courges, en couche légère autour des carottes, oignons, ail…). Ensuite vous doserez le compost selon les besoins des cultures, mais garderez le terrain paillé d'avril à décembre. Au moins. Si les campagnols n'ont pas découvert votre région, vous pouvez maintenir le sol couvert toute l'année. Hélas, ils sont en train de conquérir tout le territoire.

Pelouse en sol aride

Le plus simple : tondez la verdure existante chaque mois d'avril à juin et vous la verrez gagner en densité. Ce ne sera jamais le tapis vert à l'anglaise car celui-là, gavé d'arrosage, est de toute façon en voie de disparition, mais une pelouse composée de plantes bien adaptées à leur milieu. L'été venu, elle passera au beige, voire au gris, mais elle reverdira avec les premières pluies, selon un tempo naturel. Vous la trouvez vraiment trop clairsemée ? Plantez quelques achillées crithmifolia, ou semez du lotier corniculé, deux tapissantes super résistantes au sec, à la floraison ravissante et nourrissante pour les abeilles.

Cultiver un sol trop humide

Si l'eau stagne en larges flaques, si la maison est humide, cela vaut la peine de faire intervenir une pelleteuse pour creuser des drains aux points critiques... après avoir bien étudié dans quelle direction orienter l'eau évacuée. Ce peut être l'occasion de créer un bassin dont les abords accueilleront toute une faune et une flore enrichissant le territoire et qui servira de réserve pour l'arrosage. Utile, même en climat pluvieux, les dernières canicules nous l'ont prouvé ! Mon jardin actuel est bordé d'un étier large de 3 m que les anciens du quartier n'avaient plus vu s'assécher depuis 1976, or, depuis 2018 chaque été le met à sec. Les 1 500 l de réserve d'eau de pluie permettent de sauver le potager (200 m²) et une trentaine de jeunes arbres. À noter : un bassin peuplé de gambusies (minuscules poissons) ne génère jamais de moustiques.

Jadis, le drainage consistait en une tranchée profonde jusqu'à 2 m, large de 50 cm, emplie de pierres, puis de gravier et enfin de 20 cm de terre. C'était bien plus durable, moins cher et aussi efficace que l'habitude actuelle de déposer un tuyau en plastique sur une nappe de géotextile (du plastique !) avant de répandre du gravier.

Si l'eau stagne par grandes flaques, si le terrain est envahi de prêle, cela vaut la peine de le drainer à condition de pouvoir évacuer l'eau vers un fossé ou une mare. Si vous avez des pierres et gravats, utilisez-les plutôt que ce drain en plastique, ce sera plus écologique et plus fiable.

Une bande d'argile compacte ? Incorporez au printemps 10 cm de terreau et, en été, vous aurez des héléniums (un privilège !), le kniphophia deviendra géant, les hémérocalles opulentes, les géraniums seront en grande forme. Vous aurez autant que vous voudrez de livèche, de persil, de raifort, d'artichauts, de rhubarbe, de chou vivace. L'automne vous régalera en poires et pommes, des brassées d'asters et de chrysanthèmes l'illumineront. Au printemps, les narcisses et l'angélique seront magnifiques. Une chose à faire tout de suite : drainer en plantant des persistants, planter un maximum de consoude pour avoir de quoi pailler tout l'été et fabriquer un stimulant épatant.

Restaurer un sol pourri-trempé

Parfois, il suffit d'une petite tranchée pour tout arranger. J'ai assaini une parcelle où la terre était morte et malodorante à force de tremper dans l'eau provenant d'une gouttière déboîtée. Il a suffi de creuser sur 30 cm, de remettre un tuyau neuf, puis de le noyer dans du gravier grossier pour assainir 20 m². Sur le sol débarrassé des orties, rumex et prêles, j'ai étendu des cartons, puis 20 cm de crottin de cheval couvert de 10 cm de feuilles de noisetier. En six mois, c'est devenu un petit jardin fertile où prospèrent céleri, chou, concombre, tomate, piment, artichaut, claytone, persil, pomme de terre. Exposé au sud-ouest, donc en plein vent, je l'ai voilé de filet anti-grêle, pour filtrer les courants d'air et modérer les canicules. Le fond du sol étant frais, les récoltes y sont meilleures que dehors.

La prêle est toujours là (elle est invincible !), mais n'empêche pas les légumes de prospérer. J'attends juin pour l'arracher et la laisser sécher sur place. C'est un très bon paillage léger. Dans une parcelle d'herbe où elle abonde, j'ai découvert qu'en la fauchant en mai-juin, elle se tient tranquille jusqu'au printemps suivant.

Drainer par les persistants

Arbustes et grimpantes au feuillage toujours vert sont d'efficaces drainants naturels, pas chers, actifs toute l'année et plutôt rapides (ce sont des plantes, il faut qu'elles s'installent !). Ainsi, la moindre branchette de camérisier (*Lonicera nitida*) s'enracine et fait un buisson bien dense, bien vert, de 1,20 m en 3 ans. Dans le même temps, le cotonéaster lactiflora atteint 3 m et ploie sous les opulents bouquets rouges d'octobre à février. Pareil avec le fusain du Japon, aux baies rouges et orange et au feuillage laqué vert clair. Avec le pyracantha, ce banlieusard furieux, c'est double pompage en beauté ! Appuyé contre un mur, les racines dans un drain en pierres, même à l'ombre, même en plein courant d'air, il vous émerveille deux fois l'an. En mai lorsqu'il se couvre d'ombelles crème bourdonnantes d'abeilles, puis quand octobre le fait ruisseler de baies dorées il est merveilleux (des baies rouges ou orange, ce serait éblouissant, voire énervant !). Comptez sur 5-6 m de haut à partir de 10 ans.

Les grimpantes persistantes, comme l'*Abutilon megapotamicum,* le chèvrefeuille du Japon, atteignent 3 m en 3 ans. Tous se taillent à volonté en étroits écrans de 50 cm d'épaisseur si nécessaire, en octobre, prodiguant une précieuse provision de branchettes pour les paillages et la protection des plantes fragiles contre le gel. Le camérisier est aussi une couverture idéale pour un compost en cours de maturation.

Palissés sur une façade au nord-est, ces pyracanthas poussent les pieds dans 1,50 m de drain en pierres. On les a plantés tous les 1 m dans des cartons garnis de compost. L'automne venu, ils ruissellent de baies dorées.

Vive l'osier !

Pour fixer les berges d'un fossé, drainer un terrain trempé, obtenir en deux ans un brise-vent efficace (3 m de haut et plus si affinités), pensez à l'osier. Les variétés orange sont les plus dynamiques, les pourpres et les verts les plus convenables pour obtenir en deux ans une belle rangée de mini têtards d'1,50 m. Dans tous les cas, on prélève de beaux brins drus d'1 à 2 cm de diamètre, coupés à 80 cm au-dessus d'un bourgeon, et on plante direct dans la terre meuble. Même si le sol est humide, la première année il faudra peut-être arroser et désherber. Ensuite, on se contente chaque hiver de couper les pousses de l'année au ras du tronc. À 30 cm du sol pour former de mini têtards rayonnants ; à 1 m pour un souple rideau anti-courants d'air. Les brins taillés les plus souples servent à la vannerie et au palissage solide. Les plus raides peuvent être plessés, vifs ou secs, entre les troncs comme garde-corps ou pour regarnir une berge qui s'effrite.

Chaque hiver, les pousses de l'année sont coupées à ras à l'ébrancheur, prodiguant ce qu'il faut de liens et de brins pour tresser des paniers ou ramer les pois (une fois secs, sinon ils s'enracinent !). La seconde année après plantation, on a ligaturé ensemble des pousses latérales taillées en biseau pour relier les têtards en clôture solide.

Aride en été, trempé en hiver : on s'adapte !

C'est le lot des sols sableux-limoneux proches des marais. Très fertiles, mais impressionnants lorsqu'ils se couvrent de grandes flaques après une grosse averse, puis dessèchent en craquelant si la sécheresse s'installe. Alors on essaie, on teste ! Et l'on découvre que l'agastache, l'artichaut, l'asperge, le cardon, la tomate, la ciboule géante type Ishikura, le lotier, le mélilot, la luzerne, le trèfle rose, les méditerranéennes et les fleurs de la prairie citées p. 29 s'en accommodent volontiers. Avec la vigne et les rosiers, c'est quitte ou double, soit une croissance magnifique, soit quelque chose de fluet, ni mort ni très vif et ce parfois à moins d'un mètre d'écart. Les intrépides *Physalis franchetti* et les clématites n'aiment pas ça. La momordique succombe en cas de canicule et la chayotte boude en refusant de fructifier. Bref, on essaie et on observe comment ça se passe. En cas de bouderie, on change la malheureuse de place et, en général, ça s'arrange. Dans tous les cas, on paille, en continu si possible pour étoffer en humus et rendre poreux ces sols facilement battants.

De la friche au jardin, halte aux casse-tout !

Souvent, on choisit la maison sans trop regarder le jardin de près. Parfois on saute sur une occasion, enthousiasmé par le potentiel d'un terrain bien situé. Vient le jour où l'on se tient devant un fouillis exubérant en se demandant par quoi commencer, pour qu'advienne ce qui sera votre jardin. Et là, surtout, on ne dit pas oui sans réfléchir à l'ami qui vous propose de s'occuper de la pelleteuse. Car, même la mini-pelle est un bolide qu'il convient de piloter avec doigté dans un jardin. Et pour guider une machine qui fait vite des dégâts, on a intérêt à savoir ce que l'on veut, ce qui vient en général en attendant un peu, après s'être beaucoup baladé dans le futur jardin.

Si cette friche a été cultivée, elle recèle sans doute bien des trésors que vous vous réjouirez d'avoir identifiés puis sauvés, c'est-à-dire garés hors de portée d'un défricheur déterminé. Vous découvrirez souvent de magnifiques plantes assez débrouillardes pour ne vous causer aucun embarras car elles ont prouvé qu'elles sont parfaitement adaptées à ce terrain.

On n'a pas toujours le choix du moment, on n'a pas tous les mêmes envies, mais voici les principales caractéristiques d'un débroussaillage fructueux selon la saison où l'on s'y met. Une nouvelle leçon de botanique commence, d'un genre, hélas, peu usité, celle des plantes cultivées assez tenaces pour survivre dans la grande marée verte des plantes sauvages.

Le flamboyant arbuste derrière le vélo ? Un sumac. Mieux vaudrait l'arracher ainsi que ses nombreux rejets avant qu'ils n'envahissent tout le terrain. Les lauriers-palme, à gauche, peuvent être rabattus, mais il faudra les tailler chaque année. Alors, pelleteuse ? Oui !

Ces petits plants sont des trésors

Ancolie

Dans les sols frais, cette vivace amie de l'ombre (elle fleurit jusque sous les arbres) se ressème en quantité. Transplantez-la à l'automne si nécessaire pour la voir fleurir avec ses cousines les pivoines au début du printemps.

Anthémis des teinturiers

Une tout-terrain au feuillage persistant, amatrice de lumière, en gros coussin de marguerites jaunes à gros cœur radieux pour tout l'été. Une pionnière efficace pour transformer le sol le plus ingrat en jardin en trois mois, de mars à juin ! Vivace fugitive (2 ans), elle se ressème à sa fantaisie.

Fenouil vivace

Ne cherchez pas à arracher cet invincible, vous allez vous faire mal ! Cueillez plutôt ses pousses extra tendres, extra sucrées, il en refera d'autres inlassablement sans rien exiger de vous. L'été venu il fleurira en lumineuses ombelles jaunes, puis montera en graine. À cueillir bien vertes, car si vous les laissiez mûrir vous seriez vite débordé par un envahisseur décidé. Parfois, on le trouve enlacé dans un poireau vivace, aussi délicieux et tenace que lui.

Géranium

Le véritable est non seulement vivace mais il se ressème en général à foison dans les jardins ombragés. Le plus têtu, le géranium noueux, se plaît à l'ombre et au sec. En bordure de pelouse, le très dynamique 'Claridge Druce' tient l'herbe en respect. Leur floraison rose accueille tout l'été une foule d'auxiliaires utiles au potager et au verger. Tous sont très jolis en bordure ou en nappes sous les arbres.

Giroflée ravenelle

N'y touchez pas, d'avril à juin, elle embaumera le jardin. Fleur typique des vieux jardins, elle est sûrement accompagnée de merveilles au charme suranné, pivoines, narcisses distingués et parfumés, roses anciennes, œillets mignardise… Laissez-en une tige monter en graine et semez-la en été pour la conserver car elle ne vit guère plus de 3 ans.

Grande camomille

Transplantez quand vous voulez cette vivace fugitive (2- 3 ans) tout-terrain, dont les brassées de fleurettes blanches s'épanouissent avec les roses. Elle embaume le camphre. Elle fleurit deux ans de suite, autant à l'ombre qu'en plein soleil, puis dépérit, mais on peut la diviser la première année et elle se ressème volontiers. Elle a rempli mon poulailler une année sans poules. Magnifiquement.

Hémérocalle

Un petit nettoyage rendra sa beauté à ce feuillage désordonné. Il se déploiera bientôt en fontaine couronnée de lis adorables et tout-terrain frais à humide, en fleur de mai à juillet. C'est aussi une excellente plante pour la phyto-épuration. Transplantation à la fourche, un peu laborieuse, en automne, tous les 50 cm.

Julienne des dames

Mauve ou blanche ? N'y touchez pas et vous verrez bien en mai ! Et vous sentirez bien aussi, car elle embaume la girofle. Abeilles et bourdons l'adorent. Cette vivace persistante, tout-terrain, se ressème volontiers. Transplantation au printemps ou en automne.

Lychnis couronné

De ce gros bouquet de feuilles grises, persistantes, surgiront des fleurettes d'un magenta endiablé, plus rarement, blanches, en mai-juin. Tout-terrain drainé convient à cette vivace de petite longévité (2-3 ans). Elle se ressème avec une fantaisie de bon goût.

Nigelle de Damas

Son feuillage plumeux est parfois si dru qu'on peut la considérer comme un engrais vert, ou à tout le moins comme un ravissant couvert d'hiver. Sa floraison bleue, blanche ou bleutée en mai-juin est ravissante et vraiment sans souci, elle est juste plus fluette en terrain maigre que dans l'humus. Elle n'aime pas tellement les transplantations, il faut l'extraire du sol bien humide, encore petite (5 cm) pour la planter aussitôt en l'arrosant copieusement.

Onagre bisannuelle

On la distingue de la julienne à la nervure claire de ses feuilles mates. Cette année, elle prend des forces pour s'épanouir l'an prochain en bouquets d'1,50 m d'épis jaune soufre, lumineux jusque dans la nuit. Les fleurs s'épanouissent chaque soir, embaumant les alentours. On la dit envahissante, c'est une splendide tout-terrain qui trouve sa place sans rien déranger. Abeilles et guêpes s'en régalent.

Phacélie

Ce frêle feuillage de fougère peut surgir n'importe où. Dans le gravier, dans un pot, parmi les légumes, il suffit d'une averse à point nommé et d'un grain emporté par le vent. Si le semis est trop serré, transplantez-la dans la terre meuble, tous les 20 cm. C'est l'un des plus jolis engrais verts, en fleur de mai à août.

Pivoine

Officinale ou chinoise ? L'officinale, rose ou écarlate, sans doute archi double, a des pousses plus charnues que la seconde. Elle fleurit dès avril. La chinoise, blanche rose ou rouge... pivoine, fleurit à la suite jusqu'à la fin juin. On les transplante à l'automne dans une pelletée de compost de fumier mûr, plutôt au soleil et à 50 cm d'une autre plante, en terre fertile, le long d'une allée. Attention, leurs racines sont très fragiles. Ne les enterrez pas trop : pour qu'elles fleurissent dans les 2 ans, leurs bourgeons doivent affleurer la surface du sol. Pensez à leur redonner une pelletée de compost chaque printemps.

Ces tendres petits poings carmin ? Des pousses de pivoine officinale ! À désherber avec délicatesse.

Pour l'inventaire, saison idéale, le printemps !

Beaucoup de vivaces sont invisibles pendant plusieurs mois, en hiver ou en été. C'est entre avril et la fin juin que tout sort. Alors, si l'on sait distinguer le petit point carmin de la pivoine, démêler la grosse racine blanche de l'amour-en-cage de celle de cette cochonnerie de liseron des haies, on découvre des trésors. Vous n'avez en vue qu'un voisin un brin maussade ? Osez l'inviter à faire un tour de jardin avec vous pour vous aider à déchiffrer toute cette verdure. Aucun jardinier ne résiste à cette invitation ! Il n'est même pas nécessaire de l'appâter avec un apéro ou une tarte aux pommes, la seule idée de partager ses connaissances fait déjà ronronner le moteur. Un conseil, pour que la visite soit fructueuse, en particulier avec la catégorie ronchon qui ne répète pas deux fois les noms – souvent prononcés à toute vitesse et en latin chez les plus fourbes (c'est la langue officielle des botanistes) –, faites des photos et notez tout au fur et à mesure dans un carnet. Sinon vous êtes bon pour une nouvelle séance en mode super râleur. Mais ça en vaut la peine ! Parce que les plus belles amitiés démarrent parfois comme ça, cahin-caha. Quant aux photos, elles feront un herbier d'images que vous ne vous lasserez pas de regarder et de compléter.

D'avril à juillet : défricher et récupérer

Si possible, désherbez toujours quand le sol est un peu humide, et prenez votre temps.

Là où le jardin s'est noyé dans les grandes herbes, il suffit parfois d'un ratissage énergique avec un râteau scarificateur pour s'apercevoir qu'une fois les grosses touffes d'herbe arrachées, le jardin sera prêt à revivre. Ses dents en lames serrées permettent d'extirper d'un geste toutes les feuilles sèches, voire de retrouver un outil perdu. Si c'est la jungle, réunissez une faucille, une binette à dents plates, une fourchette à poignée, une petite gouge affûtée et un seau rempli de 10 cm d'eau. S'il y a des arbustes, ajoutez sécateur et ébrancheur. Prenez un panier, enfilez un gros pantalon, des gants et en avant ! À genoux, c'est le moins fatigant. La faucille permet de couper à ras, par petites poignées, la végétation la plus folle pour y voir plus clair, puis, en la piquant pointe en terre pour cerner les mottes de racines et déloger celles des herbes les plus cramponnées.

Arrachés en été, les bulbes sont à ranger au sec et à replanter en automne. Les rameaux d'hydrangeas se bouturent facilement. Le bois sec servira d'ombrage ou d'abri pour les plantes gélives à l'automne.

La binette à dents plates décolle à merveille les racines du chiendent, du bouton d'or, de l'ortie, de la tanaisie. La gouge permet d'extraire celles profondes de l'oseille sauvage, du compagnon blanc, des chardons, du liseron, du pissenlit.

La fourchette à poignée permet d'arracher les trouvailles sans les endommager : d'abord on les cerne en soulevant légèrement, puis on arrache et on transfère aussitôt dans le seau d'eau. Ainsi elles ne perdront rien de leur fraîcheur jusqu'à leur transfert dans votre pépinière.

Attention ! De longues feuilles sèches cachent sans doute scilles, jacinthes, tulipes ou narcisses, dont les oignons sont mûrs, et bons à arracher. Vous les rangerez dans des clayettes, au sec, pour les replanter à l'automne.

On peut laisser les autres plantes sur place, en ameublissant bien la terre alentour. Si vous craignez de les écraser, préparez un coin de pépinière, à mi-ombre, pour les transplanter, au calme.

Pépinière-garage

Si vous défrichez entre avril et août, préparez un endroit où transplanter vos découvertes. Dans un coin ombragé, bêchez une bande d'environ 80 cm de large en la désherbant à fond. Pour la longueur, tout dépend de vos espoirs, 5 m est une bonne base. Installez-y toutes les plantes que vous rencontrez à mesure que vous défrichez, sans les diviser, à 20 cm d'intervalle. Ne procédez aux transplantations que par temps couvert, si possible humide. Jamais en pleine chaleur. Sitôt arrachées, douchez-les copieusement, puis à nouveau 2 fois par semaine jusqu'à l'apparition de nouvelles pousses. Maintenez un paillis épais de 5 cm entre les plants et pensez à arroser. Transplantation après division si nécessaire, à l'automne ou au printemps suivant. Notez qu'un coin pépinière est toujours utile pour bouturer, semer, acclimater.

Entre juin et septembre, les bulbes mûrs (tulipes, narcisses, jacinthes...) sont à stocker dans un panier en attendant leur plantation en octobre ou novembre.

Défrichage plastique-courge

La seule mission acceptable d'une bâche plastique au jardin, c'est quand un désherbage radical s'avère nécessaire, car ce n'est franchement pas écologique de cultiver sur plastique. Il faut de la bâche épaisse, du type ensilage, à récupérer chez un copain agriculteur. On la découpe en bandes de 2 m de large avant de la poser sur l'herbe tondue, bien à plat, en mars, en superposant les bords sur 10 cm de large, avant de les caler sous des pierres. En juin, là où les bâches se rejoignent, tirez-les pour dégager une bande de terre large de 50 cm. Ameublissez-la à la grelinette, en retirant un maximum d'herbe. Puis, tous les mètres, creusez un poquet de 20 cm de côté, et jetez-y une pelletée de bon compost bien mûr. Au centre de chaque poquet, semez 2 graines de courge. Ensuite, paillez épais (20 cm) entre les poquets. Quand les courges sont bien parties, ne laissez qu'un plant par poquet. Arrosez un peu s'il fait sec, sinon, laissez faire la nature, puis paillez chaque plant. En automne, vous risquez de faire la récolte du siècle !

Quant à la bâche, pliée et rangée au sec, elle peut durer 20 ans et servir à d'autres désherbages. On peut aussi la rendre à son propriétaire – avec un panier de potirons – qui l'enverra au recyclage.

Verdure naturelle = engrais vert ?

Assurément ! À une condition : que l'herbe ne soit pas montée en graine, sinon vous allez tout simplement expérimenter direct la culture sur « sol vivant » et, pour être vivant, il va déborder d'énergie ! En revanche, l'herbe fauchée bien verte et laissée sur place prépare le sol à la culture. Répandue en paillage épais, elle permet aussi de démarrer tout de suite un potager opulent. Si elle a monté en graine, compostez-la. Mais faites vraiment du compost (voir p. 248), il faut que ça chauffe pour tuer les graines !

D'août à octobre : débroussaillage radical

Coupés à cette période où la sève ralentit son cours, les arbres, arbustes, orties, oseilles, liserons, chardons, bardanes et autres vivaces tenaces repoussent difficilement. Mais il faut arracher à la mini-pelle, l'ailanthe, le bambou, le lierre, la renouée du Japon, le robinier, le sumac, ces super cavaleurs qui souvent vous obligeront à recommencer l'année suivante pour éliminer leurs repousses. Pour raser vivaces et ronciers, un vieil outil merveilleusement efficace : le croissant. À dénicher dans un vide-grenier. Mais il faut apprendre à s'en servir, car c'est un peu sport. Variante pour les grosses branches : la scie d'élagage sur perche télescopique (marques Bahco ou Ars). Pour les branchettes (3-4 cm), le sécateur ébrancheur. Pour les rameaux tendres, le taille-haie à batterie, plus maniable, moins dangereux et moins bruyant que la débroussailleuse thermique équipée d'une lame. Sa longueur abat le travail à une vitesse réjouissante. Le sécateur ébrancheur coupe les branches jusqu'à 3 cm. Au-delà il faut la scie d'élagage.

Deux conseils : c'est bien plus facile d'élaguer en commençant par le haut, et en descendant par strates de 50-70 cm. Ainsi vous pourrez plus facilement ranger les rameaux coupés.
Dans l'idéal, travaillez à deux pour que l'un range au fur et à mesure les branches taillées par l'autre en tas bien ordonnés. Il faudra sans doute ébrancher les rameaux touffus, ce n'est pas marrant avec le bois mort. Aussi, vous vous en féliciterez quand vous aurez besoin de branchettes pour ramer les haricots ou allumer le barbecue, car il est plus facile de couper du bois vif que du bois mort !

Étouffer aussi c'est mourir !

Variante calme pour se débarrasser des Leyland, thuyas, lauriers palmes et de façon générale des arbres qui vous déplaisent : la submersion à l'aide de plantes grimpantes énergiques, genre chèvrefeuille du Japon, clématite montana, glycine, wattakaka ou rosier grimpant dynamique ('Colette', 'Mme Alfred' 'Carrière', 'Sénateur Lafolette', 'Lens Flair'...). Le meurtre prend alors 3 à 5 ans mais il se déroule en silence, dans un déluge de fleurs.

Doucement, c'est plus efficace

Pour arracher des vivaces tenaces comme les orties, le chiendent, la persicaire, attendez que la terre soit bien meuble, trouvez des gants épais, réunissez une fourche à poignée, une griffe à dents plates dans la brouette, et action ! Soulevez la souche en faisant le tour à la fourche, puis tirez doucement les tiges une à une en suivant le sens de la pousse (il y a toujours un côté où ça s'arrache par gros paquets sans peine). Jetez tout, tiges et racines, dans une poubelle pleine d'eau. Un mois plus tard, vous récoltez un stimulant épatant, le résidu ira sur le compost sans risquer de s'y enraciner. Avec cette méthode, il y a très peu de récidives et l'on récupère un terrain magnifiquement meuble et fertile.

De novembre à janvier, tailler pour remodeler

En hiver, beaucoup de plantes dorment sous terre, c'est donc la bonne période pour dégager des arbustes que l'on veut garder sans endommager les endormies. C'est par exemple la bonne saison pour les dégager d'un lierre envahissant. À la faveur de la lumière retrouvée, les arbustes taillés émettront de nouvelles branches, base d'une future charpente étoffée. On peut ainsi rabattre sans dommage à 30 cm du sol des lauriers sauce devenus fous, des ifs complètement désordonnés.

L'hiver est la saison idéale pour maîtriser un lierre devenu arborescent.
Deux outils : l'ébrancheur pour tailler les rameaux et la fourchette pour décoller les ventouses de leur support.

Mais, attention, il faut attendre juin-juillet pour tailler les cerisiers et les pruniers. Taillés en hiver, ils produisent une sorte de gomme, prélude à un dépérissement fatal.

Une fois à terre, prenez le temps de recouper les branches en sections de 50-60 cm de long, au niveau des embranchements, pour ranger au sec des sections à peu près droites. L'hiver est la saison idéale pour brûler le bois mort. Si le gros brasier et le brûlis sont désormais interdits, pas le barbecue. Et un barbecue d'hiver est un moment délicieux.

Variante : étalez les broussailles en couche épaisse de 20-30 cm, sur tout le futur jardin. L'hiver fera tomber les feuilles en tapis propice à l'ameublissement de la terre cachée dessous. Au début du printemps, par une belle journée calme, convoquez les copains à un barbecue « changement de décor » nourri de ce bois sec idéal pour réussir des grillades de chef, pour qu'ils vous aident à griffer le sol meuble avant semis et plantations. Mais attention, pas de barbecue au laurier-palme, au laurier-rose, au bois d'if, poison.

L'art de scier les branches

Une branche de 15 cm à couper à 4 m de hauteur ? Pas la peine de faire du bruit, pas la peine d'aller vous griffer les oreilles dans les branchettes élastiques : avec une perche télescopique coiffée d'une scie d'élagage mordante (Bahco, Ars), vous aurez du bois de chauffage en 15 minutes et sans grand effort (environ 110 € l'ensemble pour plus de 20 ans d'usage). Pour les branches de 3-4 cm, jusqu'à 4 m de haut, l'ébrancheur télescopique, Bahco, les coupe sans s'emmêler la corde, car elle est fixée dans le manche. À vous les meilleures cerises sans acrobaties ! (Environ 85 €.)

Sciez toujours en deux fois, vous éviterez que la branche coupée ne vrille et bloque la scie, ce qui peut être périlleux, et vous obtiendrez une coupe nette.

Tailler net le vif et le sec

Pour tailler et rajeunir les rosiers et les arbustes, les ébrancheurs télescopiques, avec réducteur d'effort, sont indispensables, en particulier pour le bois sec particulièrement résistant. Choisissez-en un léger, en aluminium avec poignées extensibles pour tailler jusqu'au cœur des buissons sans se piquer (Bahco, Wolf, Gardena).

Les sécateurs à main permettent de tailler les brindilles de bois sec. Les pros utilisent des modèles à poignée tournante (Bahco, Felco), vraiment ergonomiques. Il existe un modèle « petite main », attrayant, mais peu performant, même si vous avez des mains de poupée, l'ouverture grand format vous ira mieux. En revanche, les versions « gaucher » (Bahco) sont vraiment utiles.

Deux types de lame : classique pour le bois vif, à enclume pour le bois sec.

Barbecue itinérant

Il a un effet miraculeux en sol lourd, un peu acide et très enfriché. En sol calcaire, en revanche, mieux vaut un barbecue stable dont on jette les cendres sur le compost. Ce qu'il vous faut : 8 briques pleines, une double grille de barbecue, une grosse poignée de branchettes sèches, 3 ou 4 branches de 4 x 60 cm, du papier journal.

Posez les briques sur chant, sur deux hauteurs, selon la largeur de la grille, au début d'une future plate-bande. Allumez les branchettes avec le papier, puis ajoutez les branches au fur et à mesure en surveillant le feu pour les brûler rapidement jusqu'au stade charbon de bois. Pendant que le feu est vif, cuisez les pommes de terre ou une bassine de confiture. La braise cuira les brochettes. Vous étalerez les cendres du foyer sur place, et avancerez d'un cran pour le prochain barbecue jusqu'à couvrir l'ensemble de la plate-bande.

Débroussailler, l'art et la manière

Location ou achat, choisissez plutôt une machine thermique d'une marque connue : Echo, Husqvarna, Ryobi, Stihl, avec un moteur d'au moins 35 cm^3. En deçà, ça manque de punch et ça hurle à vous en faire sauter les oreilles. D'ailleurs, il est sympa et prudent de prévenir les voisins, sinon, ils risquent de brandir le règlement municipal interdisant de faire vrombir la mécanique du samedi matin au dimanche soir. Et on les comprend.

Alors une machine électrique ? Celles à batterie manquent de punch, et le fil des autres est incompatible avec le débroussaillage. Si vous avez un gros chantier en vue, si vous détestez tondre, alors acheter une bonne machine thermique est un investissement utile, car on peut compter sur 15 ans d'usage chez un jardinier sujet aux marées vertes. Aussi vorace que le bolide à grandes roues, la débroussailleuse à bretelles est bien plus maniable en terrain plein de trous et d'obstacles imprévus. Avec elle, on peut tondre des herbes hautes d'1 m, les ronces et les broussailles jusqu'à 2 cm de diamètre.

Le port d'un casque, de lunettes bien couvrantes, d'un vieux pantalon épais et d'une veste à manches longues est indispensable, car les projections peuvent faire très mal. Au minimum, on se retrouve tapissé d'un hachis d'herbe coupée, façon « géant vert ». Un conseil, si un visiteur du dimanche propose aimablement de faire ce boulot, pensez à lui proposer une tenue rustique et couvrante, car seules les amitiés les plus solides résistent à un retour en ville en costume d'été enduit d'un mélange gazon-limaces. L'idéal, c'est de travailler à deux. Pendant que l'un fauche, l'autre dégage les végétaux coupés avec un râteau balai en plastique – moche, mais plus efficace qu'en métal. Enfin, attention : par temps ensoleillé, les allergies causées par les berces, le panais, l'ambroisie, le sumac peuvent être graves.

Le port d'une veste à manches longues évite de se faire blesser par les projections. Celui du casque est indispensable car la débroussailleuse thermique est bruyante. D'ailleurs, soyons gentils, respectons les jours interdits, les voisins ont droit au calme !

La méthode : on attaque toujours par le haut, par bandes que l'on rejette sur le côté, aussitôt recueillies par le collègue. La première strate est la plus difficile : on commence la coupe à 70 cm du sol. La végétation ainsi allégée se redresse et ensuite, ça va mieux, par strates d'environ 30 cm, jusqu'au ras du sol.

- Si le terrain est embroussaillé de ronces, prunelliers, églantiers et autres ligneux, mieux vaut utiliser le croissant, l'ébrancheur et la scie d'élagage, silencieux et surtout moins dangereux qu'une débroussailleuse équipée d'une lame, dont le montage est trop souvent une énigme tant les notices de montage sont déficientes.
- Pour la grande herbe, équipez la machine d'une bobine avec du fil professionnel. Choisissez-le de section carrée, de 4-5 mm, plutôt que rond. C'est nettement plus solide et plus tranchant. On coupe le fil en portions de 40 cm. Pas plus. Un fil trop long freine l'engin et fait des nœuds inextricables avec la grande herbe. Pour avancer tel Supervorax, il faut retrouver l'antique geste du faucheur, lancer l'engin souplement dans la masse verte, de gauche à droite, ou l'inverse si l'on est gaucher, d'abord à mi-hauteur, sans trop y mordre et assez vivement pour dégager d'un trait une belle coupe en brosse tout en couchant l'herbe coupée en andain sur le côté. On progresse ainsi par demi-cercles de 30 cm d'épaisseur et environ 1,50 m de large. Réglez bien le moteur pour qu'il tourne à plein régime, sinon les grandes herbes bloquent l'engin. Il faut alors arrêter la machine, enlever la bougie par sécurité, détortiller l'herbe avant de redémarrer. Dès qu'on a trouvé le bon rythme, ça débite un max : 150 m^2 par heure ! Comble du bonheur, 3 ou 4 séances suffisent pour transformer la pagaille en doux tapis vert, sans passer par l'astreignante case « semis d'une pelouse ».

Garanti 2 ans ? Sûrement pas pour ces blaireaux de jardiniers !

La garantie légale est de deux ans pour tout matériel acheté neuf. Mais... achetez une débroussailleuse thermique par exemple. Achetez – très cher – le carburant idoine chez son vendeur, histoire qu'il ne vous reproche pas d'avoir mal fait votre mélange. Cassez la machine en pleine séance de fauchage, tout simplement parce qu'il fait un peu chaud. Maintenant essayez de vous faire rembourser la réparation. C'est surprenant ce qu'un employé en général mal payé, maltraité peut déployer de mauvaise foi pour refuser. Tentez toujours de joindre le service après-vente de la marque, même si la fureur vous fait oublier le temps passé, ce sera pour rien. Injoignable ! Je ne vous parle même pas d'Internet, si vous déposez une réclamation sur le site ManoMano, par exemple, votre compte client est immédiatement détruit.

Comment faire valoir son droit alors ? On peut saisir le médiateur... à condition de le trouver, il y en a pour chaque type d'appareils, ça peut marcher... à condition de pouvoir prouver qu'on a tout fait pour trouver une solution avant. Adhérer à une association de consommateurs ou consulter un conciliateur en mairie, aussi. Cela vaut le coup d'essayer car les arnaques se multiplient et la méfiance générée par ce je-m'en-foutisme omniprésent cause des dégâts incommensurables.

Tronçonneuse ? Dangereuse !

À la campagne, acheter une petite tronçonneuse à essence est tentant. Encore plus bruyante que la débroussailleuse, elle est aussi plus dangereuse. Le port d'un costume spécial anti-coupures, d'un casque protecteur avec cache-oreilles est vraiment indispensable, car les accidents sont graves et fréquents.

Les machines à batterie sont moins puissantes et moins solides que celles à essence, mais tout aussi dangereuses et plus lourdes. Toutes sont fragiles et rendent l'âme en plein chantier après avoir coupé une dizaine de stères de bois. Une scie d'élagage Bahco à 40 € permet d'effectuer le même travail tout en musclant son jardinier. En silence, sans polluer, mais pas sans risque de vous couper cruellement les doigts non plus. Port des gants conseillé !

Tondeuses silencieuses

Vous abhorrez les pétarades, vous avez juré : « Pas de pétrole dans mon jardin ! » Vous voulez démarrer vraiment écologique, vous avez la patience du jardinier, vous voulez le silence, vous commenceriez bien par du pâturage ? Hélas, vous avez bien lu « tondeuses » pas « débroussailleuses ». Ça, même la chèvre ne le fait pas, contrairement à une réputation largement erronée. En revanche, pour l'indiscipline, tout est vrai. Au moment où j'écris ces lignes, on m'invite à une merguez partie prématurée (6 mois de colère). Et ce n'est pas la première !

Pour guider les moutons en mission tondeuse silencieuse sans dommages dans les allées du jardin, tendez un grillage provisoire sur des piquets métalliques.

Oublions sans regret le lapin (fugitif), l'oie et le canard (grosses pattes dameuses, gros cacas, gros tracas), l'âne, la vache et le cheval qui concernent les très grands terrains (1 hectare par sujet). Des moutons ? Ça dépend de la taille du terrain, et des moutons. Pour le format normal, comptez 2 000 m² par adulte, et il en faut deux. Pour le format Ouessant, 1 000 m² par mouton.

Une option intéressante : la transhumance. Proposez à un voisin de prendre ses moutons en pension, le temps de la mission tapis vert. Les Ouessant s'apparentent le plus à une débroussailleuse sélective : ils raffolent du lierre, mangent volontiers des orties sèches, donc coupées par vos soins. Ce sont les plus rustiques des moutons, certains ne boivent même pas. Ce sont des tondeuses minutieuses qui vous laissent un tapis velouté et bien ras. Mais ils ne touchent ni aux ronces, ni aux orties, ni à l'oseille, ni aux chardons. En revanche, attention aux jeunes arbres et aux branches basses des fruitiers, ils peuvent leur prendre la lubie de les brouter. Donc, il faut non seulement une clôture solide, mais aussi protéger les arbres. Ce qui n'est pas donné, et représente un petit chantier.

On embauche des poules ? À deux, elles peuvent entretenir 500 m² d'herbe rase. Avec un rouleau de grillage et une dizaine de piquets métalliques, on peut les faire pâturer dans des enclos successifs, par exemple en mission tondeuse insecticide sous les arbres fruitiers. Pour deux poules, un rouleau de grillage de 25 m fait un parc pour la semaine. En revanche, elles ont beaucoup plus de prédateurs qu'un Ouessant. Enfin, ni moutons ni poules dans le jardin par temps humide, vous le regretteriez en tentant d'ameublir le sol écrasé par les petits sabots des uns ou damé par les pattes des autres. Mais on ne passe pas non plus la tondeuse dans l'herbe humide, on attend que ce soit bien sec.

Bêcher ou bâcher ? Les deux, camarade !

Les permaculteurs infusés au catéchisme youtubesque répondent bâcher tout tout le temps, confondant bidonville et jardin, et, le pire, écologie et agriculture au plastique. Les intoxiqués du boulot répondent bêcher, et attaquent l'épisode « Chouette, j'ai un jardin ! » par un gros lumbago. C'est la tradition. On peut éviter ça et démarrer un jardin magnifique dans la joie en combinant les deux.

Si vous pouvez envisager d'un œil serein l'idée d'un jardin tapissé momentanément de plastique noir. Si vous n'êtes pas impatient pour un caramel : bâchez l'espace que vous comptez allouer au jardin. Vous bêcherez après, ce sera nettement plus facile. Il est même possible, si la terre est légère, que vous puissiez démarrer par un simple griffage, sans bêcher.

Deux périodes privilégiées pour l'opération bâche moche magique : d'octobre à mars, et de février à mai. Mais on peut aussi l'étendre en été, il faut juste la laisser en place durant au moins 8 semaines.

On trouve facilement de la bâche solide pour pas cher chez les éleveurs pratiquant l'ensilage, car ils la changent tous les ans. Une fois de plus, parlons-nous ! Soyons sociables. Souvent, en prime, vous trouverez là une source d'approvisionnement en bon fumier.

À noter, seule la bâche noire épaisse convient. La toile de paillage ne vaut rien, elle se déchire et vous laisse ramasser fils et fragments insaisissables pendant des années.

Un préalable utile : tondez le plus ras possible avant de déployer la bâche noire, elle étouffera ainsi plus facilement la végétation qu'en coiffant de grosses touffes formant trous et bosses. Utilisez le broyat comme base d'un nouveau compost ou comme paillage s'il ne contient pas de graines.

Débâchez par tranches d'1 m. Ainsi, si la météo change, vous pourrez vite rebâcher. Et là, bêchez. Soigneusement. Car, sauf coup de chance, il risque d'y avoir pas mal de racines, et l'heure est venue de passer à la case bêchage-arrachage. Mais dans cette terre meuble à souhait, à condition d'agir en douceur (voir encadré Doucement, c'est plus efficace ! p. 36), ça va tout seul !

S'il y a beaucoup de liseron, de chardon et de chiendent, cela vaut la peine de renouveler l'opération bâchage, cette fois avec du plastique transparent : sur la terre ameublie et bien humide, tendez-le bien à plat en mars et laissez en place jusqu'en mai. Vous verrez alors les racines de chiendent, de chardon, de liseron s'amasser sous la bâche en gros paquets que vous tirerez doucement, une à une, pour atteindre les souches remontées des profondeurs. Ce travail de patience nettoie les terrains les plus envahis pour au moins 4 ans. Et, dans cette terre tiède et fondante, semis et plantations démarrent en fanfare. Belles récoltes en perspective !

Débâchez progressivement pour arracher les racines dans la terre meuble. Prenez votre temps, c'est en les tirant lentement que vous les éliminerez le mieux.

Labourer au tracteur ? Pas de monstre dans mon jardin !

Si le terrain est grand, vide et sans rochers traîtres, c'est tentant. Problème : manœuvrer un tracteur, même miniature, est périlleux dans un petit espace. Avec moins de 2 000 m², vous aurez peu de labour et beaucoup de dégâts : clôture mutilée ; gros crampons dans tous les angles (c'est-à-dire les deux tiers du terrain) ; gros crampons et terre archi tassée suite à de vaines tentatives pour labourer partout (il était gentil, c'était un copain) ; doubles crampons sur le parcours entrée-terrain… Sans compter le plus grave, l'ami perdu, meurtri par votre manque de gratitude alors qu'il s'est donné un mal de chien pour vous faire plaisir.

Donc, rappel des 4 conditions à réunir avant de dire oui à un gars sympa avec tracteur. Vous avez bien lu « 4 » !

1/ Il ne pilote pas un monstre, mais un petit modèle agile, genre vigneron, avec une dextérité prouvée (vous l'avez vu à l'œuvre).

2/ Il laboure au « canadien », une charrue qui ameublit le sol sans le retourner, en laissant l'humus à sa place. Dites non sans regret au matamore du brabant multisocs. Il fabriquerait d'énormes billons lisses, certes agréables à l'œil du laboureur mais, pour la vie du sol, ce serait tant pis.

3/ Il a bon caractère, il ne va pas s'amuser à faire le mariole avec sa bécane pour vous impressionner (cf. le cas « traces de crampons »). Conseil : ne prenez pas un livre pendant qu'il travaille, ça peut l'agacer et alors, attention les dégâts. Ne le submergez pas d'instructions. Un ordre à la fois c'est bien, deux c'est la cata. Enfin, surveillez l'affaire d'un œil vigilant jusqu'à la fin.

4/ C'est l'hiver, le temps est au beau, la terre s'émiette dans la main. Le gel fera fondre les grosses mottes, et les débarrassera des vers blancs et autres chenilles qui prospéraient tranquillement sous la prairie.

Un jardin dans la prairie

Transformer un pré en jardin est une situation quasiment idéale. La terre est reposée et vous pouvez opérer la métamorphose au rythme qui vous convient, l'herbe verte alentour soulignant la luxuriance de vos cultures moyennant une tonte mensuelle à la belle saison. Deux bémols toutefois à cette bonne affaire :

- Si le pré est une ancienne pâture, il peut être très tassé. Pour l'ameublir, tondez-le bien ras, puis décapez l'herbe à la houe avant de le bêcher à la grelinette, à grosses mottes, avant l'hiver. S'il mesure plus de 500 m², faites-le labourer en début d'hiver par un motoculteur avec charrue type « canadien » et par temps sec.
- Les vers blancs peuvent y pulluler. Ces larves de hanneton se tiennent au ras des racines de l'herbe, dont elles se nourrissent. Elles aiment aussi beaucoup les pommes de terre. Pour les éliminer, lâchez les poules ! Elles en raffolent et les repèrent avec une perspicacité confondante chez un oiseau aussi bête. Pour le mode d'emploi, voir p. 196.

Avant d'ensemencer une ancienne prairie, lâchez les poules ! Elles raffolent des vers blancs souvent nombreux dans les sols enherbés.

Une prairie dans le jardin

Non seulement elle contribue au gouvernement écologique du jardin, en accueillant une flore et une foule d'insectes bien endommagés par l'agriculture industrielle (on estime à 60 % la masse des disparus, 31 % des survivants sont menacés de disparition), et donc à réguler les malheurs du jardinier naturellement, mais elle est nécessaire à l'entretien d'un sol vivant par le paillage et le compost. Bref, dans l'idéal, il faudrait au moins autant de prairie que de surface cultivée, si possible le double, pour laisser fleurir les fleurs et ne la faucher que deux, trois fois l'an.

Pour l'écologie du jardin et le repos du jardinier, laissez la prairie fleurir.

Une prairie, c'est aussi une option repos pour qui veut arrêter de jardiner. Ça arrive ! Et c'est un exercice intéressant. Car laisser le jardin s'enherber avec l'idée de recommencer à le cultiver, c'est choisir des plantes qui n'en profiteront pas pour squatter l'endroit, bref, on s'exerce concrètement à appréhender le subtil distingo entre la mauvaise herbe, celle qui vous empêche de cultiver ce qui vous plaît, et la gentille qui laisse le sol reverdir, la faune s'y installer sans compromettre un retour à l'espace cultivé. Ainsi, en se mettant en vacances, on se fait une petite leçon de philosophie pratique sur le sauvage et le cultivé (voir aussi Engrais verts p. 243). Jardiner, décidément, c'est intéressant !

Une haie tranquille pour pas cher

Avant de se précipiter chez JardinMachin, explorons ce qu'on peut récupérer sur place. Parfois, un jardin est affreux parce que son propriétaire s'est contenté de juxtaposer toutes les promos qui lui tombaient sous la main au fil des ans. Si vous faites venir la pelleteuse pour autre chose, cela vaut peut-être la peine de les récupérer car, souvent, il suffit de les réassortir pour composer une jolie plantation. J'ai obtenu en 2 ans une haie très satisfaisante en tendant un grillage amoché par un chèvrefeuille mal palissé, au-dessus d'un lierre arborescent haut d'1 m. Un rosier de 38 ans transplanté dans ce terrain humide a repris illico son essor et couronne désormais le lierre, mélangé à une rangée de boutures d'osiers. Trois ans plus tard, la haie mesure 4 m de haut !

Quant au chèvrefeuille, ses nombreuses boutures sont allées escalader un alignement de bambous pour embellir et rehausser une atroce palissade marron. Affaire menée en 2 ans.

Sous cette haie fleurie, un vilain grillage. Elle a trouvé sa belle étoffe en 3 ans.
Un élagage latéral tous les 4-5 ans la maintient épaisse d'1,50 m.

Au pied des haies adultes, on trouve aussi beaucoup de semis spontanés qui sont de bonnes recrues pour créer une haie jolie et pas embêtante : aubépine, cotonéaster, chalef d'Ebbing, fusain du Japon, laurier-sauce, lilas, troène, chèvrefeuille, laurier-tin, noisetier, pyracantha, rosier grimpant... Ils prendront vite leur essor une fois transplantés dans une bande de terre meuble, à 1 m d'intervalle, paillés et bien arrosés durant leurs 3 premiers étés. Et pour l'entretien ? On réduit les arbustes de moitié 3 hivers de suite, et ensuite un élagage léger tous les 4-5 ans suffit pour entretenir un bel écran dense.

Filtre express du vent

Le vent souffle fort sur le jardin ? Une cloison en perchettes de 2 m de haut le rendra au calme sitôt posée, divisant la vitesse du vent de moitié sur une bande de 20 m. Elle empêchera aussi les chevreuils de brouter potager et jeunes arbres. Vous n'êtes pas bricoleur ? Cherchez de la ganivelle, depuis que les jardins publics en ont lancé la mode, on trouve partout ces clôtures souples en châtaignier et fil de fer. Pour vous réjouir les yeux dès le début de l'été et jusqu'aux gelées, semez des capucines et des ipomées entre des grimpantes vivaces et rustiques comme les chèvrefeuilles, clématites, glycines, rosiers, qui escaladeront cet écran en 2-3 ans et le rendront aussi filtrant que joli en toute saison.

Un conseil, pour éviter que la glycine et le chèvrefeuille, qui sont puissants, ne l'endommagent en s'entortillant dedans : plantez-les à 50 cm de la clôture, en les torsadant autour de piquets de 2,50 m. Quand ils parviendront en haut de leur piquet, vous pourrez les conduire de part et d'autre, en les guidant sur un fil à l'horizontale. Ainsi ils formeront une sorte de feston magnifique et long de 20-30 m en 5 ans. On peut aussi doubler la cloison d'une rangée de clématites, bignones, rosiers grimpants, plantés à 3 m d'intervalle et guidés sur des fils tendus tous les 50 cm à partir de 50 cm du sol (voir ci-contre).

Cloison en ganivelle au jardin de La Gloriette, à Tours (37). Un parc potager magnifiquement cloisonné par le treillageur Patrick Genty.

Blanchir un mur à la chaux

Votre jardin est entouré de vilains parpaings grisâtres ? On peut arranger ça vite fait pour pas cher.

Choisissez une belle journée printanière, de préférence après une période humide. Pour 13 m², comptez 1 pot de 1 kg de fromage blanc 0 % pour 2 pots de fleur de chaux.

Avec un mélangeur, délayez la chaux dans le fromage, puis ajoutez un autre pot d'eau. Continuez à bien délayer. Pour la 1re couche, on délaie dans 2 pots d'eau environ, pour obtenir un lavis léger. On passe cette première couche à la brosse à papier peint, sans appuyer. On laisse reposer 3 jours, puis on passe la seconde, plus épaisse, diluée dans 1 seul pot d'eau.

Il faut renouveler l'opération au printemps suivant, avec une seule couche peu diluée (1 pot d'eau), ensuite, c'est à voir selon le climat. S'il est sec, le mur reste d'un blanc radieux 3 ans au moins (je n'ai pas d'expérience plus longue).

Grillage moche, palissade affreuse ? Vive les grimpantes !

Un grillage ballotte entre des piquets plus ou moins droits, traçant une clôture moche mais utile autour du jardin ? Ce n'est peut-être pas la peine de la refaire ! Doublez les piquets les plus flageolants pour retendre le grillage le mieux possible.

C'est une affreuse palissade qui vous afflige ? Cherchez des bambous longs de 3 m. Doublez-la en plantant un brin tous les 20 cm, à 20 cm devant la palissade. Terminez en tressant 2 longs bambous en haut des brins verticaux pour les maintenir. L'effet relief est immédiat et ça va déjà mieux. Variante : doublez la palissade de grillage à béton. Reste à passer aux plantations !

Rosier 'Mermaid', un géant remontant mais gélif.

Entre l'automne et le printemps, procurez-vous des boutures de chèvrefeuille persistant et caduc pour une haie de 2 m et plus ; des boutures de leur cousin le camérisier pour un écran

En 2 ans, le chèvrefeuille du Japon a escaladé les bambous fichés à 30 cm de cette vilaine palissade. Ses rameaux folâtres sont juste torsadés en haut des bambous chaque été à l'aide d'un fourchet.

d'environ 1,30 m (au-delà, il s'effondre comme un soufflé périmé). Comptez une bouture par mètre (la reprise est de 100 %). Ameublissez une bande de 50 cm le long de la clôture, puis plantez chaque bouture, à 1 m d'intervalle, dans un trou garni d'une pelletée de compost bien mûr. Arrosez copieusement, paillez. Pensez à arroser par temps sec et à entretenir le paillage jusqu'à l'automne suivant pour que ça démarre en vitesse. Au début, guidez les brins dans leur support, ensuite laissez faire. Au printemps suivant, après une bonne pluie, taillez à la verticale pour épaissir la verdure. Normalement, en 3 ans le chèvrefeuille atteint 3 m, le camérisier 1,30 m. Pour que la haie reste bien dense, continuez à la tondre sur les côtés durant 2 ans. Ensuite, un élagage tous les 3-4 ans suffit.

Liens végétaux

Pour palisser les grimpantes sur leur support, mais aussi pour attacher les tomates, guider un jeune fruitier, le kniphofia, la cordyline, le phormium, le yucca fournissent tout ce qu'il faut de rubans solides et biodégradables. On fait tremper leurs feuilles sèches durant une nuit. Ensuite, on divise chaque feuille en partant de la pointe. Comme elle est fibreuse, ça va tout seul !

Le plessage : une haie-clôture

Ce fut la clôture des jardins d'antan et des pâturages, avant l'invention du grillage et du fil barbelé. Bien des lieux-dits Le Plessis en gardent la mémoire. On la rencontre encore dans les contrées où ces deux-là sont trop chers. Elle convient très bien pour reprendre une haie ancienne devenue trop grande et pleine de trous. C'est l'occasion de récolter du bois !

La méthode est simple : en hiver, on repère dans la haie, environ tous les mètres, un joli brin bien droit qu'on laisse intact jusqu'à la hauteur souhaitée, c'est le baliveau. S'il n'y en a pas suffisamment, on plante des perches coupées selon la hauteur souhaitée pour avoir un intervalle régulier d'environ 1 m. Ensuite, on entaille à la serpe tous les autres brins vifs de la haie sur la moitié de leur épaisseur, de manière à les ployer à l'horizontale, puis on les tisse entre les brins verticaux, exactement comme on ferait un panier, un brin devant, un brin derrière, etc. On croise le rang suivant, un brin derrière, un brin devant... entre les brins droits ou les perches.

En hiver, on fend à demi les troncs à incliner avec la serpe, puis on les abaisse doucement en les plessant entre des brins verticaux pour former une clôture dense.

Si le plessis vous paraît trop lâche pour décourager un chevreuil, vous pouvez y ajouter des rosiers lianes. Très vigoureux, ils produisent des pousses longues de 3-4 m entre le printemps et l'automne. Un plant tous les 3 m suffit donc pour regarnir un plessage trop lâche, en particulier sa base, la partie la plus vulnérable. Les chevreuils s'aventurent rarement dans un tel tissu d'épines ! Mais il faut s'équiper d'une bonne paire de gants en cuir avec manchettes pour passer les brins souples et féroces entre les brins verticaux.

Tailler la haie

Les 3 premiers hivers, on la taille radicalement en réduisant les pousses de moitié. Trop souvent, on hésite, car on a l'impression qu'en agissant ainsi le beau rideau vert ne poussera jamais, mais c'est tout le contraire : non seulement les arbustes repoussent de plus belle, mais ils s'étoffent à la base et formeront une haie bien habillée de bas en haut, efficace pour filtrer les courants et abriter les petites bêtes. L'outil de choix pour ce travail, c'est le sécateur ébrancheur, avec réducteur d'effort (Bahco, Gardena, Wolf).

Ensuite, un élagage tous les 3-4 ans suffit à la maintenir de l'épaisseur souhaitée. Si vous aimez les persistants bien denses, si vous cultivez des persistants drainants

en boules ou en cubes, vous continuerez la taille annuelle, de préférence en octobre, et seulement à la verticale jusqu'à ce qu'ils atteignent la hauteur souhaitée. Et vous récupérerez une provision de ramilles pour protéger les plantes gélives ou pailler le jardin.

Tant que c'est tendre et fin (1 cm), la cisaille à réducteur d'effort et manches télescopiques fait l'affaire (Fiskars).

Avec un bon taille-haie à batterie, on tond net 150 m^2 avec une seule charge. Mais attention au poids et à la qualité de la machine. Chez Bosch, les batteries tenaient 10 ans. Pas sûr que ce soit encore le cas aujourd'hui et leur prix a doublé entre 2021 et 2022. Les machines des discounteurs sont souvent de très bonne qualité, mais pas toujours. Mon taille-haie Aldi n'aura duré que 2 ans et demi... Pas cher, mais gaspilleur.

Rustiques, gratuits, mais envahissants

On vous les donne dans tous les trocs, et pour cause, ce sont des envahisseurs déterminés : l'ailante et le sumac, allergènes ; la canne de Provence en climat doux ; le cognassier ; le corète ; la renouée du Japon ; les bambous.

Le charme piégeux de la charmille

Avec son feuillage plissé, tendrement vert au printemps, roux puis brun en hiver, son fin réseau de ramilles, d'autant plus dense qu'on le taille au cordeau, le charme taillé en charmille plaît beaucoup. Misère ! Pour l'entretenir si belle, il vous faut non seulement l'escabeau et le cordeau, mais le tour de main sûr d'un patient jardinier à l'ancienne au moins une fois l'an. Lâchez l'échelle, le beau rideau s'ébouriffe et file vers le ciel – au naturel, le charme est un majestueux. En outre, son démarrage est lent et fort exigeant en arrosage. Une soif que l'âge n'éteint pas, au contraire ! Ainsi une haie de 2 m draine à sec ses alentours sur 4 m. Donc, si le jardin est petit, si vous n'avez aucun attrait pour les acrobaties annuelles avec taille-haie, garnissez plutôt un grillage de grimpantes, ça ira plus vite et ce sera plus tranquille.

Pour une haie fleurie, écologique et tranquille

Voici un choix de tout-terrain se contentant d'un élagage léger tous les 3-4 ans. Plantez-les sur une bande ameublie d'1 m de large, à raison d'un plant tous les 1 m, dans un poquet garni d'une pelletée de compost. Osez les tailler 3 hivers de suite. Après 4-5 ans d'installation, ils forment un bel écran d'environ 2 m.

Aubépine

En mai, la blanche floraison ponctuée d'étamines roses submerge le feuillage brillant, embaumant le miel. Deux espèces caduques et très semblables : *Crataegus monogyna* et *C. laevigata*. L'automne venu elles flamboient, couvertes de cenelles rouges à la saveur de poire sauvage, semant partout de solides petits plants. Hélas, la floraison des aubépines doubles, roses à grenat ne sent rien et n'est suivie d'aucun fruit. Croissance lente ; 2 m à 10 ans.

Camérisier

Ce cousin du chèvrefeuille (*Lonicera nitida*) aux menues feuilles vertes, luisantes, forme de denses haies persistantes jusqu'à 1,20 m. Appuyé contre un support, il s'élève à 2 m en petit mur caressant, vert foncé. Bref, c'est aussi le candidat parfait pour dissimuler une réserve d'eau. Tout brin taillé s'enracinant dès qu'il touche terre, on plante directement ses boutures en place. Un défaut : il faut le tailler chaque année, au moins les 5 premières. Après, on peut le laisser s'ébouriffer comme un chaton angora vert et rond.

Chalef d'Ebbing

Sous le nom d'*Elaeagnus ebbingei*, il doit sa popularité à sa vitesse de croissance (2 m en 3 ans), son feuillage persistant, sa floraison divinement parfumée durant tout l'automne suivie de baies roses poudrées d'or. Il fixe l'azote de l'air et améliore le sol, se taille à volonté en topiaires. Passé 10 ans, il lance en tous sens de longues pousses souples et folettes atteignant 5 m. Il se ressème un peu.

Chèvrefeuille

Caduc et souple, *Lonicera periclymenum* 'Belgica' (photo) suspend ses farandoles crème et roses sur 2 m en s'appuyant sur les branches d'un voisin, par vagues parfumées de juin à octobre.

Persistant, *Lonicera japonica* 'Sinensis' embaume l'été de ses fleurs rosées, tandis que 'Halliana' égraine les siennes, jaune clair, de juin à janvier jusqu'à 5 m de haut si vous le laissez faire. Leurs baies sont poison, mais les oiseaux s'en régalent. Tout-terrain frais.

Cotonéaster

Des arbustes persistants rapides à grandir (de 30 à 50 cm par an). Jusqu'à 2 m pour le *Cotoneaster franchetii* : ample et aéré, il couvre son menu feuillage sombre de fleurs rose aimées des pollinisateurs, puis offre ses baies orangées aux oiseaux. Il se palisse volontiers. Jusqu'à 3 m pour le *Cotoneaster lacteus* (photo), au feuillage rond, sombre blanc au dos, effilé chez *C. salicifolius*. Les deux ployant en automne sous des bouquets de baies carmin satiné.

Fusain du Japon

Pour la haie, il vous le faut vert clair et vernissé (*Euonymus japonicus*), bien plus gai et vif que les variantes panachées sensibles à l'oïdium. L'automne le constelle de baies orange et roses aimées des oiseaux. Un défaut : parfois, en fin d'été, la senteur mielleuse de sa floraison attire les mouches. Comme c'est la saison de le tailler, on prendra ça comme un mémo. Taillé chaque automne, il devient très dense. Sol frais impératif (c'est un draineur efficace), et plutôt à mi-ombre.

Houx

Pour les boules rouges, on choisira l'*Ilex aquifolium* 'J-C Van Tol', pour les jaunes, 'Fructu luteo', deux houx autonomes. Sinon, il faut gars et fille car seules ces dernières se couvrent de baies et ça, seul un spécialiste sait les distinguer ! Croissance super lente, climat frais exigé.

If

Pour une silhouette fuselée dès 5 ans, on choisira 'Strait Hedge' ou bien 'Westerstede', bien ramifiés, bien denses, plus rapides à grandir mais moins hauts (3 m) que le type (*Taxus baccata*) qui, passé 10 ans est difficile à maintenir à 3 m de haut avec une tonte annuelle. Très toxiques, ses rameaux sont un efficace désherbant naturel.

Laurier-tin

Persistant et dense feuillage rond et mat, noyé sous les bouquets blancs, ponctués de grains roses, à la senteur acidulée, de novembre à mars. Des baies bleu de Chine satiné leur succèdent. Non seulement notre *Viburnum tinus* des garrigues pousse vite (30-40 cm l'an), mais il se marcotte tout seul en sol argileux et se ressème un peu. C'est un très bon compagnon du verger car il héberge beaucoup d'auxiliaires.

Lilas

Il y en a cent variétés simples ou doubles, dans tous les tons de mauves à un bordeaux un peu aigre suavement parfumées. Les *Syringa vulgaris* mauves doubles 'Katherine Havemeyer' (photo ci-dessus) et 'Paul Lemoine' (photo ci-dessous) sont irrésistibles. Hélas la blanche floraison double de Mme Lemoine rouille promptement. Pour le tailler, faites des bouquets, il n'en refleurira que mieux. Parfois drageonnant.

Rosier

Pour la haie, il vous les faut parfumés, en fleur tout l'été, insensibles aux courants d'air, denses et pas hauts (2 m). Par exemple, *Rosa multiflora adenochaeta* (photo), les hybrides de moschata : 'Trier', pompon crème aux boutons roses ; 'Cornelia' et 'Félicia', rose ocré ; 'Kathleen', aux églantines rosées. Tous chéris des abeilles. Pas de taille, juste une toilette des fleurs fanées.

Seringat

Pour éviter la trahison d'un seringat sans parfum – divin en mai-juin –, choisissez *Philadelphus* 'Silberregen', simple, ou 'Bouquet blanc', double. Il atteint 2 m en 10 ans, se plaît à l'ombre et drageonne assez lentement pour ne pas vous embêter. Coupés en terre avec une motte de racines pendant l'hiver, puis transplantés en sol frais, ces drageons fleurissent après 4 ans de patience. Impossible hélas de respirer le délicieux parfum du seringat dans un bouquet, il s'évanouit sitôt les fleurs coupées.

Troène

Les jeunes brins souples de ce sauvageon (2-3 m) au feuillage menu, vert foncé, se laissent volontiers plesser et tresser en vannerie. Le feuillage du japonais (*Ligustrum japonicum*) est plus grand, plus clair que celui du troène « vulgaire » ; celui du luisant *Ligustrum lucidum* (photo) est grand et vernissé. Hélas ce dernier gèle alors que ses collègues sont rustiques. Tous fleurissent en thyrses blancs au parfum poivré en juin et sont tout-terrain.

Allées : pas de détours inutiles

De la maison au potager, de la cuisine au compost, il faut que ce soit le plus direct et le plus confortable possible. Le bon trajet, c'est celui que l'on emprunte spontanément, souvent en lui imprimant une courbe légère. C'est parfait car c'est aussi plus joli qu'une allée toute droite, et moins pénible qu'un virage abrupt.

Un conseil : s'il s'agit de rallier un nouvel endroit du jardin, avant de tracer une allée, balisez ses deux bords, espacés de 80 cm, avec du tuyau d'arrosage. Laissez en place un mois ou deux et empruntez ce parcours avec une brouette pleine pour vérifier que c'est bien le bon tracé. Attention, regardez où vous mettez les pieds, ce serait trop bête de vous casser une patte en trébuchant sur le tuyau !

Une fois l'allée tracée, plantez les fleurs à plus de 30 cm des bords, les arbustes à 1 m, vous éviterez de vous faire fouetter les mollets par des branches vagabondes.

Pour les allées secondaires, 30 cm de large, c'est suffisant pour entretenir les plates-bandes. Une bonne idée : ménagez toujours une allée à l'arrière des massifs appuyés à une clôture, cela vous facilitera l'entretien.

À gauche, un tapis de 10 cm de copeaux renouvelé tous les 3 ans. À droite, aux Jardins du Marais, à Herbignac (44), une allée en gazon entretenue à la tondeuse manuelle.

Pour conduire sans encombres une brouette à deux roues, il faut vraiment des allées de 80 cm de large.

Le tour du potager en 80 cm de large

Cela vous paraît beaucoup ? Vous verrez que non quand vous y circulerez avec une brouette pleine de compost ou de branchages instables. Je parie même que vous arrondirez vite les angles pour ne pas tout renverser en vous faisant mal ! Si vous manquez vraiment de place, plantez quelque chose de solide et tapissant comme la marjolaine ou le serpolet dans ces angles « perdus » mais ils seront vite rognés par les passages répétés.

Et puis, ensemencées en gazon rustique mêlé de trèfle, ces allées confortables vous procureront la verdure qui souvent manque pour les paillis.

Variante possible : ne faire que des sentiers de 30 cm, c'est possible si vous ne cultivez ni angélique, ni artichauts, ni cardons, ni asperges, ni rhubarbe, ni chou vivace, toutes plantes débordantes de feuillages prompts à casser quand on les bouscule. Pas d'allée à moins d'1 m de ces plantes imposantes. L'espace sous les feuillages permet de ranger des boutures en pots à l'ombre en été.

La bordure sans peine

Le plus pénible : entretenir une allée de gravier longeant une pelouse. Sans bordure, on se fait cribler douloureusement de gravillons projetés par la tondeuse. Donc on pose une bordure d'au moins 5 cm d'épaisseur pour faire rouler la tondeuse au large du gravier et, détail important, pile au même niveau que la pelouse, pour tondre l'herbe net. Les demi-chevrons (3 cm d'épaisseur, 8 cm de large) font des bordures économiques pour 10 ans. Les pavés, les briques pleines scellées à plat (5 cm d'épaisseur, 10 de large), des bordures éternelles.

Pour empêcher l'herbe d'envahir la terre meuble, le plus simple, c'est de border les allées engazonnées d'un rang de capucines. Semez à 30 cm de l'allée une variété compacte comme 'Whirlybird'. L'hiver venu la réduit à un fouillis de rameaux beiges assez couvrant, démontrant que même un couvert léger empêche l'herbe de pousser.

Repos pour le jardinier ! Les capucines naines contiennent le gazon dans l'allée et les poules le tondent.

Pour le confort : quel revêtement ?

Pour circuler au sec, pour le coup d'œil, juste quelques pavés épais calés dans l'herbe.

Si vous tracez une allée dans un bout de prairie, si vous n'avez aucune envie de vous lancer dans de gros travaux, vous serez tenté de juste la délimiter en ameublissant les parcelles voisines et de miser sur la tonte pour garder l'allée verte et dense. C'est jouable si l'herbe n'est pas trop riche en agrostide rampante, capable de lancer des stolons de 70 cm vers la terre meuble et de vous obliger à de pénibles séances de désherbage (la moindre pousse oubliée se réenracine illico). Dans ce cas, mieux vaut décaper la surface de l'allée à la houe, faire une butte ou du compost avec cet excellent matériau et ensemencer l'allée avec une verdure moins vindicative.

Une fois l'allée décapée, vous serez peut-être tenté de la daller. Attention, gros chantier en vue ! Sachant que le moindre défaut dans la pose d'une dalle peut vous faire trébucher si par malheur vous traînez un peu la patte. Sans compter l'herbe qui se faufilera entre les dalles et qu'il faut extirper au couteau à crochet 2-3 fois l'an ! On va bâcher sous les dalles ? Ne vous imaginez surtout pas que c'est la solution miracle : une dalle qui s'enfonce un peu perce la bâche, alors, prêle et liseron en profitent depuis un refuge inexpugnable.

Du gravier ? Pourquoi pas si vous êtes partant pour un désherbage annuel, binette en main, en mai-juin. Attention, pas trop épais : 3 cm c'est suffisant, sinon le pied s'enfonce, la roue de la brouette s'enlise. Et plutôt menu : de la mignonette plutôt que du petit galet rude sous les pas ! Surtout, ne mettez rien dessous, ça ne sert qu'à compliquer l'entretien et à polluer la planète. Enfin, pas de gravier sans un cadre en bois ou, mieux, en briques scellées au mortier, sinon il s'évade et se fait grignoter par l'herbe. Si les voitures ne roulent pas dessus, une allée de gravier dure 25 ans.

Désherber au vinaigre

Certaines années, les interstices entre les dalles se transforment en pépinière où mâche, coriandre, pensées, ancolies, nigelles, hellébores se ressèment à foison, réjouissant leur jardinier. Mais si c'est le pâturin, la véronique ou la renouée des oiseaux qui s'installent, c'est une autre affaire. Pour les griller, le vinaigre à 10° est très efficace. On le pulvérise par beau temps calme, sur les herbes hautes de 5 cm, pas plus. Attention, au printemps ça va très vite, et si elles dépassent cette taille, il faudra les arracher, au couteau cornu, une vraie corvée.

Chapitre II

Apprécier ses besoins : en route pour l'autonomie

Envisager ce que l'on sait faire et ce que l'on peut faire, c'est assurément la meilleure méthode pour jardiner sans soupirer « ça fait du bien, mais quel boulot ». Car entretenir un beau jardin nourricier tout en travaillant, en élevant des enfants, en gardant du temps pour se cultiver, bref, se régaler toute l'année sans devenir fou demande un brin d'organisation.

Vous rêvez d'autonomie ? Vous pouvez la cultiver même en travaillant beaucoup si vous pouvez consacrer à son entretien l'équivalent de 15 jours par an, répartis à point nommé (voir p. 291 pour les détails). Pas plus ! Le télétravail peut même faire baisser le score et vous permettre de consacrer encore plus de temps à savourer le plaisir de vivre dans un beau-bio-jardin !

Quelle surface pour se nourrir ?

Le minimum, pour récolter tout ce qu'il faut de légumes et aromatiques, c'est 100 m^2 par convive de plus de 13-14 ans. Si l'on veut aussi les fruits, ça se complique. Je m'explique. D'abord, le plus petit fruitier, un groseillier par exemple, occupe au minimum 2 m^2. Ensuite, il prend entre 3 et 10 ans pour donner à plein régime. Et quand il donne, il donne à fond. Un griottier (le moins grand des cerisiers) donne trop de cerises pour un individu, même acharné de la confiture, même entouré d'amis gourmets. Enfin, c'est une récolte fugace : la cerise se déguste surtout fraîche, donc au maximum sur 15 jours, et accessoirement en conserve et en confiture (cerises acidulées). Le cerisier occupe 20 m^2 ensoleillés pendant 50 à 70 ans.

L'autonomiste solitaire qui voudrait produire tous les fruits cultivables en climat tempéré planterait donc une cinquantaine d'arbres, une demi-douzaine de groseilliers, 3 ou 4 vignes, 10 m^2 de framboisiers… ce qui nécessiterait une surface de 1 000 m^2. Et un appétit de goulafre pour absorber tout ça ; sachant qu'un petit pommier en forme prodigue produit facile 30 kg de fruits.

Vous me direz, le jardinier est souvent tellement nul en arboriculture qu'il ne risque pas l'indigestion. Pour voir comment s'y prendre pour cultiver l'abondance sans devenir fou, c'est page 172.

Septembre est la saison des récoltes pour l'hiver et de la grande migration des plantes gélives, comme les piments, à l'abri du gel.

Un cahier pour jardiner serein

Pour noter ce que l'on fait, éviter de bousculer les capucines prêtes à germer en plantant des salades par-dessus ; pour imaginer ce que l'on ferait bien pour embellir ici, faciliter l'accès là-bas, ombrager un coin trop ensoleillé, filtrer un courant d'air, il vous faut un cahier. De préférence de grand format pour y dessiner le plan du potager, du verger, de la pépinière (un plan est plus sûr que toutes les étiquettes). Avec des pages assez épaisses pour supporter de fréquents feuilletages, car un carnet de jardin, on le lit, le relit, on l'annote, on rêve.

C'est aussi un guide pour vous rappeler que l'an dernier vous avez semé les tomates le 1er avril et que ça a mieux marché qu'en mars les années d'avant, que la rose de Rescht était encore en fleur le 22 décembre, que la formule de terreau ¾ de feuilles ¼ de fumier était à point en 8 mois après 2 brassages... Bref, un cahier de jardin, c'est un compagnon fidèle !

Commencer petit

C'est la sagesse du débutant et de l'arrivant dans un nouveau jardin : on commence par rendre agréable les abords immédiats de la maison et tout ce que l'on voit tous les jours. On recense les surfaces cultivables sur les fenêtres, la terrasse et ses environs, le long de l'allée la plus fréquentée, par exemple du garage à la maison. Cela rend heureux tout de suite. Ensuite, on voit. On réfléchit. On prend son temps. Croyez-moi, mieux vaut regarder, arpenter, gamberger que se précipiter sur de gros travaux que l'on regrettera peut-être.

Avec 100 m², on peut se régaler toute l'année...

S'il y a des lapins, c'est plus facile de protéger 1 m² de poireaux que 10 !

Jardiner en pots devant les fenêtres

On peut se régaler toute l'année dans cet espace abrité des grands froids, et assez proche des yeux pour qu'on n'oublie pas de l'arroser (au moins 2 fois par semaine en été) car, hélas, les plantes en pots sont plus exigeantes en arrosage qu'en pleine terre. Mais elles sont aussi à portée de main pour ainsi recycler l'eau de la vaisselle, pensez-y ! Cette activité que les enfants partagent volontiers est aussi l'occasion de faire germer de futurs jardiniers !

(1) Si la citronnelle asiatique réussit mieux en pot qu'en pleine terre, le persil demande dans ce cas deux arrosages hebdomadaires en été.

(2) Thym et romarin réussissent bien en pots au soleil avec les pélargoniums.

(3) Récoltée feuille à feuille, la laitue feuille de chêne s'élève au-dessus des pensées.

Les aromatiques sont les reines de ces jardins en pots car, plus on les taille, plus on se régale et plus elles sont belles et généreuses. Certaines frileuses réussissent mieux en pots qu'en pleine terre, c'est le cas de la citronnelle chinoise. Il vaut aussi mieux cultiver en pots le safran, un crocus d'automne magnifique, car en pleine terre les campagnols le dévorent. Pour que ces plantes se développent bien, prenez des pots en terre de 20 cm de diamètre, ou des jardinières de cette largeur en comptant 20 cm d'intervalle entre les plants. Couvrez la surface de gravier pour maintenir un maximum d'humidité.

Devant une fenêtre ensoleillée, on aura un joli choix : agastache, aneth, basilic, capucine, citronnelle, coriandre, hysope, lavande, marjolaine, origan, romarin, safran, sarriette, serpolet, thym, verveine sucrante.

Sur une terrasse, en grands pots, les buissons : laurier, romarin, verveine-citronnelle. Taillés régulièrement, ils structurent l'espace tout en vous régalant.

On peut aussi y réussir les tomates, à condition de les cultiver en bacs de 50 cm et de les arroser tous les soirs par temps chaud.

Devant une fenêtre ombragée : cerfeuil, ciboulail, ciboule, mélisse, menthe, persicaire Rau ram, persil.

Sur une terrasse à l'ombre, pensez à la monarde aux rutilantes corolles échevelées.

Arrosage : chaque soir de la mi-juin à la mi-septembre, 2 fois par semaine d'avril à juin ; quand la terre est sèche le reste de l'année.

Entretien : toilette des tiges fanées ; rempotage annuel, dans moitié terre de jardin, moitié bon terreau.

Temps d'entretien : quelques heures par an.

25 m² : de quoi croquer toute la belle saison

Pas de place ? Regardez bien ! Il y en a le long d'une allée ou de la terrasse, au pied d'un mur. On peut même en créer à partir de rien dans une cour cimentée en montant des lasagnes avec les déchets de jardin d'un voisin amateur de propre. On peut y planter à la mi-mai une courgette, un concombre, une tomate, soit 1 m² chacun, pour des récoltes continues de juillet à septembre. Un piment peut donner 100 fruits d'août à octobre sur moins d'1 m².

Quelques suggestions à portée de deux convives sociables : on peut semer fin mai 5 m de haricots grimpants comme 'Phénomène', et en récolter tout l'été. Ou encore faire se succéder 20 salades tous les mois d'avril à juin, puis en septembre, pour les croquer de juin à novembre. On peut enfin border le côté ombragé de persil et ciboulette ; celui ensoleillé de coriandre, aneth, thym. Attention aux capucines, très mignonnes en bordure au soleil : elles peuvent étouffer tomates et haricots en les envahissant, il faut alors choisir les plus compactes comme 'Whirlybird' ou 'Bijou'. Certains croquent avec délice leurs fleurs et feuilles tendres et poivrées.

Arrosage : une fois par semaine à raison de 10 l/m².

Entretien : trouver de la verdure pour pailler les cultures ; récolter tous les 2 jours courgettes et concombres pour entretenir la production de fruits tendres jusqu'en septembre ; récolter les salades 1 fois par semaine au moins. Le haricot mangetout se mange aussi en grains et donc les oublis sont moins embêtants.

Temps d'entretien : ½ h par semaine de février à novembre.

De gauche à droite à la mi-juin : 20 laitues, 4 m de haricots 'Phénomène', 2 concombres et 2 courgettes, 6 tomates et 8 basilics sous tunnel, 4 m de fraisiers, un sentier et 4 m de fèves.

La lasagne ou l'art de jardiner sur du béton

Que faire quand le jardin a été cimenté par un fou furieux du propre ? Des lasagnes ! En clair, des buttes de cultures composées de couches de carton, de déchets verts et de compost. Le carton pour attirer les très actifs petits vers roses, *Eisenia foetida*, que l'on trouve dans les feuilles mortes humides de l'automne au printemps. D'ailleurs, ils adorent le carton humide et accourent dès que l'on en répand quelque part, transformant illico tous les déchets empilés en super compost.

La technique : de préférence en mars-avril, on étale une couche de carton brun débarrassé de toute trace de scotch (c'est du plastique) sur 1 m de large. Pour la longueur, c'est selon l'espace et les ingrédients disponibles. Et on arrose pour bien le tremper.

Ensuite, par exemple : on empile 20 cm de branchages de feuillus, 20 cm de mottes herbeuses, une couche de carton. On arrose copieusement. Puis 20 cm de compost et 10 cm de gazon. On arrose copieusement. On peut augmenter les couches de compost et gazon entre un nouvelle couche de carton. Puis, on laisse se tasser jusqu'à la mi-mai. On y plante alors tomates, choux, concombres, courgettes, en perçant le carton, puis en écartant le gazon.

On arrose à fond. Et c'est parti ! Dans ce compost en devenir, c'est humide et très fertile. Donc à vous tomates, choux rebondis, concombres à gogo et abondance de courgettes. Même si vous n'avez jamais jardiné de votre vie ! (Respectez juste les bons écarts, voir p. 103). L'année suivante, la lasagne aura diminué de moitié, vous pourrez encore y cultiver avec succès fleurs, radis, salades, haricots, pois. Mais pour les choux, les concombres et les tomates, il faudra rajouter du compost, ou relancer une lasagne, qui permettra aussi à cette plate-bande épaisse de se tenir fraîche en cas d'été torride.

Palisser pour gagner de la place

Une botte de bambous coupés chez le voisin qui s'en débarrasse et vous voilà avec une nouvelle surface pour jardiner. Tout ce qui rampe peut grimper ! La courge, le concombre, le melon réussissent très bien palissés sur une petite structure de 2 m^2. Avec des branches hautes de 2 m, à vous les haricots kilomètre et mangetouts à rames, pour tout l'été, car aussi bons en vert qu'en grains ('Phénomène', 'Signora della Campagna', 'Crochet de Savoie'). Et en climat doux ensoleillé, à vous la dolique, la chayote et la momordique, aussi belles que bonnes à l'automne.

500 m^2 : l'autonomie possible en légumes plus des fruits

C'est la surface moyenne des jardins français. La chance : on compte 100 m^2 de bonne terre par convive sociable.

Si la terre est médiocre, ce sera plutôt 150, si elle est excellente, genre vraie terre noire de maraîcher, 80 m^2 peuvent suffire. Mais attention, quand j'écris « bonne terre », comprenez éloignée d'au moins 5 m de tout arbre fruitier, 10 m de tout arbre gourmand et aventureux comme le saule pleureur, le bouleau, le frêne, l'érable sycomore, le sureau, le robinier ou le tilleul… entre autres. Attention aussi à la proximité de drageonneurs déterminés, comme le cognassier, la corète du Japon et le framboisier, capables d'allonger des racines de 5 m de long en un été pour aller capter du compost !

Les fruitiers, sauf la vigne, installez-les à part. J'ai commis la sottise de border mon précédent potager de pruniers : jusqu'à 5 m des troncs, la plupart des légumes donnaient des récoltes minables, et encore, moyennant un fastidieux rognage annuel de nouvelles racines sur 2 m de long ! En choisissant des formes naines, vous pouvez dans cette surface récolter une cinquantaine de kilos de pommes en 3 variétés à maturité échelonnée de septembre à mars ; autant de poires, en 3 variétés échelonnées de juillet à décembre ; 10 kg de prunes ou de mirabelles ; autant de cerises acidulées ('Anglaise hâtive', 'Montmorency') et de raisin de table conduit en treilles en 3 ou 4 variétés à maturité échelonnée d'août à octobre ; 5 kg de groseilles, de cassis et de framboises. Les fraises peuvent tapisser le pied des arbres fruitiers, à condition de leur distribuer du compost chaque printemps, ou border une allée. L'actinidia peut ombrager une terrasse à l'est ou à l'ouest, la vigne en treille jalonner une allée et ombrager cultures en été.

Des poiriers bordent ce jardin vivrier vendéen traditionnel. Leur enracinement profond ne nuit pas aux légumes.

Mélanger fleurs et comestibles

Regardez un peu la prestance de la rhubarbe, de l'artichaut, de l'asperge, du chou vivace : ils soutiennent magnifiquement les floraisons des rosiers, pivoines, hélianthus, zinnias, œillets et roses d'Inde, asters et chrysanthèmes jusqu'aux gelées. En attendant la première récolte, qui, avec ces vivaces, prend 2-3 ans, si vous tenez à vous régaler, vous n'oublierez plus de nourrir vos pauvres rosiers et pivoines en leur distribuant chaque printemps les 2 bonnes pelletées de compost dont ils ont besoin pour fleurir magnifiquement.

Un potager vivrier : le bon plan !

Pour que jardiner reste un bonheur, s'inscrivant facilement dans un emploi du temps bien occupé, pour cultiver avec succès et dans la bonne humeur, un maximum de légumes et de fruits dans l'espace disponible, réfléchissez bien à l'emplacement et à l'organisation du jardin. En effet, beaucoup de corvées peuvent être évitées par un aménagement intelligent. Un conseil, ne bétonnez rien, c'est du gros boulot et, si vous changez d'avis, ce sera compliqué de modifier ce qui ne va pas. Restons simples : des allées vertes, larges et confortables à parcourir avec le seau à compost et la brouette, des cultures palissées pour gagner de la place et un plan de culture basé sur des rangs. Bref, agencez le jardin de manière à garder votre liberté : jardiner moins ou pas du tout si vous voulez cultiver des fleurs plutôt que des potagères, laisser les poules entretenir le jardin, facilement, sans galères !

Bien orienté, bien abrité

Un potager prospère est d'accès facile, proche d'un point d'eau, par exemple un toit capable de fournir 20 l/m^2 cultivé d'avril à octobre, sachant qu'entre juin et septembre, il pleut rarement. C'est un terrain calme, lumineux mais pas écrasé de soleil, donc un peu ombragé, mais cependant assez éloigné des arbres (au moins 5 m des troncs), pour qu'ils ne l'assoiffent ni ne l'affament. L'orientation des plates-bandes est importante. On préconise souvent une orientation nord-sud pour que toutes les cultures soient également éclairées, avec la répétition des canicules, il est intéressant d'avoir des coins ombragés si l'on veut continuer à récolter salades, carottes et navets en été.

Une clôture en grillage et une petite structure en perches de châtaignier encadrant l'entrée de ce potager l'abritent du vent. L'effet du grillage est immédiat.

Attention au vent, si vous aimez palisser les cultures, orientez les planches sous le vent dominant, pas à la perpendiculaire sous peine de voir vos haricots-rames effondrés au moment de les récolter. Rappelez-vous qu'un simple grillage a un effet modérateur d'environ la moitié de la force du vent si vous récupérez une parcelle sur exposée, cela vaut le coup de créer ou de hausser une clôture insuffisante.

Trois ans plus tard, le chèvrefeuille du Japon et un rosier mousse ont transformé la clôture en haie filtrante, verte toute l'année.

Au potager, en rangs c'est mieux

Cela vous paraît sévère ? Essayez de gérer la programmation d'un potager prospère en tourbillon sans devenir fou ! En effet, certaines cultures tombent malades si on les installe plusieurs années de suite au même endroit. Il faut donc chaque année préparer un plan dit de « rotations », le sujet le plus prise de tête des manuels et autres « tuto » de jardinage. Si le jardin est organisé en rangs séparés par des sentiers modulables selon les cultures, ça va tout seul.

La longueur des rangs dépend du terrain : 5 m, c'est une bonne base pour 2 convives. On peut toujours partager un rang entre plusieurs petites cultures : par exemple, une culture de petite consommation comme l'aneth, le cerfeuil, le radis peut n'occuper que 2-3 m sur un rang avec de la salade à repiquer. La provision d'hiver de carottes, en revanche, occupe 30 m, donc plusieurs rangs. Les fleurs vivaces que l'on sème en été réussissent bien à mi-ombre entre 2 rangs de légumes. Un bout de rang peut aussi accueillir des fleurs annuelles... Bref, le rang c'est pratique et pas si strict que ça !

Le jardin en spirale, le jardin coup de tête sans plans préalables, c'est marrant pour un potager plaisancier, mais c'est hélas souvent très moche et pas très nourrissant, vu que le désherber est compliqué. Pour combiner jardin vivrier et tranquillité du jardinier, en rangs, franchement, c'est beaucoup plus gratifiant.

Au long des pavots, deux rangs de haricots. Les rangs facilitent l'entretien et les récoltes, et permettent d'organiser le potager sans se compliquer la vie.

Plates-bandes sur mesure

Pour la largeur des planches, prévoyez des séries de 3 ou 4 rangs, tout dépend de la longueur de vos bras et de vos jambes : il faut que ça s'enjambe aisément, sans trébucher dans les cultures, et qu'on puisse tout atteindre depuis les sentiers. Ainsi, pour une personne de 1,60 m, on aura des planches de 3 rangs, larges d'1 m. Avec 1,80 m, on peut élargir à 1,20 m. En duo avec un partenaire de taille différente, priorité au moins grand ! Ce n'est pas un détail : ce n'est pas marrant de trébucher parmi des légumes qui détestent être piétinés, ni d'entretenir un sentier trop étroit ! 30 cm, c'est assez large pour y marcher, même avec de grands pieds et le minimum pour l'entretenir facilement. Si vous ensemencez ces passe-pieds de trèfle blanc, ajustez leur largeur à la capacité de coupe de la tondeuse pour les tondre en un seul aller, soit, le plus souvent, 40 cm.

Désherber est déjà une corvée, avec des sentiers trop étroits enserrés entre des planches, c'est mission impossible ! À droite, des pierres plates ménagent un sentier entre les cultures. Simple et joli, mais c'est aussi un abri pour les limaces.

Planches fixes ou ajustables ?

Les deux ont leurs avantages ! Je m'explique. Un tiers des sentiers de mon potager sont ensemencés de trèfle blanc nain. Il vit environ 3 ans, se marcotte à volonté, ses vagabondages ne nuisent pas aux cultures, et ses tontes, mensuelles d'avril à septembre, prodiguent un paillis excellent et précieux. Entre des plates-bandes fixes, il est très utile. Les maraîchers contemporains optent pour ce schéma, mais leurs besoins ne sont pas les mêmes que ceux d'un jardinier. Si l'on veut cultiver de tout dans un espace plus restreint, soit 100 m² par convive, on a besoin de largeurs variables pour tout caser. Par exemple, 1 rang de courges, 3 de pommes de terre occupent 2 m de large sans nécessiter de sentiers.

Aussi, dans les deux tiers du potager, les sentiers sont tapissés de tontes de gazon ou de branches de saule pleureur vertes. Ce qui évite de trop les tasser, supprime le désherbage, entretient leur fertilité et permet de les remettre facilement en culture.

Voici donc une organisation mixte de planches tantôt fixes, séparées par du trèfle, tantôt modulables, séparées par des sentiers paillés.

Le paillage des sentiers est possible parce que le potager n'occupe qu'un tiers du terrain, le reste étant tondu en moyenne une fois par mois d'avril à septembre, plus une fois en novembre pour fournir du paillage. Mais c'est un idéal qui n'est pas possible avec un tout petit jardin, hélas ! À moins d'avoir un voisin heureux de se débarrasser de ses « déchets verts », ce qui arrange autant la planète que les finances locales. À noter, le saule pleureur est prodigue en paillages toute l'année.

(1) Allée ajustable : sentier paillé entre cultures en plates-bandes mobiles.

(2) Allée en gazon et trèfle blanc, source de paillages entre des plates-bandes fixes.

(3) Ici, les brins de saule pleureur paillent autant l'allée que les cultures voisines, ainsi le sol reste fertile partout, permettant la culture des allées si nécessaire.

Collé-serré, au potager, c'est pas bon

La mode du jardin en carré, puis des potagers urbains a inauguré cette manie d'entasser les aromatiques dans les légumes, les salades jusqu'au pied des courges, au risque de voir les grands submerger et anéantir les petits. N'oublions pas que c'est la photosynthèse qui fait vivre les plantes et, pour ça, leur feuillage a besoin de lumière ! Même si les canicules de plus en plus violentes incitent à ombrager les plantes, pensez à leur concurrence pour l'eau. Réussir un potager vivrier, c'est savoir anticiper et, si on peut effectivement installer des salades au pied des haricots en fin de récolte, au début, ce n'est pas raisonnable. Dans les fiches pratiques p. 103, vous trouverez les intervalles nécessaires à chaque culture pour nourrir son jardinier.

Aromatiques : le plus près possible de la cuisine

Pourquoi ? Pour improviser une petite brouillade à la ciboulette ou une savoureuse béarnaise de dernière minute sans trébucher dans l'obscurité, en quête de l'ingrédient majeur. Et aussi parce que le pied des maisons, souvent aride, est bêtement délaissé. Or, c'est l'endroit parfait pour réussir toutes les méditerranéennes, qui détestent l'humidité, de l'estragon au thym. Dans les contrées peu ensoleillées, c'est le meilleur endroit pour récolter un origan un peu savoureux et, là où il gèle, là où le sol est argileux, pour conserver la verveine citronnelle et l'estragon.

Au nord, le bord de la terrasse accueillera ciboules, poireau vivace, poirail. À l'ouest et au sud, la sauge, le romarin, la sarriette, le thym, l'hysope, le serpolet réussissent très bien, leurs racines bénéficiant à la fois d'un sol frais et bien drainé. Une astuce : pour faciliter leur enracinement, entourez-les de pierres plates côté pleine terre, elles stockeront la chaleur en hiver et garderont le sol frais en été.

Oseille, origan, poireau vivace, sauge officinale aiment les sols frais mais bien drainés.

Belles aromatiques

Souvent on les utilise peu, mais on aime bien les cultiver. Réunissez-les par affinités et vous verrez comme elles sont belles ! Dans les sols les plus arides, l'aneth et le fenouil portent haut leurs ombelles ensoleillées tout l'été. Un cran en dessous, les romarins dominent par petites masses drues et vertes celles du thym, le tapis de pompons roses ronflants d'abeilles du serpolet, les épis bleu de France de l'hysope, la luisante sarriette, en bordure. Du moment que le sol est frais, l'angélique somptueuse de mai à juillet, l'ache, la coriandre, le persil, le cerfeuil et l'ail triquètre en fleur toute la belle saison, la pimprenelle et le raifort sont prospères. Toutes ces aromatiques structurent les massifs où on les installe et soulignent la beauté des fleurs, annuelles ou vivaces.

Où placer les vivaces ?

Elles restent en place au moins 4 ans (chénopode bon-Henri, raifort…), voire 20 ans (asperge, pivoine), sont souvent encombrantes (ache, artichaut, rhubarbe…) mais majestueuses : elles sont très bien à l'entrée du potager, mélangées avec des fleurs de belle stature (aster de Nouvelle-Angleterre, canna, dahlia, hélianthus, hémérocalle, immortelle, pivoine…). Ou en tête de plate-bande, au bord d'une allée.

L'angélique, cette majesté des jardins frais, borde le potager, protégeant sous son feuillage des boutures de groseilliers. En automne, on coupera l'angélique séchée, ses semis spontanés prendront le relais.

Où les placer ?

- Le compost : au bord d'une allée assez large pour y manœuvrer à l'aise avec la brouette pleine, à l'ombre, ou dans le poulailler, par exemple, pour une coopération qui arrange tout le monde.
- La cabane à outils : près de la maison, avec une porte assez large pour manœuvrer la tondeuse et la brouette sans acrobaties.
- Le fil à linge : entre des arbres au long d'une allée, pas loin de la maison.
- Le poulailler : loin de la maison à cause des mouches et des odeurs, mais accessible facilement (distribution des restes de cuisine).

Rotations-successions : planification sans prise de tête

Maïs-haricot-amarante, un trio gagnant à déplacer d'un cran chaque année.

Si l'objectif est bien un potager vivrier permettant de vous nourrir toute l'année, vous êtes obligé d'y penser. Sachant que c'est le casse-tête le plus horrible des matamores de l'autonomie malheureuse, je ne vous infligerai pas une nouvelle lubie. Donc, on va laisser tomber les bobards qui rendent l'exercice aussi vertigineux qu'une partie d'échecs avec un champion. Par exemple : ne pas faire se succéder 2 légumes racine, associer ceci avec cela et surtout pas cela avec ceci. Vu qu'à ce jour aucune comparaison sérieuse n'a été menée en matière d'associations potagères, laissons tomber ces sottises juste bonnes à nous faire souffrir. Contentons-nous de faire attention à ne pas cultiver des plantes de la même famille sur la même parcelle durant 3, ou mieux 4 ans, parce que ça, c'est important pour éviter parasites et maladies. À partir de là, concentrons-nous sur l'occupation du terrain la plus judicieuse.

Alors on sort son cahier, la gomme et le crayon papier ? On trace le plan du terrain, on numérote les planches, on apprend les noms de famille des cultures envisagées, et c'est parti.

Ce petit exercice se fait chaque hiver, au calme et au chaud. En feuilletant les pages de l'année dernière et de celle d'avant. Croyez-moi, c'est un moment délicieux. Car jardiner, c'est aussi rêver !

Nom de famille

Voici les familles qui doivent chaque année déménager pour 3 ans au moins, 4 si possible, pour rester en bonne santé. Attention avec les cultures d'engrais verts, beaucoup appartiennent aux mêmes familles que les légumes ! Cela dit, si vous recultivez une des plantes ci-dessous 2 ans de suite au même endroit, une seule fois, ce ne sera pas non plus forcément un malheur. La nature n'est pas si impitoyable !

1

3

Amaranthacée (1)

Amarante, arroche, bette, betterave, chénopode bon-Henri, épinard, quinoa.

Apiacée (2)

Ache, aneth, angélique, anis, carotte, carvi, cerfeuil, coriandre, fenouil, panais, persil.

Astéracée (3)

Artichaut, cardon, bleuet, centaurée, chrysanthème, chicorée, laitue, salsifis, scorsonère, topinambour, tournesol.

Crucifère (4)

Chou, cresson, moutarde, navet, radis, raifort, roquette.

2

4

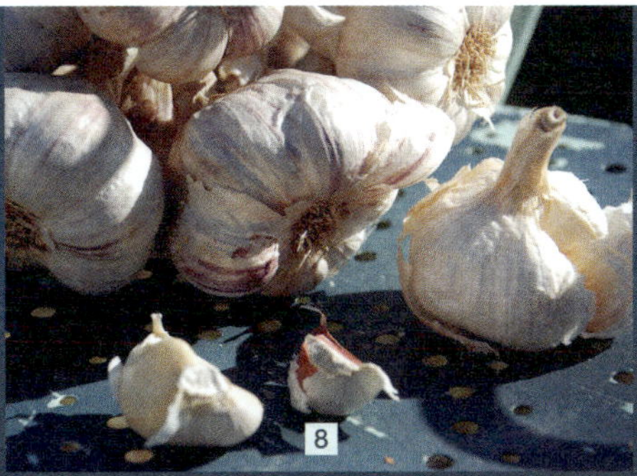

Cucurbitacée (5)

Concombre, cornichon, courge(tte), melon, pastèque.

Graminée (6)

Blé, maïs, seigle.

Légumineuse (7)

Fenugrec, fève, haricot, lupin, luzerne, mélilot, pois, sainfoin, soja, trèfle, vesce.

Liliacée (8)

Ail, asperge, ciboule, échalote, oignon, poireau.

Solanacée (9)

Aubergine, goji, physalis, piment, poivron, pomme de terre, solanum, tomate, tomatillo.

Si vous laissez monter en graine, attention ! changement de programme

Cultiver de la graine à la graine est un plaisir qui, au fil des ans, permet de sélectionner des souches bien adaptées à son jardin. Mais, si votre terrain est petit, cela peut restreindre la gamme des cultures possibles, car dans ce cas elles occupent le jardin sur une période bien plus longue. Les plus rapides à mûrir : coriandre, fève, haricot, laitue, pois, occupent le terrain 2 mois de plus ; le persil ou le poireau, 1 an.

Semer ou acheter des plants ?

Produire ses plants permet au gourmet de se régaler des meilleures variétés.

Avec certaines plantes, on n'a pas le choix. Semis direct obligatoire pour la carotte, l'épinard, la fève, le haricot, l'ipomée, le navet, la nigelle, le panais, le pavot, le pois, le radis, le rutabaga, la roquette, le salsifis et la scorsonère. Attention, les jardineries s'en fichent et les proposent quand même en plants. Ce ne sera pas votre faute si ça ne marche pas. Vous aurez juste dépensé des sous pour rien.

Avec la laitue, c'est plutôt semis direct de juin à août et, le reste de l'année, semis puis transplantation environ un mois plus tard.

L'amarante, l'arroche, le maïs, le persil, la bette et la betterave se sèment directement en place, mais, en climat frais, on peut transplanter les semis en surnombre. Bonus : on étend ainsi la période de récolte d'une quinzaine de jours, car les semis directs donnent avant les plants – qui, souvent, grossissent davantage.

On trouve des plants de salades, bettes, choux, concombres, cornichons, courgettes et courges, poireaux, tomates, aubergines, poivrons, piments et de toutes les aromatiques. Mais on peut les semer : 1 m de semis produit 30 à 50 plants pour le prix d'1 ou 2 plants du marché. Et surtout, avec les graines, le choix est immense. Le Potager d'un curieux propose à lui seul 83 variétés de tomates, et il fait partie, avec Biau germe, La Boîte à graines, Germinance, de ces semenciers gastronomes qui ne proposent que le meilleur !

Avantage du plant : l'on n'achète que le nécessaire.

Inconvénients : c'est beaucoup plus cher qu'un semis. Surtout parce que l'on risque de planter trop tôt car en général tomates, courgettes et autres poivrons sont disponibles 2 mois avant l'heure. Résultat : ils vivotent sans donner grand-chose… s'ils ne sont pas morts au premier courant d'air.

Les plants sont pour la plupart des variétés maraîchères, conçues pour donner des légumes de belle apparence dans un minimum de temps, sans égard pour leur saveur. Or, le jardinier recherche plutôt des récoltes échelonnées et le plus savoureuses possible. Ainsi certes, vous n'achetez que 6 choux pommés, mais ils seront bons à récolter dans la même semaine. Tandis qu'un semis d'une variété traditionnelle échelonne sa récolte sur 2-3 mois ! Dernier bémol, ces plants en majorité hybrides sont moins rustiques et impossibles à reproduire si par hasard vous tombiez sur un bon numéro.

Semis et plantations, pas de précipitation !

Les rosiers sont en fleurs et vous n'avez pas encore planté vos tomates ? Pas grave ! Mieux, s'il fait moche, attendez que le soleil revienne, que la terre soit bien réchauffée. Pareil avec les aubergines, les carottes, les pommes de terre, les poivrons, les melons et les courges qui doivent démarrer au quart de tour dans de la terre tiède et s'épanouir au soleil pour donner généreusement. Les années « pourries », ce sont les jardiniers en retard qui font de belles récoltes. Pas ceux qui se laissent tenter par des tomates prêtes à fleurir en mars. Pareil en été, pour les semis d'automne et d'hiver. Théoriquement, il faut semer des laitues, des oignons, des mâches ou des épinards en août. S'il fait trop chaud, cela ne donnera rien. Attendez septembre.

Semer en barquettes

Naguère on semait dans des terrines rectangulaires profondes de 7 cm et de 30 à 50 cm de long. Désormais on récupère des barquettes de cantine (maigre recyclage de la malbouffe collective !). Les pots peu profonds, l'abreuvoir à pigeons, l'ancienne soupière en émail sont de très bons récipients adaptables à la quantité de semis souhaités. Un pot de 20 cm de diamètre et 10 cm de profondeur suffit pour une série de 30 laitues, par exemple. On peut aussi semer dans des plaques alvéolées de 3 à 5 cm pour semer graine par graine, à la manière des horticulteurs. C'est un semis minutieux, mais qui vaut la peine car on a alors de jolies mottes à transplanter. On sème dans du terreau maigre, de préférence du terreau de feuilles maison ou, à défaut, dans du terreau de semis acheté. C'est risqué, car il n'est pas facile d'en trouver du bon.

On sème ainsi, à l'abri, dans une pièce lumineuse, les légumes d'été que l'on veut hâter, par exemple les tomates, les aubergines, mais aussi beaucoup de fleurs et d'arbustes, semis précieux que l'on tient à surveiller de près, et à protéger des limaçons. Mais, prenez garde, même en véranda, même sur une table, certains réussissent à se cacher sous les barquettes et les pots, effectuant des raids destructeurs sur les semis ! En année à limaces, soulevez les barquettes pour vérifier que rien ne se cache dessous.

La barquette chauffante permet de réussir en un temps record les semis frileux, comme l'aubergine, le basilic, le piment, et les délicats comme l'armoise annuelle. La consommation de la résistance électrique placée au fond est minime.

Avec le terreau maison, il est conseillé d'en remplir les barquettes 15 jours à l'avance, le temps pour l'herbe de germer s'il en contient. Au printemps, ce petit préchauffage améliore aussi la germination des semis.

Semer en barquettes : la méthode

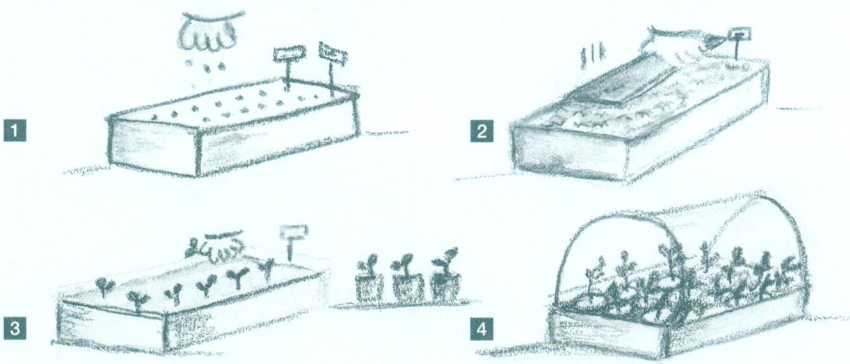

(1) Semer d'une main légère sur le terreau tiède, si possible tous les 2-3 cm. Pas facile avec le tabac, l'armoise, la laitue !

(2) Couvrir les graines de 2 fois leur épaisseur de terreau menu. Tasser légèrement avec une planchette. À noter : répandre ½ cm de gravier menu facilite la germination.

(3) Transplanter le semis dès qu'on peut l'attraper, dans le même terreau additionné de 25 % de compost mûr ou de vermicompost, tous les 5 cm ou dans des godets. N'oubliez pas l'étiquette !

(4) Abriter les plants sous un petit tunnel pour au moins un mois. Plus le plant démarre vite, plus il sera beau.

Semer en pleine terre

Un verre de bière enterré tous les mètres protège les semis des limaces. Peu importe la bière, en revanche on dirait qu'elles préfèrent les verres aux gobelets en plastique !

Les plants issus de semis directs sont plus vigoureux et donnent en général plus vite que ceux transplantés chez les espèces qui l'acceptent (betterave, chicorée, épinard, laitue, tournesol, zinnia…). Le plus délicat à réussir, c'est de semer clair, de manière à ce que les plants poussent à l'aise. Difficile aussi d'empêcher limaces et escargots de croquer le semis avant qu'il n'atteigne 10 cm (au-delà, c'est gagné !). Si vous créez un jardin, en général il n'y en a pas. Mais la 2e et 3e année, gare aux attaques massives ! Il y a aussi les pigeons. Grands amateurs de petits pois, ils peuvent ravager tout ce qui est vert et tendre par temps sec. Quelques brassées de branchettes, un filet tendu sur des arceaux protègent les semis tout en les ombrageant juste ce qu'il faut. Durant un mois suivant le semis, il faut arroser régulièrement car, une plante en forme, c'est une plante qui grandit sans à-coups. Avec une réserve d'eau de pluie, on arrose les jeunes semis au tuyau sans embout ou avec un tuyau suinteur environ tous les 2 jours. Avec un système à pression, la douchette douce est recommandée car il ne faut surtout pas bousculer les semis. Dans certains cas, indiqués dans les fiches légumes, on peut transplanter les plants en surnombre, par temps frais. En été, et s'il fait très chaud, ils reprennent très mal, même en les arrosant, même protégés sous une ombrière.

Ce tunnel voilé de vert sert à la fois d'ombrière de plein été et de protection contre les pigeons, grands amateurs de pousses tendres. De la fougère maintient la fraîcheur du sol.

Semer en pleine terre : la méthode

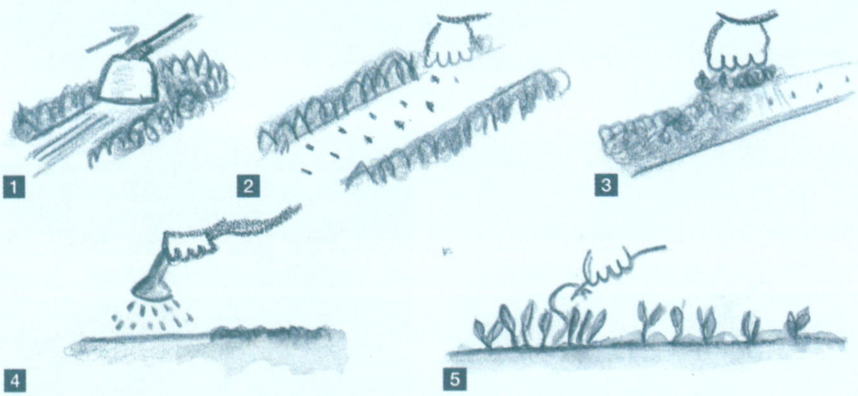

(1) En été, on sème plutôt le soir, dans la terre humide, arrosée la veille si nécessaire. Tracer un sillon large dans la terre meuble.

(2) Semer idéalement les petites graines tous les 3 cm ; les betteraves, haricots et pois, tous les 5 cm ; les fèves tous les 15 cm.

(3) Recouvrir les graines de 2 fois leur épaisseur de terre fine.

(4) Arroser très doucement, en profondeur.

(5) Éclaircir les plants dès qu'on peut les attraper, pour ne laisser que les plus jolis, tous les 5 cm (carottes, betteraves, navets) à 20 cm (salades). Ceux en surnombre peuvent être cuisinés. Chicorées, laitues, épinards, bettes et betteraves peuvent être repiqués au printemps.

Semer en pépinière

La pépinière est une plate-bande bien meuble, amendée s'il le faut avec du sable et du compost pour que le guéret y soit fin. On y ménage des sillons longs de 50 cm à 1 m pour élever des plants qui seront transplantés en pleine terre. Sachant que 50 cm de semis donnent 20-25 jolis plants, la longueur de la pépinière varie selon les besoins et fantaisies du jardinier.

On étiquette les rangs au fur et à mesure des semis et on reporte le plan de la pépinière dans son carnet (1). Avant de passer au semis suivant, on tasse les graines sous une planchette (2). On termine par un arrosage général, lent et pénétrant, au goulot afin de ne pas bousculer les graines (attention si les rangs sont en pente !) (3). En été, et en général par temps sec, les semis de fleurs et d'aromatiques germent mieux sous un tapis de gravier menu, sorte de paillage minéral de 2-3 cm d'épaisseur.

À noter : la transplantation en pépinière, à 10 cm d'intervalle, de semis de choux, d'aromatiques, de fleurs, chétifs car trop serrés, leur donne du tonus avant leur installation définitive, surtout si on les arrose avec 10 % d'extrait d'ortie lors de la plantation.

La pépinière est aussi l'endroit où l'on plante les boutures et les plantes divisées en attente d'une place au jardin.

De l'automne au printemps, on l'installe de préférence contre un mur ensoleillé, à l'abri des courants d'air. En climat froid, on peut la coiffer d'un tunnel ou de coffres vitrés pour la protéger du gel.

De mai à septembre au contraire, on l'installe dans une plate-bande ombragée et on la coiffe de toile d'ombrage ou de stores tendus à 50 cm du sol. On l'arrosera alors par-dessus l'ombrière, en pluie. La douchette douce ou l'arrosage lent au tuyau branché sur un réservoir irriguent sans bousculer les semis. Jusqu'à leur reprise, attestée par l'apparition de nouvelles pousses, les plants ne doivent jamais avoir soif. On les paille légèrement et, au printemps, on entretient des verres enterrés pleins de bière entre les rangs pour noyer les limaces destructrices de semis.

Étiquettes !

Dès le choix des graines à semer, on prépare les étiquettes. Les plus jolies, celles en bois, sont hélas vite illisibles. Donc on les achète en plastique, qui se lavent et s'effacent dans l'eau savonneuse et sur lesquelles on écrit au crayon-papier bien gras, si possible 6B. Ainsi on suit l'affaire du semis à la plantation. Les mêmes étiquettes peuvent servir durant 10 ans et plus.

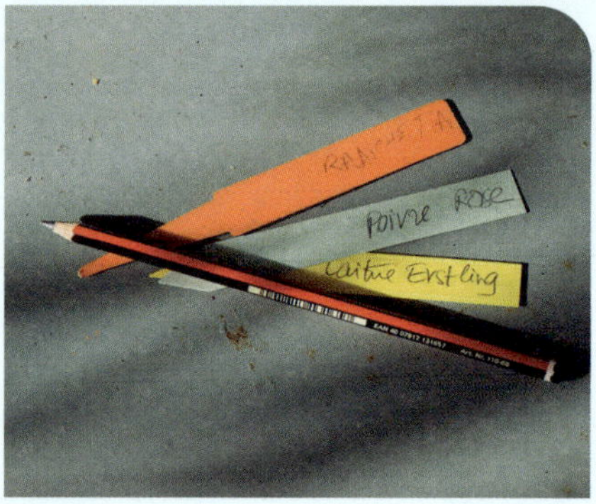

La pépinière sur le compost

On l'installe sur un silo rempli, donc on gagne de la place et on accélère le processus de compostage, car, une pépinière, ça s'arrose. Sinon, rien ne germe, rien ne prend racine. De son côté, le compost en devenir prodigue un milieu tiède propice à la germination des semis et à l'enracinement des boutures.

Ce cadre en planches est plus haut à l'arrière (30 cm) qu'à l'avant (20 cm) pour ensoleiller au maximum les semis du printemps qui grandissent sous verre. En hiver, le châssis abrite les boutures du gel.

La méthode : on couvre le compost de carton ondulé. On construit un cadre en planches, plus haut à l'arrière (30 cm) qu'à l'avant (20 cm) et aux dimensions du compost. On le remplit de 15 cm de terre meuble (¾ de terre de jardin et ¼ de terreau de feuilles). On douche et on laisse reposer au moins 2 jours. Ensuite on y sème légumes et fleurs, on y plante des boutures – de préférence le long des parois.

De novembre à avril, on le coiffe d'un châssis transparent. Ainsi les boutures encore fragiles et les semis encore petits (par exemple, les laitues et oignons semés en septembre) passent l'hiver à l'abri du froid. Sous le châssis fermé, les premiers semis en février de laitues, oignons, radis, prennent leur essor avec un mois d'avance.

Planter bien calé

Pour s'enraciner et grandir, les plants doivent être bien ancrés dans la terre meuble, sans flotter (si on tire sur les feuilles, ça ne doit pas bouger !). Plusieurs techniques :

- On plante à la fourchette ou au plantoir truelle les plants en mottes, la plupart des fleurs, le fraisier, les courges, concombres et melons, les piments, les tomates, les salades. On dégage d'abord une cavité grosse comme les deux poings que l'on garnit d'une poignée de compost, sur laquelle on installe le plant, avant de la caler avec de la terre fine, puis en l'arrosant copieusement, c'est-à-dire doucement et jusqu'à l'entourer de boue.
- Pour les plus grosses comme l'asperge, la rhubarbe, le raifort, les fleurs vivaces, notamment à l'occasion de la division de souches de 3-4 ans, on utilisera plutôt la fourche à bêcher afin de creuser un trou assez grand pour loger les racines à l'aise après y avoir jeté une pelletée de compost au fond. On ne triche pas ! Une plante aux racines pliées reprend mal ! Si vraiment les racines sont trop longues, taillez-les.

De gauche à droite, fourchette et plantoir truelle (Spear & Jackson), plantoir truelle étroit (Sneeboer), plantoir pointu maison en buis, serfouette panne et griffe pour semer, planter et sarcler.

Planter au plantoir pointu : la méthode

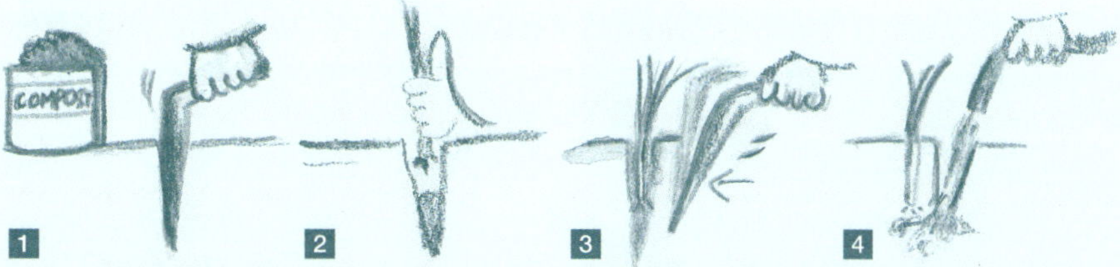

1 2 3 4

On plante au plantoir pointu tout ce qui a de longues racines (betterave, céleri, chou, persil…) et les ciboules, oignons et poireau, après avoir raccourci leurs racines à 1 cm de long. À noter : en climat sec, en sol léger, plantez au creux d'un sillon de 10 cm de profondeur tracé à la serfouette.

(1) Pratiquer un premier trou profond dans la terre meuble et, si nécessaire, on le remplit d'une poignée de compost.

(2) Insérer le plant dans le trou.

(3) Caler le plant dans son trou en pratiquant un 2e trou et en poussant le plantoir contre la racine.

(4) Arroser au tuyau en faisant couler l'eau dans le 2e trou jusqu'à le remplir de boue.

Trempette à la bouse de vache

Par temps chaud, le soir précédant une plantation, faites tremper les jeunes plants dont vous avez coupé la moitié des feuilles dans un récipient plein de bouse de vache liquide, à l'ombre. Plantez le lendemain, au crépuscule. Gavez-les d'eau jusqu'à ce que la terre autour soit boueuse. Puis paillez copieusement. Une semaine plus tard, renouvelez l'arrosage (5 l/plant) sous le paillage. Ainsi traités, ils se passent quasiment d'arrosage même si l'été se met au grand sec.

Planter en sol aride

Pratiquer un large trou à la fourche, de manière à y loger un carton de 25 cm de côté. Le tremper. En garnir le fond avec du compost, installer la plante dans la terre fine, puis arroser lentement et copieusement, jusqu'au stade boueux. Terminer en entourant le plant de pierres plates. Surveiller l'arrosage jusqu'à l'apparition de nouvelles feuilles, mais normalement, il n'est pas nécessaire d'arroser de nouveau !

Bouturer

On bouture le plus facilement des tiges mi-vertes mi-ligneuses, grosses comme des crayons (jusqu'à 1 cm pour la vigne). Les boutures arrachées d'un rameau avec un petit talon passent pour mieux réussir que celles coupées au sécateur. Une bouture peut mesurer de 15 à 30 cm.

Bouture de persicaire Rau-ram dans l'eau.

Les boutures à talon s'arrachent ainsi de la tige principale.

Les boutures s'enracinent beaucoup mieux abritées sous cloche pendant un mois.

Les boutures de vigne s'enracinent facilement dans une tranchée ombragée, enterrées sur les 2/3 de leur longueur.

Les boutures de 15-20 cm reprennent bien dans des poteries profondes de 20-30 cm, enterrées à ras bord dans une pépinière ombragée. On les place tous les 5 cm contre la paroi qui, en retenant l'humidité, favorise l'émission des racines. Au printemps, on bouture ainsi les aromatiques arbustives (armoise, lavande, sauge...), les arbustes tendres type abutilon, lavatère, leycesteria dans une pépinière ombragée. En été, on bouture ainsi l'estragon, les arbustes et les rosiers, par exemple. On les douche copieusement, puis on les couvre de cloches jusqu'à l'apparition de nouvelles pousses, soit environ un mois pendant lequel on douche chaque semaine. On les abrite du gel en hiver pour les transplanter au printemps.

Les boutures longues de 30 cm sont rangées tous les 20 cm au fond d'un sillon creux de 20 cm garni d'un mélange à parts égales de terre meuble, de terreau et de sable, et enterrées jusqu'aux 2/3 de leur hauteur. On bouture ainsi en été, à l'ombre, le camérisier, le fuchsia, l'hydrangea, le rosier ; en automne le chou vivace et le camérisier ; en hiver le rosier, le groseillier, le saule, la vigne. On bouture dans l'eau la citronnelle asiatique, la persicaire, le laurier-rose.

Transporter boutures et plants

Le meilleur moyen de rapporter des plantes en bon état quelles que soit la saison, la chaleur et la longueur de voyage, c'est dans un seau. Plutôt du type « baquet » de 15 l, stable et commode pour de grosses plantes. S'il fait chaud, on installe les plantes dans 10 cm d'eau et on les recouvre d'une toile trempée.

Marcotter

C'est de la bouture facilitée car, dans ce cas, on aide juste l'enracinement de jeunes pousses que l'on ne coupe qu'une fois bien parties – ce que l'on repère à l'apparition de nouvelles pousses au sommet des marcottes.

Deux méthodes :

- Le marcottage général : en mars-avril, ou en septembre, on verse ce qu'il faut de terreau sur un buisson d'armoise, de groseillier, de thym, de sauge pour créer une épaisseur de 5 à 10 cm de terre meuble. On arrose copieusement, jusqu'à la boue, on paille si possible. On surveille l'arrosage en été. Dans les 6 mois, on récoltera une jolie provision de nouveaux plants.

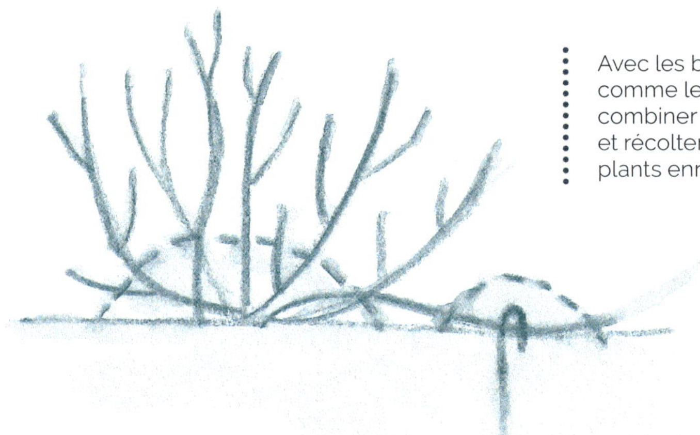

Avec les buissons souples comme les groseilliers, on peut combiner les deux méthodes et récolter ainsi beaucoup de plants enracinés.

- Le marcottage tige à tige : aux mêmes périodes, on repère de beaux brins bien drus, on les incline vers le sol et, là où ils touchent terre, on gratouille la surface de contact sur 5 cm. On ameublit l'endroit où la branche touche terre, puis on l'y fixe avec un piquet de camping ou une épingle en bois. Reste à la recouvrir de 5-10 cm de compost tenu bien arrosé durant toute la période du marcottage.

Là où l'hiver est rude, on transplantera les nouveaux plants de préférence au printemps, mais ils s'enracinent mieux en septembre, car ils profitent ainsi des pluies d'automne.

Diviser pour multiplier

Beaucoup de plantes vivaces, notamment les aromatiques, perdent de l'énergie après 4 ans au même endroit. Pour relancer leur végétation, on les arrache, on les divise et on les replante dans de la terre bien ameublie et plus ou moins enrichie de compost selon leur nature : 1 brouette de compost pour 10 m de rang de jacinthes, narcisses, tulipes ; 1 pelletée par poquet pour les fuchsias, héléniums, pivoines ; 1/2 pelletée par poquet pour les ancolies, anémones du Japon, asters, géraniums, hélianthus, hémérocalles. Les achillées, giroflées, iris, *Lychnis coronaria*, œillets se contentent d'une poignée de terreau par plant, comme les aromatiques.

La division par le trempage

Certaines vivaces sont sans souci jusqu'au jour où l'on veut les diviser, comme l'aster de Nouvelle-Angleterre, on en retrouve d'autres tricotés serrés dans l'herbe comme le ciboulail. Pour les diviser sans trop de peine, on les arrache à la grelinette en cernant bien la motte, que l'on installe dans une bassine pleine d'eau pour un trempage à fond durant 2-3 jours si nécessaire, jusqu'à ce que la terre fonde en boue. Il faut alors soigneusement retirer les racines du chiendent et autres liserons, tout en divisant la vivace en touffettes grosses comme le poing. On les transplante ensuite dans des poquets garnis de 2 poignées de bon compost.

Succession et association des cultures : comment optimiser l'espace

La plupart des cultures occupent le terrain durant 5 à 6 mois, ce qui permet de faire succéder 2 séries de récolte sur la même parcelle. Par exemple : sitôt un rang de salades récolté en mai, on le remplace par des haricots. En juillet, on sème des chicorées après pois et fèves. En août de la mâche ou des épinards après les oignons et les pommes de terre... en octobre, les laitues d'hiver succèdent aux tomates et aubergines sitôt arrachées.

Pour optimiser l'espace, on associe aussi souvent deux cultures de durée différente durant une partie de leur cycle, accélérant ainsi le rythme des successions des cultures. Mais, pour que cela marche bien, il faut connaître les besoins, le rythme de croissance, la taille adulte, de chacune. Toutes les potagères ont besoin d'espace, de terre fertile et de lumière pour se développer pleinement, il est donc important d'augmenter les intervalles indiqués dans les fiches, pour que dans ce cas, chaque partenaire se développe harmonieusement. J'insiste sur ce point car je vois beaucoup de potagers peu généreux car cultivés serré-serré. Ainsi, pas la peine de planter des laitues à moins d'1,50 m d'une courgette, elles seraient minables et insipides car submergées par un gros feuillage dense ; des poireaux enserrés par d'opulentes chicorées frisées resteront fluets, en revanche, alternés avec des laitues de petit format comme 'Sucrine' ou 'Kagraner sommer', pas de problème. On les

Les semis de laitue 'Cressonnette' se faufilent partout. Attention, si on la laisse grainer, elle occupe le terrain 6 mois au lieu de 3 !

Entre les choux, en place pour au moins 6 mois, on peut caser au moins 2 séries de salades ou laisser venir des semis spontanés d'amarante, de panais ou de soucis. À éclaircir, sinon ils restent frêles.

plante en même temps, en mai-juin, on les récoltera 2 mois plus tard, laissant alors les poireaux seuls grossir à l'aise.

Les salades, à cause de leur cycle court et de leur peu d'exigence, sont très utilisées pour ces compagnonnages temporaires. Entre les choux d'hiver, plantés en mai-juin, plusieurs possibilités. Par exemple, en même temps on peut planter des chicorées scaroles, puis semer de la mâche en septembre sous les choux bien développés. Enfin, en mars-avril, à mesure qu'on récolte les derniers, on plante des pommes de terre hâtives en pensant bien à donner à chacune une grosse poignée de compost. Car, si les salades vivent de rien, pas la pomme de terre !

On peut semer avec succès des radis d'été entre les rangs de poivrons ou d'aubergines dès leur plantation. Sous cet ombrage léger, les radis sont particulièrement tendres et leur récolte, 1 à 2 mois plus tard, laisse l'espace libre pour le développement de ces voisins souvent luxuriants en fin d'été. En climat océanique, leur succéderont des pois, fèves, oignons blancs, roquette ou laitues d'hiver pour le printemps.

Certains duos temporaires demandent de l'attention : on conseille souvent de semer ensemble des radis roses et des carottes pour éviter d'éclaircir ces dernières, les radis étant arrachés environ un mois après leur semis parmi les carottes encore menues. Il faut penser à récolter les radis à temps, y compris les moches, pour que les carottes réussissent. Et, hélas, cela ne dispense pas non plus de les éclaircir, ce que beaucoup d'entre nous considèrent comme une corvée !

Dans le jardin encore très vide du premier printemps, en mars, on pratiquait jadis ce qu'on appelait « des cultures dérobées », en ensemençant de radis ou de laitues 'Gotte' les sentiers peu fréquentés sitôt installés pois, fèves et oignons. La récolte des radis et cette laitue survient en moins de 2 mois, donc bien avant celle des voisins, permettant de cultiver temporairement un espace aujourd'hui voué uniquement à la circulation.

Précoce, tardif ou aléatoire ?

Le délai entre le semis et la récolte d'un légume peut varier largement selon ses variétés. C'est par exemple le cas de la tomate : une 'Précoce de Quimper' mûrit environ 50 jours après sa plantation, une 'Ananas' 120 jours. Mais le néophyte n'en saura rien car la mention « tardive » a disparu des descriptions ! Un effet de notre époque gouvernée par le goût de l'instantané ? Pourtant, François Delmond, fondateur de Germinance, grand sauveteur de variétés locales et fin gourmet, a bien repéré que ce qui est tardif est bon ! Le délai semis-récolte d'une même variété varie selon la période de semis. Ainsi, un haricot vert précoce comme 'Pongo' semé en mai donnera 70 jours plus tard, semé en juin, 60 jours plus tard... s'il fait bon. S'il fait froid, si la canicule l'a stressé, il peut vous faire poireauter 90 jours, voire se bloquer en pleine récolte, puis la reprendre pile au moment où la série suivante remplit les paniers et là c'est le carambolage. La chaleur fait couler les fleurs des tomates et des haricots en stérilisant leur pollen. Quant aux laitues, c'est l'expérience qui vous donne la liste des bonnes variétés au bon moment, car rien n'est clair dans les présentations. Les canicules nous apprennent à nos dépens que même les variétés sélectionnées pour leur résistance à la chaleur tournent court au-delà de 25 °C. Jardiner est une éducation permanente.

Récoltés tôt le matin, les légumes d'été sont à déposer gentiment dans un panier plat et à ranger au frais jusqu'à leur préparation, si possible le jour même.

Comment récolter pour se régaler

Vous cultivez le meilleur, des délices introuvables au marché car ils voyagent mal. Voici comment les récolter dans les meilleures conditions au fil de la belle saison. Bon appétit !

- Par temps frais, on peut récolter au dernier moment, mais par beau temps, mieux vaut cueillir légumes et aromatiques le matin avant 9 h, à la fraîche. Si vous jardinez loin de la cuisine, transportez-les sans les serrer, dans une boîte isotherme. Ainsi, basilic, fraises, mâche, roquette qui se chiffonnent d'un rien, arrivent-ils intacts. Les primeurs ne gardent toute leur saveur que dans ces conditions, car ils fanent promptement et perdent alors toute la délicatesse qui les rend inoubliables.
- Les gourmets savourent les semis éclaircis d'amarantes, carottes, épinards, navets à peine étuvés avec un trait de beurre salé ou d'huile d'olive de premier choix.
- L'amarante, l'arroche, le chénopode bon-Henri, l'épinard, la laitue et la chicorée se cueillent jeunes, avant les prémices de la floraison.
- L'asperge se coupe à la gouge, plongée 10 cm en terre, dès qu'elle montre son museau – vers la floraison du lilas – au travers de 10 cm de paillis pour l'attendrir. On stoppe la récolte après 2 mois, pour qu'elle reconstitue ses réserves.
- La récolte des artichauts s'échelonne à mesure qu'ils s'arrondissent. Dès qu'ils commencent à s'écarter ils durcissent.
- Quand la pomme des choux et des laitues est ferme sous la main, elle est à point. Mais les laitues feuille de chêne se récoltent feuille à feuille et les brocolis en boutons bien clos. Toutes les tiges florales des choux, moutarde et navets, sont délicieuses cueillies en boutons.
- Les chicorées blanchies sont plus tendres que les vertes. En hiver, on les abrite sous une ombrière qui les protège aussi du gel. En été, on utilise plutôt des cageots, plus aérés. On les abrite ainsi par petits lots de 3, car une fois blondes, elles pourrissent rapidement.
- On blanchit aussi le céleri branche et le cardon, par petits lots, durant 3 semaines, en les entourant d'un fourreau en carton, de septembre à mars.

C'est bien joli un vélo fleuri et garni de récoltes appétissantes ! Mais pour se régaler, mieux vaut transporter les cueillettes dans une boîte isotherme. Fanée, la récolte perd sa qualité.

- Les courgettes sont excellentes jusqu'à la taille d'un bras, leurs graines à peine formées. C'est typiquement le légume à déguster sitôt cueilli, sinon on ne goûte pas sa saveur de noisette.
- Les haricots verts cités dans ce livre se contentent d'une récolte hebdomadaire, mais la bousculade les abîme, il faut les cueillir gentiment, sans tirer dessus. Le plus simple : les couper net sous le pédoncule avec les ongles, ainsi ils sont déjà à moitié épluchés.
- Le melon est mûr quand il pèse lourd dans la main, embaume, et que la base de sa tige craquelle. Hélas, malgré ces indices, il n'est pas forcément délicieux, et un melon pas bon, c'est vraiment la déception.
- La pastèque est plus sûre, elle est mûre quand elle sonne creux et se coiffe d'une bouclette beige.
- Le petit pois se récolte la gousse bien gonflée, un peu sonore et très lisse. Dès qu'elle est rugueuse, les pois sont durs, et vraiment pas bons. Celle des pois croquants reste lisse tendre et sans fil, même une fois les pois formés, mais celle des pois gourmands, dits mangetouts, doit se récolter encore plate en la débarrassant du fil qui souvent l'entoure.

Récolter pour l'hiver

- C'est aussi en été que l'on récolte les pommes de terre, si possible pile au moment indiqué sur le sachet de chaque variété. Faute de cave, on les gardera dans une pièce non chauffée et sèche. Le plus pratique : les verser dans de grands pots de terre cuite dont on a garni le fond de 5 cm de feuilles de noyer bien sèches. On couvre de même avant de fermer avec un couvercle assez lourd pour décourager les souris. Les feuilles de

Gelé, c'est pas bon ?

Eh bien, ça dépend mon jardinier ! Avec les carottes, le cardon, la chicorée, la betterave, le radis et le navet, jusqu'à -5 °C, ça va, en deçà, si on les cuisine tout de suite, ça va encore, mais, dès le dégel, c'est fichu.

L'épinard, la laitue d'hiver, le chou, le persil, le panais, le poireau, la coriandre, la roquette, la scorsonère résistent bien au gel. Il améliore même la saveur du chou frisé et de la scorsonère.

noyer retardent la germination des pommes de terre, vous épargnant la corvée d'« époussonnage », comme on dit dans l'Ouest.

- On commence à récolter panais, persil-racine, topinambours dès l'été, ils passent l'hiver au jardin avec les épinards, sans broncher et sans abri. En revanche, les carottes y deviennent poilues, si les mulots ne les mangent pas.
- C'est octobre la grande saison des provisions de betteraves, carottes, chou-rave, navets, radis d'hiver. Pour les conserver jusqu'en mars, on les stocke dans un cellier sain et hors-gel, mais n'importe quel abri sec fait l'affaire, en grands pots de terre cuite fermés de couvercles et, là encore, garnis de feuilles de noyer bien sèches :
  - on coupe les feuilles à 1 cm des racines ;
  - on range les racines dans un pot garni de 5 cm de feuilles de noyer ;
  - on alterne : 10 cm de racines, 5 cm de feuilles, en terminant par les feuilles, puis on ferme.

  Les navets passent rarement décembre sans devenir creux. Le chou-rave tient bon jusqu'en janvier.
- Les courges et potirons sont bons à récolter quand leur pédoncule vire au beige. Avant les gelées, on les dépose – avec précaution car le moindre choc les abîme – sur des plateaux (ils pourrissent discrètement) en haut des meubles de cuisine.
- Dans les régions où il gèle fort, on rentre les choux arrachés, pomme en bas, en cave avant la première grosse gelée.

On récolte les haricots-grains dès que leurs gousses sont sèches, entre août et septembre. On arrache les plants entiers des nains pour les lier en javelles que l'on suspend au sec.

On récolte l'ail, l'oignon, l'échalote en été, sitôt leur feuillage séché, et on les range dans des clayettes au sec. En automne, betteraves, carottes, navets les rejoignent, rangés dans des pots de terre cuite garnis de feuilles de noyer et fermés d'un couvercle.

Les tomates sèches version solaire

Pour faire sécher vos tomates au soleil, c'est très simple. Ce qu'il vous faut :

- des tomates charnues et peu juteuses ('Géante de Berao', 'Prince Borghese', 'Roma', 'San Marzano')
- une chaise de jardin
- un plateau en inox
- 4 tasseaux de 5 x 5 cm de la largeur du plateau
- une grille et une vitre de la taille du plateau

1/ Vers 9 h, un matin ensoleillé, couper les tomates en 2, retirer les graines avec une petite cuiller. Les placer sur la grille, côté creux vers le plateau.

2/ Placer la chaise couverte du plateau en plein soleil contre un mur. Poser la grille garnie sur 2 tasseaux.

3/ Poser les 2 autres tasseaux et la vitre par-dessus.

4/ Vers midi, déplacer la chaise en plein soleil. Retourner les tomates, les saler légèrement avant de remettre la vitre.

5/ Le soir venu, rentrer la grille : par grand soleil, les tomates peuvent être déjà ratatinées à point. Si ce n'est pas le cas, les remettre le lendemain au soleil après les avoir retournées.

On les conserve soit telles quelles dans un bocal, soit couvertes d'huile d'olive. On épice avec de l'ail, du thym, du poivre ou du piment. Attention, ne remplissez pas les bocaux à ras bord : laissez 2-3 cm et chassez bien les bulles en versant l'huile. Il faut qu'elle couvre parfaitement les tomates. Conservation : 1 an. Sauf si un Supervorax engloutit ce délice en un seul raid éclair ! À déguster avec du pain grillé tiède et un bon fino bien frais ! L'huile parfumée aromatise salades et marinades.

1

2

3

4

5

À noter, si le gris du ciel interrompt l'opération, ne jetez surtout pas les tomates à moitié séchées : plongez-les dans un bocal de bonne huile d'olive et dégustez-les dans les 3 jours. Vous vous régalerez !

Poireaux prolongés

Un truc de grand-mère : tant qu'ils sont encore fluets, prélevez quelques belles feuilles à leur base pour la cuisine, ils en referont de nouvelles tout en continuant à grossir. Attention, si des traces de galeries annoncent les ravages de la mineuse, coupez-les entièrement à ras sans hésiter, ils repousseront.

Les années pluvieuses, il arrive que les plants montés en graine forment un ou deux caïeux blancs d'où surgissent de nouveaux poireaux bien drus l'automne venu. Transplantés à 20 cm d'écart, ils croîtront aussi bien que leurs copains plantés au printemps. Les poireaumanes acharnés complètent leur plantation d'un lot de vivaces, plus fluets, mais bons à récolter d'octobre à la fin du printemps, lorsque les confrères annuels montent en graine. Ils envahissent souvent gentiment cours et jardins, propagés à l'insu du jardinier par les bulbilles échappées de son panier.

En vitres récupérées et douglas, cette serre abrite du gel les agrumes rustiques comme le kumquat et le calamondin. Elle permet aussi de récolter des tomates dès juin et de prolonger leur récolte jusqu'en novembre.

Allonger la saison des récoltes : cultiver à l'abri

En cultivant sous abri – à la maison, en véranda, en serre, en tunnels ou autres inventions selon l'imagination et les occasions du bricoleur –, on avance et on prolonge les récoltes d'au moins un mois. Deux mois de bonus pour un peu d'aménagements, ça en vaut la peine ! Mais en ces temps où se multiplient les épisodes caniculaires, n'oublions pas les pergolas et ombrières sources de fraîcheur. Et étudions ces aménagements pour redécouvrir la climatisation naturelle de la maison.

À la maison, en véranda

Au printemps, dès mars, on installe une table, ou une étagère devant une fenêtre ensoleillée pour les barquettes de semis et démarrer au chaud tout ce qui est frileux ; classiquement, les aubergines, tomates, piments, basilics, courgettes. On pense plus rarement à utiliser le rebord extérieur des fenêtres pour y installer quelques pots emplis de semis de laitues de printemps ('Reine de mai', 'Bon jardinier', 'Cressonnette'), radis, roquette, persil, coriandre, poireau (pour ceux qui en consomment en été) qui, ainsi semés au soleil et à l'abri, germent et grandissent avec un bon mois d'avance sur le calendrier local (pour le semis, voir p. 80). On récoltera les radis directement dans la jardinière, on pourra y garder un peu de coriandre et de roquette, mais mieux vaut en transplanter la majeure partie en pleine terre avec les laitues, à 20 cm d'intervalle, pour avoir moins de soucis d'arrosage.

L'automne venu, la maison accueille les piments en pots, devant une fenêtre ensoleillée, et ainsi on en récolte tout l'hiver de frais et fruités à mesure qu'ils mûrissent.

À l'extérieur, sur le rebord des fenêtres ensoleillées, on installe les agrumes et la citronnelle chinoise. À mi-ombre, on peut conserver la ciboulette à portée de main en transplantant quelques plants en pots larges de 20 cm, début septembre, afin qu'ils s'acclimatent avant l'arrivée du froid.

À gauche, devant cette fenêtre ensoleillée, le piment 'Padron' mûrit jusqu'en mars. L'idéal, c'est le jardin d'hiver, accolé à la maison, où faire pousser en pleine terre tout ce que l'on aime !

Serre ou véranda ?

Accoler un espace vitré à la maison permet d'appréciables économies de chauffage, de vivre parmi les fleurs et de croquer des légumes frais toute l'année, mais gare à la surchauffe en été ! C'est le souci numéro 1 des vérandas standard, espèces de salons vitrés où l'on peut admirer des occupants chauffés jusqu'au rouge incandescent par les premiers rayons du soleil.

La plus performante : la serre accolée à la maison, en pleine terre, bien ventilée. Comptez 20 % de la surface d'ouvrants situés tout en haut du toit avec aussi au moins une ouverture basse pour que la ventilation naturelle opère. Il existe des ouvrants hydrauliques qui régulent le flux automatiquement de manière fiable. On peut aussi prévoir des ouvertures latérales en haut de la serre. Mais tout cela demande à être étudié sur place avec un bon connaisseur. Exposée plein sud, une serre demande une étude vraiment sérieuse pour que le soleil ne vous grille pas d'avril à septembre, mais inonde la pièce ensuite. Attention aussi à l'ouest, où ça peut chauffer très dur ! Le nord est formidable pour cultiver des fleurs, fonctionne bien aussi pour les semis abrités et les salades, en revanche pour les tomates et aubergines, c'est selon la région.

Pour l'hiver, le top c'est de l'équiper d'un système à thermosiphon permettant de chauffer de l'eau avec la chaleur récupérée sous la verrière pour alimenter un chauffage central. Le thermosiphon est aussi affaire de spécialiste... rare hélas. L'étude préalable permet de bien comprendre dans quelle maison on habite et d'en utiliser intelligemment les ressources. C'est par excellence un exercice d'autoconstruction coopérative, un agréable moment d'amicale intelligence où l'imagination et la débrouille se déploient à plein régime. Mais il faut veiller à ce que l'affaire ne s'éternise pas, car cultiver un chantier, c'est galère !

Une piste à explorer : le secteur des serres professionnelles. Conçues en multiples modules, optimisant les besoins de la culture sous abri, notamment en ventilation, avec celles d'un coût réduit par la fabrication industrielle, elles s'avèrent bien plus pratiques et plus économiques que les vérandas ou serres accolées du commerce ordinaire.

On peut bien sûr aussi construire soi-même sa serre accolée, et même transformer un problème, par exemple une soupente à moitié effondrée, un affreux appentis, en opportunité. Le mur écroulé devient alors galerie vitrée, si possible ouvrante, et le toit, en simples fers T galvanisés posés sur des chevrons, reçoit une couverture, soit en verre armé, soit en polycarbonate alvéolé, plus léger, plus isolant, mais c'est du plastique. Dans ma maison précédente, l'ancien cellier orienté au nord s'est ainsi transformé en merveilleux jardin d'hiver flanqué d'un sauna, espace tampon précieux entre l'extérieur et la maison.

Abris mobiles : un battant de fenêtre, des cloches avec aérateur abritent les piments du gel printanier. En été, une toile verte ombre la pépinière. À droite, cette vitre coincée entre 4 piquets fait écran devant les plants de tomates.

La cage voilée de blanc

Une alternative à la véranda ou à la serre, la cage en voile blanc anti-grêle est très pratiquée en Belgique. Pour filtrer le vent, laisser la pluie pénétrer dans l'abri (les serres sont très gourmandes en arrosage), en gagnant 4-5 °C sur la température extérieure, davantage en cas de cage accolée à un bâtiment. On peut aussi envisager des abris mi-filtrants, mi-étanches.

Avec des parois verticales en fenêtres, donc ouvrantes sur les côtés, et une couverture en voile anti-grêle, on obtient un abri formidable à peu de frais. Avec 25 m^2 ainsi protégés, on peut récolter des légumes toute l'année. C'est le cas de la cage ci-contre.

J'ai actuellement une serre très satisfaisante, accolée à l'angle de deux murs, au nord et à l'est, couverte sur deux tiers en polycarbonate, sur un tiers en voile anti-grêle, lequel habille aussi les parois. C'est aéré, abrité contre les grosses pluies et le froid, mais il pleut assez sur une bande de 50 cm pour arroser les cultures.

En hiver, des cloisons mobiles (d'anciens battants de fenêtres) ferment les parois latérales, coincées contre des étagères elles aussi mobiles, que je retire en avril-mai lorsque les semis en barquettes sont bons à planter au jardin. C'est de la récup'. Le voile anti-grêle se trouve en jardinerie agricole, en largeur de 2,50 ou 3 m, mais on peut aussi en trouver en fin de chantier car il sert d'écran anti-projections lors des ravalements d'immeubles.

En cage voilée de blanc, fèves et pois sont bons à récolter avec 15 jours d'avance. Le tunnel abrite les plants de tomates des dernières gelées.

Le tunnel, moche mais fonctionnel...

... Si l'on sait l'adapter à son territoire, car son étanchéité s'avère problématique en période de forte chaleur.

Il en existe beaucoup de modèles, et beaucoup d'occasion, à démonter. Un conseil, envisagez bien le chantier, car ce n'est pas une sinécure et, si c'est pénible mais possible avec un petit modèle de 3-4 m de large, au-delà, cela se corse. Vérifiez notamment avant d'embarquer des amis motivés dans votre petite auto que les arceaux de la bonne occasion sont démontables, et selon quel poids et quelles dimensions. Renseignez-vous sur le mode d'ancrage du tunnel, certains bricolages sont particulièrement galère à démonter ! Enfin, emportez un marqueur pour numéroter tous les éléments au fur et à mesure du démontage, vous apprécierez au moment du remontage ! Pour une famille de 4 personnes, un tunnel de 25 m^2 est largement suffisant – avec un peu d'organisation ; et 3 m de large permet 3 travées séparées de sentiers.

Pour les arceaux, un diamètre de 32 mm est plus solide que 25 mm face aux coups de vent. Ceux de 50 ou 60 mm des tunnels pros sont très lourds. Pour résister aux tempêtes, il est indispensable que l'armature soit bien contreventée par des traverses sur les 4 côtés, et pas seulement sur les longueurs. Les traverses en façade servent de plus de supports à du filet aérant la serre, un élément indispensable à la bonne santé des cultures. Attention, beaucoup de tunnels sont vendus sans porte. Ce n'est pas compliqué d'en construire une à chaque extrémité du tunnel, mais c'est tout de même un petit chantier, car elles doivent être solides. Choisissez une bâche d'au moins 250 microns, traitée UV si vous voulez la garder au moins 5 ans.

La couverture du tunnel doit être impeccablement tendue. La poser sur un grillage de base à mailles soudées aide bien. Le grillage facilite aussi l'enroulage de la couverture sur les côtés et empêche les animaux d'aller baguenauder dans le tunnel, quand on l'ouvre sur les côtés pour aérer en été (indispensable).

Avant d'acheter la bâche, réfléchissez bien. Le grand défaut du tunnel étanche, c'est sa grosse soif : il est peut-être sage de laisser la pluie tomber sur une bande centrale, couverte d'un voile anti-grêle. Il faut en tout cas prévoir des aérations, en hauteur et sur les côtés. Aérer en été est indispensable, non seulement pour éviter les coups de chaleur mais pour limiter la condensation qui peut équivaloir à une grosse pluie en cas de fort contraste entre les températures diurnes et nocturnes. Résultat, les tomates attrapent le mildiou au moins autant que celles qui poussent dehors. Certains montent les bâches par bandes de 3 m, afin de les écarter avec des cageots pour aérer. Mais il faut aussi prévoir d'aérer sur les côtés et d'ombrer avec de la toile verte en plein été.

Une ombrière bioclimatique : la pergola

La cruauté du soleil d'été contemporain grille les feuillages les plus coriaces et conséquemment les fruits et leurs jardiniers. Monter une belle pergola n'a rien de sorcier, et même si vous êtes un bricoleur approximatif, elle aura bien plus de charme qu'un machin tout fait de chez Bricotruc. Quelques points à bien envisager : pour la hauteur, voyez haut, au moins 3 m afin de garder la tête au frais dessous. Pour la largeur, au moins 3,50 m afin d'y installer une table et d'avoir suffisamment de recul pour déplacer sa chaise à l'ombre et sur un sol stable. Pour le sol, un coin de terre ferme engazonné fait l'affaire.

La glycine, ici *Wisteria floribunda* 'Rosea', a couvert cette pergola de 16 m² en 7 ans. À droite, cette pergola en bambous est fixée sur des brins verticaux de 5 cm. Le chèvrefeuille, comme la glycine ou la vigne, s'enroulant en torsades solides autour de leur support, rendent l'ensemble résistant aux coups de vent.

Extension de la saison des récoltes : vive le mini-tunnel !

Couvert de voile de forçage, on le déploie dès la saison des violettes pour abriter le premier semis de laitues de printemps mêlées de radis roses, puis on le transfère à la saison du lilas sur les haricots verts cernés de carottes et de navets à récolter en primeurs avec 15 jours d'avance sur le plein air. Lorsque viennent les roses, il passera sur les tomates, les aubergines et les poivrons ou les courgettes jusqu'à la première récolte, un mois plus tôt que dehors. En octobre, il abritera persil, épinards et salades, avec quelques ciboules pour récolter de la verdure jusqu'au printemps.

À noter : en cas d'année maussade, on remplace le voile par du plastique traité « anti-UV » pour protéger les tomates du mildiou. Ce plastique dure 5 ans.

Cultiver pour partager

Nous sommes les héritiers de milliers d'anonymes qui ont entretenu, repéré, propagé les plantes qui font nos délices. Librement reproductibles, elles sont toujours abondamment échangées, souvent données au premier passant qui s'y intéresse. « Vous en voulez ? » est le refrain des cultivateurs du monde entier, que l'on parle ou non la même langue, le geste accompagne la parole. C'est ainsi que les plantes voyagent, de main en main, par une discrète et vivace fraternité cultivée. N'en déplaise aux innombrables lois qui contrôlent et interdisent cette amicale circulation sous la pression de firmes semencières, avides de s'approprier tout ce qui est rentable. Donc, en première ligne, les plantes nourricières. Trois multinationales, Monsanto, DuPont et Syngenta, dominent le marché mondial. Vilmorin est le leader mondial des potagères, à plus de 95 % hybrides, donc impossibles à reproduire fidèlement chez soi. Ces amis de l'humanité prospèrent sur un patrimoine commun, leurs semences sont issues de sélections paysannes. Mais ils font tout pour nous empêcher de poursuivre cette sélection aussi vieille que l'agriculture. Ils ont presque gagné : plus de 80 % des bio sèment leurs hybrides, intoxiqués par la com qui laisse accroire que les semences traditionnelles sont moins sûres !

Maïs population : pour conserver toute sa diversité, on garde les grains du milieu des épis de toutes les variantes.

Il faut savoir que l'Europe a trouvé le moyen d'en classer beaucoup comme « sans valeur intrinsèque » pour imposer à leurs producteurs des ventes en petites quantités. La manœuvre cherche à empêcher le maraîcher, et donc le consommateur, de continuer à les utiliser. Et ainsi, mine de rien, à leur faire oublier ces variétés souvent meilleures, aussi généreuses et plus résistantes que les hybrides. Heureusement, il y a de la résistance, menée par de têtus biosemenciers. Lors d'une enquête portant sur les tomates cultivées en 2015 par 249 jardiniers de l'Ouest, une écrasante majorité se régalait de ces anciennes variétés résistantes au mildiou. Et en climat océanique, le mildiou n'est pas une plaisanterie. Quand on sait que c'est l'agriculture familiale en mode traditionnel qui nourrit la planète à plus de 75 %, on invite les bio à réfléchir à notre indépendance alimentaire, et à être un peu plus conséquents en la cultivant.

C'est ce que font plusieurs associations réunissant jardiniers et agriculteurs comme AgroBio Périgord, Koal Kozh, Les cultivateurs de biodiversité et bien d'autres. Chez AgroBio Périgord, par exemple, on s'engage à cultiver une variété de maïs ou de tournesol pendant 3 ans et à l'observer. Chaque automne, on remplit un questionnaire détaillé, et si on a réussi, l'on restitue le double des semences reçues à l'association. Le suivi, très sérieux, a permis de mettre en circulation de nouvelles sélections adaptées à une agroécologie plutôt gastronomique, adaptée à un climat et des modes de vie contemporains. Au bénéfice de tous !

- agrobioperigord.fr ; http://kaolkozh.bzh ; fr-fr.facebook.com/cbdbiodiversite (en attente d'un nouveau site)

De A à Z, cultivons le meilleur !

Cultiver le meilleur n'est ni plus compliqué ni plus cher que s'infliger du médiocre. Comme il n'y a pas que du bon dans les paquets de graines, voici un choix des meilleures variétés. Le petit pois, le chou et la tomate comptent beaucoup de variétés dignes du supermarché. Ce choix gastronomique est issu des catalogues Biau Germe, Germinance, Grelin, La boîte à graines, Le Potager d'un curieux, Semailles.

Les quantités indiquées satisfont une paire de convives en quête d'autonomie. Cela dit, elles dépendent aussi de la fertilité du jardin et de l'appétit des jardiniers pour les bettes ou les tomates !

À la suite des canicules de ces dernières années, les dates des semis d'été sont décalées vers septembre, car rien ne sert de semer juste avant ou pendant une grosse chaleur.

Chaque fiche a sa rubrique « Problèmes et solutions », si problème il y a. Les remèdes conseillés sont toujours à utiliser après retrait d'un maximum de parties malades. On les coupera doucement, pour éviter la contamination des parties saines, puis on les brûlera en fin de barbecue. D'après les biodynamistes, saupoudrer le sol autour des plantes contaminées avec ces cendres contribuerait à leur guérison et à la prévention de futures attaques. Ce sont souvent de fins observateurs. Cela ne coûte rien d'essayer.

Entretien : ⊘ pas de fumure, ⛀ 1 kg, ⛀⛀ 2 kg, ⛀⛀⛀ 3 kg de compost/m² en bonne terre (en sol maigre, ajoutez 500 g).

AGASTACHE, LABIÉE ⛀

Agastache foeniculum, A. rugosa...
On l'achète en fleur, conquis par ses épis de tous les bleus et mauves, après avoir froissé son feuillage tantôt mentholé, tantôt anisé, parfois joliment blond. Ensuite, on ne pense plus à l'utiliser dans les salades, l'argument numéro 1 du vendeur. Reste une très jolie plante, vivace en climat doux et terrain drainé, fugitive partout ailleurs, mais qui parfois se ressème.

- Quantité pour 2 personnes : 1 plant.
- Plantation : en avril-mai, en poquet garni de compost, ou en grand pot, au soleil en paillant le plant avec des pierres plates pour garder le sol frais.
- De la plantation à la récolte : c'est immédiat, car comme toutes les aromatiques, plus on la taille, plus elle est belle.
- Arrosage hebdomadaire en période sèche (2 l/plant).

- Récolte : feuille à feuille tout l'été.
- Garder des semences : conserver quelques épis secs. Se ressème.

AIL, LILIACÉE ⊘

Allium sativum
En sol léger et climat doux, plantez l'ail blanc en novembre. En sol lourd et climat ensoleillé, le rose (savoureux) ou le violet (fort en gueule) de janvier à mars. En sol lourd et climat pluvieux, laissez tomber. Il existe aussi un ail-rocambole produisant des bulbilles sur sa tige, une amusette de collectionneur bien galère à éplucher. En sol humide et climat doux, essayez l'ail triquètre. Ses fleurs sont savoureuses, son luxuriant feuillage se récolte toute l'année. Il n'est jamais malade. À noter : il existe beaucoup d'aulx aussi jolis que comestibles. Les plus connus sont le ciboulail, ou ail chinois, l'ail triquètre et le *Tulbaghia violacea*. Ils ne sont jamais malades, leur feuillage se récolte toute l'année en climat doux, mais ils ne prodiguent pas les gousses rebondies de l'ail classique. Quant à l'ail des ours, il est hélas assez difficile à acclimater.

- Quantité pour 2 personnes : 15 m.
- Plantation de préférence des gousses du pourtour des têtes, à 15 cm d'intervalle – les caïeux du centre donnent des bulbes uniques. L'ail étant très sensible à l'humidité, il est conseillé de le planter sur billons, entendez sur la crête de sillons tracés l'un contre l'autre. Prévoyez 2 sarclages pour désherber cette culture qui aime le guéret. Pour l'entretenir : répandre des tiges d'ortie bien en feuilles en avril-mai, elles forment une espèce de papier vert protecteur et nutritif.
- De la plantation à la récolte : 6-9 mois.
- Pas d'arrosage, sauf grosse sécheresse de mars à mai.
- Variétés : pas la peine d'acheter une variété certifiée, chère et hélas peu fiable, un reste de cuisine, celui du maraîcher bio, fait aussi bien pour moins cher.
- Récolte d'ail frais en mai-juin, d'ail sec en juillet-août. Rangé en clayettes ou par bottes au frais et au sec, l'ail blanc se conserve jusqu'en décembre, le rose jusqu'en avril. 500 g/m. En bonus, les têtes oubliées forment des touffes vivaces de jeunes pousses délicieuses de l'hiver au printemps, puis sèchent durant l'été, retournant en quelque sorte à l'état sauvage !

- Garder des semences : on peut très bien replanter sa récolte, y compris l'ail germé, mais souvent le calibre des têtes s'amenuise au fil du temps.

Problèmes et solutions : surveillez le feuillage, si la rouille le ponctue d'orange, coupez-le et brûlez-le, puis pulvérisez un mélange de 20 % d'extrait d'ortie, de consoude et de prêle toutes les semaines jusqu'à repousse complète.
La pourriture blanche fait jaunir les feuilles extérieures tandis que la croissance s'arrête, les racines sont bosselées de noir et blanc. C'est grave ! La maladie survient à cause de bulbes contaminés, parfois hélas vendus sous certification sanitaire, et restera dans le sol une dizaine d'années. Arrachez les plants contaminés, même légèrement, et brûlez-les à la fin d'un barbecue.
La mineuse du poireau commence à attaquer l'ail, on s'en aperçoit en juin, quand le feuillage explose littéralement. Coupez-le à ras pour l'empêcher de descendre dans les caïeux.

AMARANTE, AMARANTHACÉE

Amaranthus sp.
Le meilleur des épinards d'été, avec des graines fades mais bourrées de protéines et de vitamines. C'est une bonne remplaçante du blé pour les poules qui la picorent entière, juste séchée. Quelques belles et bonnes : 'Éléphant', une énorme trompe rouge « amarante » ; 'Golden', aux grands panaches roux, 'Queue-de-renard verte'.

- Quantité pour 2 personnes : 4 plants en 2 ou 3 semis espacés d'un mois.
- Semis direct, en pleine terre de mars à juin, tous les mois. Germination 8 jours. Éclaircir à 30 cm.
- Du semis à la récolte : 3 mois pour les feuilles, 5 mois pour la graine.
- Arrosage : seulement en cas de sécheresse.
- Récolte : durant un mois de l'été à septembre, 1 à 5 kg de feuilles par plant, puis en septembre-octobre, des panaches de 400 à 500 g de graines.
- Garder des semences : toutes les variétés se ressèment fidèlement. Conservation : 3 ans.

ANETH, APIACÉE

Anethum graveolens
C'est par excellence l'aromatique à déguster sitôt cueillie, car un rien le fane et affadit sa subtile saveur anisée. Majestueuse – 1,50 m –, avec des ombelles dorées lumineuses, c'est une plante pionnière méconnue pour jardin sec, écrasé de soleil, comme pour terrain argileux.

- Quantité pour 2 personnes : à volonté, en 3 séries d'avril à juin.
- Semis : direct de préférence, dans tout terrain ensoleillé. Germination 15 jours. Éclaircir tous les 30 cm. Renouveler les semis en mai et juin.
- Du semis à la récolte : 2 mois.
- Arrosage régulier du semis jusqu'à 30 cm, ensuite rien.
- Récolte des pointes florales et feuille à feuille pendant environ 2 mois.
- Garder des semences : facile ! On cueille les plus belles ombelles en graines pour les garder en bouquet à la maison. La graine sèche est délicieuse à croquer (véritable Hollywood chewing-gum !). Conservation 1 an.

ARMOISE ⊘

Artemisia sp.

Les Africains du Nord aiment la chaude saveur amère d'*Artemisia alba* et des absinthes dans leur thé d'hiver. Ils ne la dégustent jamais en été par crainte de sa teneur en thuyone, possiblement toxique surtout en climat sec et chaud. Si *Artemisia alba*, gélive, est réservée au Midi, l'absinthe (photo à gauche) et l'arborescente réussissent partout en sol drainé, formant d'amples brassées de dentelles argentées.

On parle beaucoup de l'armoise annuelle (*Artemisia annua*, photo à droite), une grande verte (1,20 m), très aromatique, pour ses vertus thérapeutiques réelles contre le paludisme. Récemment, on y a ajouté l'armoise afra, un buisson de fine dentelle gris-vert de 70 cm d'ampleur, vivace en climat doux. Attention, il faut les consommer en respectant bien les prescriptions, car elles ont aussi des effets néfastes.

- Quantité pour 2 personnes : à volonté.
- Plantation : au printemps, au soleil, en sol bien drainé, dans des poquets remplis de compost. Pailler les vivaces avec des pierres plates sur 50 cm autour des plants. Tailler les pousses pour les empêcher de fleurir, ce qui rendrait les plants dégingandés. Récolter l'annuelle dès qu'elle monte en boutons, en septembre, saison où son séchage, en France, est assez problématique à cause de l'humidité ambiante. À noter, au printemps les vivaces peuvent paraître penaudes, surtout pas de précipitation pour les tailler ! Attendez mai, et taillez radicalement les branches dégingandées, elles referont de jolis buissons d'ici juin.
- De la plantation à la récolte : 2 mois pour les vivaces, 8 mois pour l'annuelle.
- Arrosage : jusqu'à la reprise, ensuite, plus rien.
- Récolte au sécateur des pointes florales au fil de l'été pour les vivaces ; des feuilles de l'annuelle en septembre.
- Toutes se bouturent très bien en plein été, il faut protéger les jeunes plants du froid pendant l'hiver pour les transplanter au printemps suivant.

ARROCHE, AMARANTHACÉE

Atriplex hortensis
La pourpre est légèrement plus goûteuse que la blonde.

- Quantité pour 2 personnes : 2 plants.
- Semis direct en sol frais de mars à mai, tous les mois, chez les amateurs (rares) de cette géante (1,50 m), aux feuilles immenses surtout bonnes en papillotes garnies de petits légumes printaniers. Germination 8 à 15 jours. Éclaircir à 30 cm. Pincer les tiges pour prolonger la récolte de belles feuilles sinon elle monte direct en graine.
- Du semis à la récolte : 2 mois.
- Récolte brève : 1 mois, feuille à feuille.
- Arrosage hebdomadaire, 5 l/plant.
- Récolte : 1-3 kg/plant.
- Garder des semences : facile ! Mais gare ! La laisser monter en graine, c'est la voir se ressemer partout et longtemps en sol frais et profond.

Feuillages sauvages

La famille Amarantacée est l'une des plus riches en sauvageonnes à redécouvrir. Au jardin, l'arroche étalée (*Atriplex patula*) fait partie de ces plantes que l'on arrache, sans chercher à goûter son feuillage vert. Il vaut pourtant bien un épinard, comme celui de son cousin le chénopode blanc (*Chenopodium album*), un adversaire bien connu des jardins en sol fertile, un peu fastidieux à cueillir. On emplit vite son panier en revanche de succulentes grandes feuilles de bette à l'occasion de belles promenades en bord de mer, de la Manche à l'Atlantique, entre décembre et avril. Elle y côtoie souvent un autre parent arbustif, l'arroche de mer (*Atriplex halimus*), au feuillage gris, coriace et salé. Tous ces feuillages sont à déguster, tendres, avant floraison.

ARTICHAUT, ASTÉRACÉE

Cynara scolyma
Deux catégories bien distinctes ont leurs partisans farouches : le petit et pointu 'Violet de Provence', tendre à souhait mais gélif, souvent dégusté cru, et les camus, charnus, ronds de la culotte comme les décrivait La Maison Rustique. Le plus connu est le gros 'Camus breton', mais le petit 'Rond de Niort' est plus facile à bouturer et plus productif. Le Nord aime le 'Gros vert de Laon', rare ailleurs. On trouve aussi d'excellents inconnus savoureux et rustiques dans les vieux jardins.

- Quantité pour 2 personnes : 4 plants.
- Le semis au chaud, en pépinière, germe en 10 jours, mais il donnera des plants disparates, c'est pourquoi on préfère la plantation de boutures racinées (les œilletons) prélevés en mars sur des souches anciennes. Car l'artichaut est vivace, jusqu'à -10 °C. En climat rude, il est prudent de l'entourer d'une brassée de branchettes en octobre pour le protéger. En sol frais et profond, si on lui distribue une pelletée de compost chaque printemps, s'il est bien paillé, il donne 5 ans de suite. On anticipe avec une nouvelle plantation après 3 ou 4 ans de culture. C'est facile, car chaque printemps, dès que les pousses atteignent 20 cm, on sélectionne les 2 ou 3 plus belles, espacées de 20 cm et on décolle les autres à la gouge. Ce sont elles que l'on replantera, munies d'un peu de racine, dans de grands poquets garnis d'une pelletée de compost, à 1 m d'intervalle. Attention : il faut juste enterrer la racine, si l'on enterre la base des feuilles, les boutures pourrissent. Arroser copieusement, vérifier que la terre est au bon niveau, puis pailler.
- De la plantation à la récolte : 5 mois en climat océanique, 1 an ailleurs, pendant 4 ou 5 ans.

- Arroser copieusement les nouvelles plantations sous le paillage. On peut entretenir 2 récoltes par an, en climat doux, en arrosant par temps sec.
- Récolte : 3 à 9 artichauts par plant entre avril et juillet, plus, en climat pluvieux, 2-3 artichauts en septembre. Jadis, les gastronomes distingués coiffaient leurs artichauts d'un foulard noir pour les attendrir.
- Garder des semences : seulement si l'on recherche de nouvelles variétés, car la floraison, d'un violet brutal, épuise les plants.

Problèmes et solutions : le plus fréquent, ce sont les pucerons noirs. À pulvériser copieusement d'eau savonneuse (1 cuiller à soupe de savon par litre).
En cas d'invasion de campagnols, surtout ne paillez pas en hiver, posez tout de suite des pièges ou des appâts sous des clayettes, sinon toute la rangée sera dévorée d'un trait. En région froide, protégez les souches sous un léger dais de brindilles aérées (camérisier, asperges…).

ASPERGE, LILIACÉE

Asparagus officinalis
Cette grande (1 m) vivace vaporeuse est magnifique parmi les fleurs, surtout quand l'automne dore ses frondaisons. Les classiques 'Hâtive d'Argenteuil' et 'Tardive d'Argenteuil' restent les meilleures, et leurs récoltes s'enchaînent parfaitement de la mi-mars à la fin juin. Tout terrain, elle est vraiment facile à cultiver.

- Quantité pour 2 personnes : 10 plants.
- On plante ses grosses couronnes de racines au printemps, dans de larges poquets profonds de 30 cm, garnis de 2 pelletées de compost saupoudrées de terre fine, espacés d'1 m. Placez un solide tuteur au centre de chaque trou pour repérer les plants en hiver. N'hésitez pas à recouper les racines à 30 cm des bourgeons, elles doivent s'étaler bien à plat au fond de leur poquet. Remblayez avec la terre bien meuble, arrosez copieusement, puis paillez sur 15 cm d'épaisseur. Entre les jeunes asperges, on peut planter des chrysanthèmes, des pois de senteur, des concombres ou des haricots à rames. Si le sol n'est pas calcaire, saupoudrez-le en hiver avec 100 g/m² de cendres, ou une pelletée de plâtras par souche, les asperges seront meilleures. Si vous habitez en bord de mer, le paillage des asperges avec du goëmon chaque printemps, sur 5 cm d'épaisseur, en améliore la saveur et maintient le sol meuble. Et surtout, aussi, chaque printemps, distribuez une pelletée de compost avant de remettre le paillage.
- De la plantation à la récolte : 2 ans, mais vous en aurez pour plus de 20 ans.
- Arrosage : si le printemps est très sec, comme en 2022, distribuez 10 l d'eau par plant en avril, puis en mai. Sinon, il n'est pas nécessaire.
- Récolte : 1 kg/plant, de la mi-mars à la fin juin.
- Garder des semences : les Argenteuil se reproduisent bien de semis. On récolte leurs baies rouges en novembre sur les plus beaux plants, on les fait tremper une journée pour extraire les graines noires, et l'on sème aussitôt, en pépinière. On laisse passer l'hiver sans s'en faire, et au printemps surgissent de petits plumeaux verts à transplanter, toujours en pépinière, dans des poquets garnis d'une poignée de compost. Plantation au printemps suivant en place. Conservation : 2 ans.

Problèmes et solutions : le criocère dévore parfois le feuillage au printemps. Ce minuscule trait noir se laisse tomber dès qu'on frôle le feuillage, et un poudrage au pyrèthre, au crépuscule, l'anéantit.
La mouche de l'asperge dessèche les bourgeons en y pondant des asticots, il faut brûler toutes les asperges mal formées, puis, en automne, arracher les tiges pour les brûler aussi.
Contre la rouille qui poudre les tiges de points roux, pulvérisez du cuivre. Le rhizoctone violet tache les asperges qui deviennent rares et dures. Arrachez ces plants sans regret. En prévention, l'année précédant la plantation, cultivez des poireaux et désinfectez les griffes à l'eau de Javel. Heureusement, ces problèmes sont rares.

AUBERGINE, SOLANACÉE

Solanum melongena
Hors du Midi, seuls les plants greffés de très hâtives, comme 'Apple Green', 'Bonica', 'De Toulouse', réussissent en plein air. Les coups de froid compromettent les récoltes de cette amatrice de chaleur, aussi, la récolte des plants non greffés est-elle très aléatoire dehors. À essayer sous abri, 'Slim Jim', une mini pourpre savoureuse et hâtive. Les aubergines africaines, amères, croquantes et juteuses, sont très tardives. Elles exigent la chaleur d'un grand tunnel pour donner 5-6 fruits.

- Quantité pour 2 personnes : 5 plants.
- Semis : en février à 20 °C, germination en 10 jours. Repiquage à 20 °C. Plantation en poquets espacés de 50 cm et garnis de 2 pelletées de compost réchauffé, sous tunnel. Pailler épais.
- Du semis à la récolte : 5-6 mois.
- Arrosage hebdomadaire au goulot, 10 l/plant.
- Récolte 3 à 15 fruits/plant, d'août à octobre, voire plus tard sous abri.
- Garder des semences : laisser mûrir quelques beaux fruits pour extraire la graine… ce qui stoppe en général la récolte du plant concerné.

Problèmes et solutions : le mildiou peut « flamber » subitement les plants après une pluie. Après la toilette des parties endommagées, pulvérisez avec 10 % d'extrait de consoude. Renouvelez 2 fois à 2 jours d'intervalle. Normalement, les aubergines cicatrisent. Variante : 3 % de jus de consoude.

BASILIC, LABIÉE

Ocinum basilicum
Il veut tout tout l'été : du soleil, de la chaleur, du terreau bien riche, des douches copieuses et un coiffeur attentif pour l'empêcher de fleurir, sinon, c'est fini. La gamme de ses saveurs est variée, et diversement appréciée : les anisés comme le 'Marseillais', le 'Citronnelle' et le 'Pourpre' sont souvent peu prisés par des convives leur préférant les traditionnels 'Fin vert', 'De Gênes', 'Grand vert', ou encore 'À feuilles de laitue', le format XXL chéri des amateurs de fines papillotes. Notez que la saveur cannelle du 'Thaï' s'accorde à merveille avec le concombre à l'huile d'olive et la pomme de terre nouvelle à la crème. En serre, il est vivace et atteint 1 m de haut. Attention, ne le confondez pas avec 'Sacré de Birmanie' qui sent le pipi de chat. En fait, il s'agit d'une autre espèce, médicinale, *Ocimum tenuiflorum*, vivace sous les

Tropiques. Tous meurent dès que la température avoisine 4 °C. Le feuillage noircit, tombe, et adieu ! On peut les prolonger en les rentrant à la maison, mais ce n'est plus ça. Mieux vaut conserver du feuillage au top de sa saveur haché et bien salé dans de l'huile.

- Quantité pour 2 personnes : 2 plants.
- Semis en barquette à 20 °C en mars-avril. Germination : 7 jours. Transplantation en pots de 20 cm ou en pleine terre riche et ensoleillée à 20 cm d'intervalle dans des poquets emplis de compost.
- Du semis à la récolte : 2 mois.
- Arrosage quotidien de juin à septembre, additionné de 20 % de tisane d'ortie (le purin sent trop mauvais !) 1 fois par mois.
- Récolte au moins hebdomadaire en coupant toutes les pointes des tiges pour les empêcher de fleurir.
- Garder des semences : laisser monter en graine un joli plant et battre les épis mûrs dans une bassine avant de les trier dans un courant d'air. Conservation : 3-4 ans.

BETTE, AMARANTHACÉE

Beta vulgaris

Aussi appelée blette ou poirée, cette grosse verdure n'étant pas toujours très appréciée, consulter la famille avant d'en semer ou d'en planter en avril, dans un sol frais et profond. Car l'une a beau s'appeler 'Lucullus', référence des gastronomes, pour la saveur, il y a mieux. Les spectaculaires aux cardes colorées sont particulièrement fades. Pour le reste, c'est une affaire de préférence entre la fine 'Verte à couper' et les grosses cardes de la 'Blonde à cardes blanches' ou la 'Verte à cardes blanches' selon qu'on préfère le vert ou le croquant. Seules les bettes sauvages poussant sous les embruns de l'Atlantique ont un peu de saveur.

- Quantité pour 2 personnes : 5-6 plants.
- Semer en mars-avril, directement en terre fraîche en espaçant les graines de 5 cm. Comme sa sœur, la betterave (dont on peut cuisiner les feuilles), ses graines sont en glomérules de 4 ou 5, qu'il faut éclaircir à 20 cm d'intervalle. Germination en 10 jours. Les plants en surnombre peuvent être repiqués.
- Du semis à la récolte : 4 mois, jusqu'au printemps suivant, sans interruption si l'arrosage est copieux. Elle résiste bien au gel.

- Arrosage : 2 fois par semaine jusqu'à la reprise, ensuite rien.
- Récolte : 3-5 kg/plant.
- Garder des semences : elle se ressème volontiers, ne laissez qu'une tige monter en graine, sinon vous risquez l'invasion ! Conservation : 5 ans.

BETTERAVE, AMARANTHACÉE

Beta vulgaris
Les plus sucrées : *Albina vereduna* ; 'Crapaudine', très vilaine, délicieuse, énorme en sol argileux ; 'Tondo di Chioggia', aux tranches roses et blanches, hélas beigeasses une fois cuites.

- Quantité pour 2 personnes : 30 plants.
- Semer en avril directement en sol frais, en espaçant les graines de 5 cm.
- Germination en 10 jours. Éclaircir à 10 cm un mois plus tard.
- Du semis à la récolte : 3 mois. On peut les récolter grosses comme un œuf, ce qui est aussi une manière d'échelonner les récoltes de l'été à l'automne, tout en faisant grossir celles que l'on rentrera pour l'hiver, car les grosses racines de 7 à 10 cm se conservent mieux que les petites.
- L'arrosage n'est pas nécessaire (sauf en cas de canicule) si elles sont paillées dès qu'elles atteignent 5 cm.
- Récolte : 3-4 kg/m. Pour la conservation d'hiver, récolter en octobre et ranger les racines dans des pots en terre cuite, avec des feuilles de noyer.
- Garder des semences : sans intérêt, les croisements avec celles des voisins sont fréquents.

CALAMENT NÉPÉTA, LABIÉE ⊘

Clinopodium menthifolium
Comme toute la famille népéta, ce gros coussin vivace (30 cm x 1 m) de feuilles feutrées et mentholées lance de longs épis bleu pâle tous azimuts de juin aux gelées. Si ses épis n'ont pas le dynamisme bleu du *Nepeta faassenii*, ou du grand 'Souvenir d'André Chaudron', les abeilles les butinent volontiers et son feuillage est suavement mentholé. Les Algériens l'infusent dans du café au lait, idée délicieuse pour se débarrasser d'un gros rhume naissant. On le cultivera en bordure pour ne jamais en manquer.

- Quantité pour 2 personnes : 1 plant.
- Plantation au printemps d'un éclat de plant (on vous en donnera volontiers), en sol drainant, bien ensoleillé.
- De la plantation à la récolte, c'est immédiat, car plus on le tond, plus il s'arrondit joliment.
- Arrosage : jusqu'à la reprise, puis rien.

- Récolte : tige à tige de juin à septembre.
- Multiplier en divisant les souches au printemps.

CÂPRIER, CAPPARACÉE ⊘

Capparis spinosa

Hors du Sud et d'un jardin rocailleux, écrasé de soleil, pas la peine d'investir dans ce séduisant frileux aux grandes fleurs blanches.

- Quantité pour 2 personnes : 1 plant.
- Plantation au printemps, en plein soleil, de préférence contre un mur, en sol parfaitement drainé. Avec une poignée de bon compost, en l'entourant de pierres plates pour lui assurer un démarrage au frais.
- De la plantation à la récolte : 4 mois.
- Arrosage une fois par mois jusqu'à la reprise, ensuite rien !
- Récolte des câpres en pinçant les boutons ou avec des ciseaux. Conservation au vinaigre. À noter : les boutons apparaissant sur les jeunes pousses, pensez à couper les fleurs fanées pour renouveler la récolte.
- Ce difficile se bouture, mais pas très facilement.

CARDON, ASTÉRACÉE

Cynara cardunculus

Chéri des amateurs de couscous et de cuisine lyonnaise, ce splendide frère de l'artichaut est, hélas, largement méconnu. Il est vrai que certaines variétés sont furieusement épineuses (à l'état sauvage, c'est un chardon). 'Plein blanc inerme' et 'Rouge d'Alger' sont pacifiques. Vivace en climat océanique, il gèle ailleurs vers -5 °C.

- Quantité pour 2 personnes : 5 plants.
- Semis en avril, en pépinière dehors, contre un mur abrité. Germination en 10 jours. Transplantation, en sol frais et profond, un mois plus tard, à 50 cm d'intervalle, en l'enterrant pile jusqu'à la base des tiges dans un trou empli de compost. On peut aussi planter des œilletons en mars-avril, comme avec l'artichaut, mais il en produit beaucoup moins.
- Du semis à la récolte : 6 mois.
- Arrosage copieux à la plantation, ensuite, s'il est paillé : rien !
- Récolte : 3-4 kg/plant de septembre à avril, et durant 5 ans. Pour enlever l'amertume de ses cardes, on les blanchit en entourant le plant d'un carton haut de 70 cm, 2 ou 3 semaines avant dégustation. En juin, on peut laisser fleurir quelques plants pour déguster leurs mini-artichauts très piquants, mais très fins, plus tardifs que les « vrais ».
- Garder des semences : laisser monter en graine une fleur par plant et recueillir les graines en octobre, mais, gare aux oiseaux ! Conservation : 3 ans.

CAROTTE, APIACÉE

Daucus carota
Un pur délice de jardinier, rien n'est comparable à une carotte croquée sitôt arrachée. Hélas, la récolte est souvent aléatoire.

- Quantité pour 2 personnes : 10 m par semis, 3 séries.
- En sol bien drainé, enrichi les années précédentes, on sème en rang large (10 cm), dès la fin février les plus hâtives (la ronde 'Marché de Paris', la svelte 'Amsterdam'), pour les récolter en avril-mai avec les petits pois. Germination en 10-15 jours. Le secret : tasser le semis à la planchette, puis arroser copieusement à la pomme et tenir le semis arrosé jusqu'à 5 cm de haut.
  À partir d'avril et jusqu'à mi-juillet, semis de 'Nantaise', 'Oxhella', 'Robila'. Cultivateurs d'un sol lourd, vous aurez du mal à récolter des carottes printanières, semez de mai à mi-juillet, 'De Chantenay', 'Colmar', 'Rodelika', pour les croquer en été ou les conserver jusqu'au printemps. Éclaircir le plant haut de 5 cm tous les 5 cm, et l'arroser aussitôt avec 10 % d'extrait d'ortie.
- Du semis à la récolte : 3 mois, échelonnée sur 3-4 mois.
- Arrosage hebdomadaire de mai à septembre. Un arrosage mensuel additionné de 10 % d'extrait d'ortie donne vraiment de belles carottes.
- Récolte : 500 g à 3 kg/m, au fur et à mesure des besoins. On arrache en octobre les carottes de garde, elles se conservent jusqu'en mars. Si on les laisse au jardin soit les mulots les dévorent, soit elles deviennent fades et poilues.
- Garder des semences : difficile pour le jardinier, car les fleurs se marient avec celles de la carotte sauvage.

Problèmes et solutions : la mouche de la carotte strie les racines de vilaines plaies noires. La meilleure prévention, c'est de les cultiver sous voile fin. Cher, fragile, et vraiment contraignant. On peut aussi butter les carottes dès qu'elles atteignent 10 cm de haut et renouveler les buttages pour dissimuler les collets, principale cible des mouches. Avec, en complément, l'installation de grandes étiquettes jaunes engluées, tous les mètres, sur le rang. Des pièges ni sélectifs, ni efficaces à 100 % hélas.

CÉLERI, APIACÉE

Apium graveolens

Si affinités, interroger la famille avant de se lancer dans cette culture assez exigeante ! En effet, sans jardin riche, frais, au climat doux, et sans arroseur assidu, pas de bon céleri. Cela dit, le céleri branche est capable de défier une canicule si le terrain lui convient ! Il ressemble alors à un gros persil mais reste savoureux. Il se ressème volontiers dans les jardins ombreux, en particulier le 'Pipe creuse de Malines' que j'ai vu à Bruxelles envahir une cour depuis le balcon du 2e étage où un amateur le cultivait en jardinière ! Dans la zone côtière, il devient vivace, comme le 'Plein blanc Pascal' d'ailleurs. On peut aussi le remplacer par la livèche, à la saveur moins subtile, mais nettement plus tranquille à piloter (elle est vivace). Le céleri-rave est plus exigeant que le céleri branche, 'Monarch' est le moins difficile.

- Quantité pour 2 personnes : 10 plants.
- Semis en avril en pépinière. Germination en 20 jours. Plantation dans une grosse poignée de compost 1 mois plus tard, en terre fraîche, profonde et ombragée.
- Du semis à la récolte : 5 mois.
- Arrosages hebdomadaires en grosse douche tout l'été, plus un dopage mensuel avec 10 % d'extrait d'ortie. Une combine de maraîcher : pour récolter de belles boules, bousculez vos céleris-raves 1 ou 2 fois (ils le méritent !).
- Récolte : 200-500 g/plant ; branche par branche dès que les tiges sont formées ou par pieds entiers à partir de septembre, après blanchiment pour le céleri branche. Récolte et rangement des raves hors gel en octobre.
- Garder des semences : il monte en graine l'année suivante, attention, la semence récoltée en août est très fine. Ne laisser monter en graine que des plants sains. Conservation : 1-2 ans.

Problèmes et solutions : la septoriose est transmise par les graines. Elle tache le feuillage d'auréoles brunes, il se dessèche et le céleri dépérit. Après élimination du feuillage contaminé (à brûler), essayez cette recette de Pierre Masson : écraser 7 g d'ail épluché dans 1 l d'eau tiède, laisser reposer 1 h et pulvériser le soir. Renouveler 2 fois à 2-3 jours d'intervalle. Normalement, un feuillage sain repousse.

CERFEUIL, APIACÉE

Anthriscus cerefolium
Une fugace délicatesse anisée pour accompagner les primeurs en mai-juin. Jardin frais et ombreux, riche en humus obligatoire. Quant au cerfeuil tubéreux, c'est une amusette pour campagnol, et beaucoup de tourments pour pas grand-chose dans l'assiette du jardinier.

- Quantité pour 2 personnes : 5 plants.
- Semis direct en mars, direct en sol frais et ombragé. Germination en 20 jours. Éclaircir à 20 cm d'intervalle (on peut repiquer les plants surnuméraires).
- Du semis à la récolte : 2 mois.
- Arrosage copieux par temps sec (5 l/m) tous les 2 jours.
- Récolte tige à tige pendant un mois et demi.
- Garder des semences : il monte en graine dès qu'il fait chaud et se ressème volontiers dans les jardins frais. Surveillez-le pour recueillir la graine, prompte à tomber en plein été. Conservation 1 an.

CHAYOTE, CUCURBITACÉE

Sechium edule
Cette vivace des contrées sans gelées peut être prolifique. En Loire-Atlantique, un seul plant peut tapisser 25 m² de poulailler entre mai et juillet. Les poules sont à l'ombre, sous d'innombrables fruits vert pâle... quand elle le veut bien. Il n'y a pas de variétés bien identifiées et l'on peut tomber par hasard sur de très médiocres ou de très bonnes, tendres, croquantes avec une saveur de choucroute fraîche. La récolte est très aléatoire, tantôt misérable tantôt surabondante, et apparemment la canicule ne la favorise pas.

- Quantité pour 2 personnes : 1 plant.
- Plantation du fruit entier, en avril à 20 °C dans un pot de terreau, la base en haut. Si la chayote est grosse, on peut lui tailler 2 steaks sur les côtés pour vérifier qu'elle est bonne avant plantation. Transplantation en poquet garni d'1 pelletée de compost en juin, contre un mur au sud ou à l'ouest. Bien arroser, bien pailler. Le démarrage est parfois laborieux, patience !
- De la plantation à la récolte : 4-5 mois.
- Arrosage : 5 l/plant par temps très sec.
- Récolte : 4 à 50 fruits/plants en septembre-octobre.

CHÉNOPODE BON-HENRI, AMARANTHACÉE

Chenopodium bonus-henricus

Ce vivace habitué des alpages où il s'épanouit autour des abreuvoirs est plus facile à planter qu'à semer... quoiqu'il ne dédaigne pas de se ressemer tout seul, parfois ! Vous pouvez galérer pour le garder, puis le voir soudain se propager jusque dans votre poulailler, il est comme ça.

- Quantité pour 2 personnes : 2 plants.
- Plantation à mi-ombre, en sol frais, en mars-avril à 50 cm d'intervalle dans 1 pelletée de compost. S'il boude, déplacez-le. Attention, il perd ses feuilles en hiver.
- De la plantation à la récolte : 3 mois.
- Arrosage éventuel par temps très sec.
- Récolte : 1 kg/plant par cueillettes successives, principalement au printemps et en automne. La chaleur lui donne un arrière-goût un peu fort et, surtout, rend ses feuilles rêches.
- Garder des semences : hasardeux.

CHICORÉE, ASTÉRACÉE

Cichorium endivia ; C. intybus

- Quantité pour 2 personnes : 5 m par série, 3-4 séries.
- On sème en avril directement en place les picotantes frisées 'Très fine maraîchère' ou 'Grosse pancalière' et l'ample et tendre scarole 'Blonde à cœur plein'. Germination en 10 jours, mais gare aux escargots ! Un mois plus tard, on éclaircit à 20 cm et l'on repique les semis en surplus pareillement, pour prolonger la récolte sur 2 mois, de juillet à septembre.
- En juillet, semer ou planter les scaroles 'Cornet d'Anjou' et 'Cornet de Bordeaux' pour récolter d'octobre à l'hiver. Semer aussi en juillet celles à récolter de décembre à mars : l'endive 'Zoom', la 'Demi-hâtive de Hollande' ; les chicorées douces amères comme 'Grumolo verde', semblable à de petites roses vertes et charnues, 'Pain de sucre', douce-amère en grosse pomme diaphane, 'Variegata di Lusia', un chou baroque et croquant, grenat et beige, et la méconnue 'Tête d'Anguille', dont on savoure la racine exquise, une spécialité de la graineterie Sabau. Avant les gelées, transplanter les racines d'endives en pots à la cave et abriter 'Lusia' et 'Pain de sucre', sous une toile d'ombrage tendue à 50 cm du sol.
- À noter : si vous avez oublié de rentrer les endives, coiffez-les de grands pots de terre cuite pour les blanchir direct au jardin. Ça marche très bien jusqu'en mars, ensuite, les fourmis les submergent. Leurs racines sont excellentes avec des viandes blanches. Mais surveillez les escargots et les campagnols !
- Du semis à la récolte : 2 mois pour les chicorées d'été, 4 pour celles d'automne et d'hiver.
- Arrosage hebdomadaire (10 l/5 m) pour une plantation paillée, de préférence au gazon (éviter la fougère qui s'émiette dans leur feuillage).
- Récolte après blanchiment des frisées et des scaroles, cachées 2 par 2 sous des cageots durant 15 jours.
- Garder des semences : compliqué, car elles se marient avec les chicorées sauvages.

Problèmes et solutions : par temps humide, attention à la pourriture, surtout fréquente sur les plants mis à blanchir. Ne les liez surtout pas, n'utilisez pas de cloches en plastique, les cagettes, de grands pots de terre cuite, c'est bien mieux.

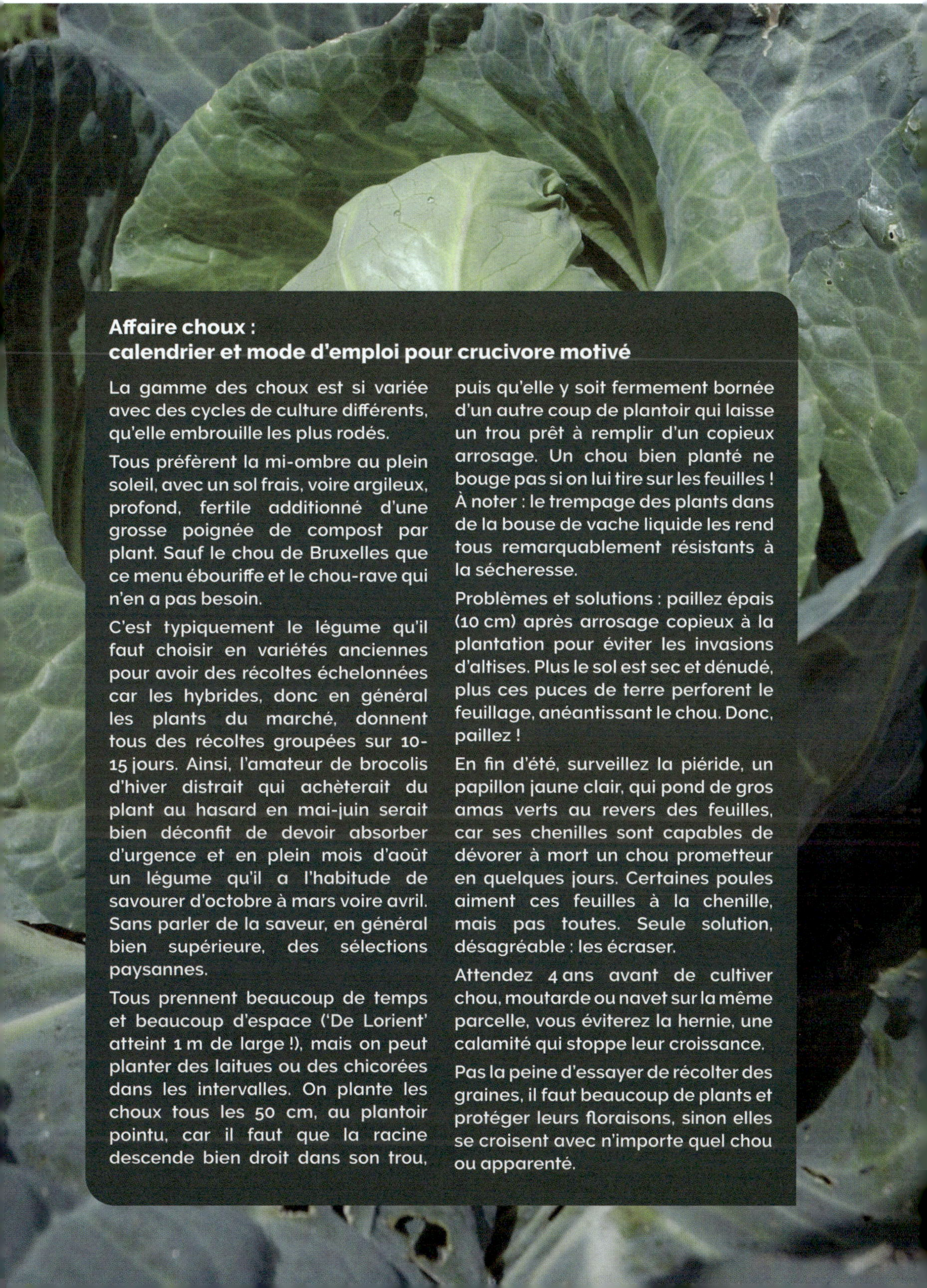

**Affaire choux :
calendrier et mode d'emploi pour crucivore motivé**

La gamme des choux est si variée avec des cycles de culture différents, qu'elle embrouille les plus rodés.

Tous préfèrent la mi-ombre au plein soleil, avec un sol frais, voire argileux, profond, fertile additionné d'une grosse poignée de compost par plant. Sauf le chou de Bruxelles que ce menu ébouriffe et le chou-rave qui n'en a pas besoin.

C'est typiquement le légume qu'il faut choisir en variétés anciennes pour avoir des récoltes échelonnées car les hybrides, donc en général les plants du marché, donnent tous des récoltes groupées sur 10-15 jours. Ainsi, l'amateur de brocolis d'hiver distrait qui achèterait du plant au hasard en mai-juin serait bien déconfit de devoir absorber d'urgence et en plein mois d'août un légume qu'il a l'habitude de savourer d'octobre à mars voire avril. Sans parler de la saveur, en général bien supérieure, des sélections paysannes.

Tous prennent beaucoup de temps et beaucoup d'espace ('De Lorient' atteint 1 m de large !), mais on peut planter des laitues ou des chicorées dans les intervalles. On plante les choux tous les 50 cm, au plantoir pointu, car il faut que la racine descende bien droit dans son trou, puis qu'elle y soit fermement bornée d'un autre coup de plantoir qui laisse un trou prêt à remplir d'un copieux arrosage. Un chou bien planté ne bouge pas si on lui tire sur les feuilles ! À noter : le trempage des plants dans de la bouse de vache liquide les rend tous remarquablement résistants à la sécheresse.

Problèmes et solutions : paillez épais (10 cm) après arrosage copieux à la plantation pour éviter les invasions d'altises. Plus le sol est sec et dénudé, plus ces puces de terre perforent le feuillage, anéantissant le chou. Donc, paillez !

En fin d'été, surveillez la piéride, un papillon jaune clair, qui pond de gros amas verts au revers des feuilles, car ses chenilles sont capables de dévorer à mort un chou prometteur en quelques jours. Certaines poules aiment ces feuilles à la chenille, mais pas toutes. Seule solution, désagréable : les écraser.

Attendez 4 ans avant de cultiver chou, moutarde ou navet sur la même parcelle, vous éviterez la hernie, une calamité qui stoppe leur croissance.

Pas la peine d'essayer de récolter des graines, il faut beaucoup de plants et protéger leurs floraisons, sinon elles se croisent avec n'importe quel chou ou apparenté.

CHOU BROCOLI À JETS

Brassica oleracea
Cette précision car il existe aussi un brocoli très semblable au chou-fleur. Celui dont il s'agit ici est plus tendre et d'une saveur bien plus distinguée. Le meilleur : 'Calabrais', à déguster de novembre à mars.

- Quantité pour 2 personnes : 10 plants.
- Semis en mai en pépinière. Germination en 8 jours. Plantation 1 mois plus tard.
- Du semis à la récolte : 5 mois.
- Arrosage : douche hebdomadaire en été (3 l/plant)
- Récolte dès la formation des têtes grenues, d'abord larges comme la main, puis de plus en plus petites ; 500 g à 1 kg/plant. À noter, dans l'Ouest, on savoure comme brocolis tous les choux en boutons en mars-avril. Ils sont excellents.

CHOU DE BRUXELLES

Brassica oleracea
Goûtez un peu 'De Rosny', le meilleur ! Le secret : il faut à peine le cuire, le mini-chou se savoure croquant, pas effondré (le brocoli aussi d'ailleurs !).

- Quantité pour 2 personnes : 10 plants. Après consultation de la famille car le pauvret souffre d'un injuste mépris.
- Semis en mai en pépinière. Germination en 8 jours. Plantation 1 mois plus tard à 50 cm d'intervalle en sol profond, mais sans compost (si vous lui en donnez, adieu petits choux serrés-croquants !). Pailler épais (10 cm).
- Du semis à la récolte : 5-6 mois.
- Arrosage hebdomadaire en été (3 l/plant).
- Récolte : 200-500 g/plant d'octobre à mars.

CHOU-NAVET DIT RUTABAGA

Brassica oleracea

Plus dense et sucré que le navet, il se conserve aussi beaucoup mieux en hiver. 'Champion', le plus courant, est excellent, notamment en purée d'hiver avec des pommes de terre 'Bintje'.

- Quantité pour 2 personnes : 5 m.
- Semis en mai-juin, directement en place. Germination en 8 jours. Éclaircissage 1 mois plus tard tous les 10 cm et paillage.
- Du semis à la récolte : 4 mois.
- Arrosage pas nécessaire, sauf en cas de canicule.
- Récolte : 1 kg/m, d'octobre à mars en climat doux. En octobre, là où il gèle fort, ne tardez pas pour le ranger à l'abri, la puanteur d'un chou-navet gelé est atroce !

CHOU POMMÉ

Brassica oleracea

Dit aussi cabus. La catégorie la plus déroutante. Voyez un peu :

- Quantité pour 2 personnes : 12 plants.
- Semis en avril de 'Brunswig', 'Tête noire', 'Quintal d'Alsace' (le meilleur pour la choucroute). Germination en 8 jours. Plantation dans des trous pleins de compost en mai. Récoltes de septembre à décembre.
- Semis en mai de 'Milan de Pontoise'. Plantation en juin dans des trous pleins de compost, pour récolter de novembre à février-mars.
- Semis en septembre de 'Cœur de bœuf', 'De Louviers', 'Express', tendres et sucrés. Plantation en octobre pour récolter d'avril à juin.
- Du semis à la récolte : 5-7 mois.
- Arrosage pas nécessaire si la plantation est paillée, sauf en cas de canicule.
- Récolte 500 g-2 kg/plant.

CHOU-RAVE

Brassica napus
C'est le chou mignon des connaisseurs, mais si on ne le déguste pas gros comme un œuf, tendre et moelleux, c'est un monstre dur comme du bois et fort en gueule. Le 'Violet hâtif de Vienne' reste plus longtemps tendre que 'Superschmelz'. Potentiellement énorme et dur-dur comme du bois. Moins exigeant en fumure que ses congénères, il peut succéder aux poireaux sans apport de compost.

- Quantité pour 2 personnes : 5 m.
- Semis direct en sol meuble et frais en mars-avril, dès février en serre. Germination en 8 jours. Éclaircissage à 10 cm d'intervalle. Les plants en trop peuvent être repiqués, ils prolongeront la récolte des semis directs de 15 jours. Paillez bien pour qu'il reste tendre.

- Du semis à la récolte : 2-3 mois.
- Arrosage hebdomadaire 3 l/m.
- Récolte : en juin-juillet, 1 kg/m.

CHOU VERT DIT KALE

Brassica oleracea
C'est amusant comme ce chou paysan, naguère surtout dégusté en purée avec de la Bintje et des saucisses est devenu chic et cher ! Super-rustique, ce n'est pas par hasard le chouchou des nordistes, car il est meilleur après une petite gelée. Le plus rustique est le frisé, mais on peut aussi utiliser ainsi le 'Cavalier vert' et en faire profiter les pondeuses pour les motiver en hiver.

- Quantité pour 2 personnes : 5 plants.
- Semis en mars-avril. Germination en 8 jours. Plantation en mai-juin.
- Du semis à la récolte : 6-7 mois.
- Arrosage pas nécessaire, si bien paillé.
- Récolte : 1-2 kg de feuilles par plant, de l'automne au printemps.

CHOU VIVACE

Brassica oleracea

Cet opulent – 1 m³ en 1 an – qu'on appelle aussi chou 'Daubenton', est particulièrement joli dans sa version vert pâle bordé de blanc. Avec son mètre cube, c'est un bon voisin pour la rhubarbe et les cardons. Il semble qu'il en existe un au feuillage ondulé, plus tendre que le vert et le panaché, mais est-il vraiment vivace partout ? Pas sûr ! Pour l'ordinaire, c'est un chou de dépannage plutôt qu'un délice car il a la feuille assez dure. Mais il nourrit bien les poules en restant vert toute l'année. Il fleurit rarement, sans donner de graines et n'est que peu attaqué par la piéride.

- Quantité pour 2 personnes : 1 plant.
- Plantation de préférence en octobre, à la rigueur en mars-avril, à 1 m d'intervalle, de préférence à mi-ombre. Prévoir de renouveler la plantation tous les 3 ans.
- De la plantation à la récolte : 5 mois.
- Arrosage pas nécessaire.
- Récolte de jeunes pousses, 1 à 3 kg/plant, sur toute l'année.

Attention, il peut passer sans transition de la majesté au minable, ponctionné par de discrets pucerons gris. Cela arrive parfois à cause d'un coup de froid, ou de chaleur. En tout cas, s'il commence à se déplumer, distribuez les pousses envahies aux poules et marcottez-le tout de suite sous de généreuses pelletées de compost, il redeviendra beau. Et plein de marcottes enracinées. Vous pourrez en distribuer autour de vous.

CIBOULE ET CIBOULETTE, LILIACÉE

Allium sp.
Réunies ici tout ce qui porte feuille à saveur d'ail et d'oignon, car leur culture est identique : en sol frais, un peu ombreux. Toutes sont vivaces. Enfin, théoriquement, car il arrive que certaines disparaissent mystérieusement. Côté ail, le ciboulail (*A. tuberosum*, photo ci-contre), un chinois aux feuilles plates couronnées d'ombelles blanches durant l'été, se distingue par sa souche tubéreuse. Dans le Midi, il atteint 80 cm en sol argileux. L'ail triquètre (*A. triquetrum*), ainsi nommé à cause de ses feuilles triangulaires, luxuriantes, mêlées de campanules blanches d'avril à l'automne, veut un sol vraiment frais. Dans l'Ouest, il pullule au bord des fossés et c'est par pelletées qu'on vous le donne.
Côté saveur d'oignon, les ciboules (*A. fistulosum*, photo ci-dessous) ont un feuillage creux, plus ou moins fin, mais plus haut et gros que celui des ciboulettes (*A. shoenoprasum*) dont les feuilles sont fines comme des aiguilles. Mai les couronne de pompons roses ou blancs… mais pas toujours, car il y a une multitude d'hybrides non identifiés. La ciboule St-Jacques ne fleurit pas, son feuillage est plat et on déguste ses jeunes pousses entières, comme des cèbes, bien avant et après la saison des oignons frais. La plus grosse, c'est 'Ishikura', aux « cives » juteuses d'1 cm de diamètre. C'est aussi la plus délicate, pas vraiment vivace.

- Quantité pour 2 personnes : 1 m de chaque.
- Plantation d'éclats en début de printemps ou d'automne, tous les 20 cm, dans un sillon garni de compost. Raccourcir les racines à 1 cm et le feuillage de moitié facilite la reprise. À renouveler tous les 3 ans.
- De la plantation à la récolte : 3 à 6 mois.
- Arrosage avec 20 % d'extrait d'ortie à la plantation, puis 1 fois par mois au printemps.
- Récolte aux ciseaux à 1 cm du sol. Toutes leurs fleurs sont comestibles, et il est conseillé de les couper pour ne pas fatiguer les plants.
- Garder des semences : inutile, c'est si facile de les diviser ! Le ciboulail se ressème volontiers entre les dallages, l'ail triquètre partout où c'est frais.

Problème et solutions : attention à la mineuse qui attaque ciboules et ciboulettes du type oignon. Coupez la touffe aux premiers signes de flétrissement et arrosez avec 10 % d'extrait d'ortie pour relancer la pousse. Sous voile. Ce n'est pas gagné.

CITRONNELLE ASIATIQUE, GRAMINÉE

Cymbopogon citratus

C'est la vraie citronnelle de la cuisine asiatique, la boisson rafraîchissante de l'Afrique de l'Ouest. Une grande frileuse à cultiver au pied d'un mur en plein soleil en climat doux, et en pot de 20 cm partout où il gèle à plus de -5 °C.

- Quantité pour 2 personnes : 1 plant.
- Plantation d'éclats de préférence en mars-avril dans un sol poreux additionné d'une poignée de terreau. Notez qu'elle se bouture facilement dans l'eau : achetez-en une botte à l'épicerie asiatique, placez-la dans un verre dont vous remplacez l'eau tous les jours, en 2 semaines elle sera bonne à planter.
- De la plantation à la récolte : 3 mois.
- Arrosage régulier jusqu'à la reprise, ensuite plus rien.
- Récolte feuille à feuille aux ciseaux, ou si la souche est belle, en décollant des pousses à la base.

- On la propage par division des souches. Elle ne fleurit pas en Europe.

CONCOMBRE ET CORNICHON, CUCURBITACÉES

Cucumis sativus

Ensemble, car il s'agit de la même plante sélectionnée en 2 calibres différents : minimal pour le cornichon, maximal pour le concombre. Les meilleurs restent tendres et doux même chez un distrait qui ne les arrose pas : 'Le généreux', prolixe en concombres de 15-20 cm ; 'Vert long de Chine', super-tendre, dit « Serpent » car il s'enroule volontiers ; 'Lemon' (photo), ovale et jaune comme un citron.

Les Italiens raffolent des concombres velus et croquants comme 'Tortarello' ou 'Vert d'Arménie', qui sont en fait des melons. Gare aux croisements si vous cultivez en même temps des melons sucrés et souhaitez garder des graines. Ces melons non sucrés nécessitent beaucoup de chaleur.

- Quantité pour 2 personnes : 2 plants en 2 séries espacées d'un mois et demi.
- Semis d'avril à la mi-mai, en barquette à 20 °C, puis transplanter en poquets

garnis d'une pelletée de compost et espacés d'1 m, quand la température nocturne atteint 13 °C. À partir de la mi-juin, semer directement en poquets garnis de compost en sol fertile et frais, au soleil.

- Du semis à la récolte : 3 mois.
- Arrosage : 10 l/plant/semaine.
- Récolte : tous les jours pendant 2 mois. Pour prolonger la récolte : tailler au-dessus de la feuille coiffant chaque fruit dès sa formation et refaire un semis direct fin juin. Palissage conseillé sur un treillis de 2 m² pour faciliter la cueillette car tout concombre oublié se transforme en 24 h en monstre bourré de pépins.
- Garder des semences : difficile à cause de la petite taille des fleurs qu'il faut isoler en sachets de gaze pour les polliniser une à une à la main.

Problèmes et solutions : la mosaïque ponctue les feuilles de taches orangées dès juin parfois, et sans remède. À la même période, par temps pluvieux, la nuile décolore les feuilles dont les bords grillés ondulent. Seul remède, les couper, puis tenter un traitement à la bouillie bordelaise.
L'oïdium feutre souvent les feuilles vers la mi-août. Les pulvériser avec 10 % de lait écrémé retarde la maladie, mais ne la guérit pas.

CORIANDRE, APIACÉE

Coriandrum sativum
Soit on l'aime, soit on la déteste, mais les abeilles, elles, butinent avec assiduité son pollen violet. Cette grande et tendre fleurit en nuées blanches d'avril à juillet, puis s'alourdit de délicieux grains verts, privilège exquis des jardiniers, car avec eux c'est vraiment direct, du jardin à la casserole !

- Quantité pour 2 personnes : à volonté en 4 semis.
- Semis direct en mars, puis avril, puis mai, puis septembre en sol frais et profond, ombragé, dans un sillon empli de compost en espaçant les graines de 15 cm. Les plants en trop pourront être transplantés et donneront avec un léger décalage.
- Du semis à la récolte : 3 mois, le semis de septembre donne de l'automne à mai.
- Arrosage jusqu'à la germination et par temps sec (5 l/m).
- Récolte des grains verts à beige de l'été à l'automne ; du feuillage toute l'année si on l'installe à l'abri des grosses gelées.
- Garder des semences : facile, elle monte spontanément en graine et se ressème volontiers. La graine mûre est facile à trier. Conservation 2 ans.

COURGE, CUCURBITACÉE

Cucurbita sp.
Le rendement est très variable, d'une variété à l'autre, d'une année à l'autre. Ce sont des gourmandes, gare aux racines d'arbre qui dévorent tout le compost qui leur est alloué, car dans ce cas vous ne récolterez rien. Prévoir un espace d'au moins 4 m² par plant, car toutes sont dites « coureuses », à juste titre ! On peut faire grimper les moins grosses sur un treillis solidement implanté (gare aux coups de vent, une courge choquée est une courge morte !). Les meilleures à chair ferme sont de la famille *Cucurbita moschata* : 'Buttercup', un petit format onctueux, 'Butternut' et l'énorme 'Pleine de Naples' (photo ci-dessous avec 'Longue de Nice' que l'on déguste aussi en courgette). Dans la famille *C. pepo* : 'Melonnette de Vendée', et deux belles à saveur de pâte d'amande, 'Patidou', 'Reine de la table' (photo ci-dessus). Pour une grande famille, ou un fana du potage orange : des potirons (*C. maxima*) 'Bleu de Hongrie' savoureux, de très longue garde. Plus farineux : 'Green Hokkaido', 'Hubbard', 'Kabosha', bien meilleurs que le célèbre 'Red Kuri'.

- Quantité pour 2 personnes : 2-3 plants (cela peut être beaucoup plus chez les amateurs de potage et autres tartinades d'hiver, à voir donc).
- Semis direct en pleine terre en mai-juin, de 2 graines dans des poquets garnis d'une pelletée de compost et espacés d'1 m. Germination en 5-7 jours. Pailler épais (15 cm) autour des poquets. Ne conserver que le plus beau plant (l'autre peut être transplanté).
- Du semis à la récolte : 4-5 mois.
- Arrosage pas nécessaire passé la plantation, sauf en cas de canicule (10 l/plant).
- Récolte : 2-5 fruits/plant, avant la première gelée. À ranger sur des plateaux en haut des placards de cuisine. Conservation jusqu'en mars-avril. Au-delà, la saveur décline. Et si jamais une vilaine odeur envahit la pièce, inspection immédiate, c'est sûrement une courge qui flanche discrètement.
- Garder des semences : pour conserver une variété, il faut contrôler sa pollinisation. Fermer 2-3 boutons jaunissants mâles et femelles sur des plants différents, avec un lien. Pollinisez à la main tôt le matin. Conservation : 3 ans.

Problèmes et solutions : naguère, cultiver des courges était facile, l'absence d'abeilles rend les récoltes aléatoires. Si vous notez que les fruits pourrissent sitôt formés, envisagez de polliniser les fleurs à la main en passant les fleurs mâles sur les femelles, sitôt ouvertes, vers 8 h du matin.
En fin de saison, l'oïdium poudre le feuillage de blanc (voir Concombre, p. 125-126).

COURGETTE, CUCURBITACÉE

Cucurbita pepo
Si on les aime tendres, on sème 'Blanche de Virginie', 'Coucourzelle' ou 'Ronde de Nice' : précoces et assez sages (1 m^2)... Mais attention, septembre les rend un peu coureuses (2 m^2). Si on les préfère croquantes, il faut de la place car 'Chioggia' et 'Longue de Nice' occupent facile 4 m^2 chacune. Un outsider : le pâtisson, sage, moelleux à condition de le déguster large comme la main, car ensuite il prend un goût de citrouille.

- Quantité pour 2 personnes : 2 plants en 2 semis ou plantations espacées d'1 mois.
- Semis d'avril à la mi-mai, en barquette à 20 °C. Germination en 2-5 jours. Plantation en poquets espacés d'1 m, garnis d'une pelletée de compost mûr mi-mai, début juin. Refaire un semis directement en poquets garnis de compost fin juin pour prolonger la récolte en fin d'été.
- Du semis à la récolte : 3 mois.
- Récolte : tous les 2 jours pendant 2-3 mois. Attention, tout fruit oublié devient un monstre en 24 h, et fatigue tant le plant que les fruits formés avortent. 7-10 kg/plant.
- Arrosage : 10 l/plant/semaine. Attention, les variétés jaunes et les pâtissons exigent 2 arrosages hebdomadaires pour rester comestibles.
- Récolte : 2-3 fruits semaine/plant.
- Garder des semences : difficile à cause de la propension des différentes espèces à se croiser avec toute courge située à moins d'1 km, obligeant le jardinier à enfermer les fleurs pour les féconder à la main (voir Courge, p. 127).

Problèmes et solutions : voir Courge, la courgette étant une courge cueillie avant maturité.

CRESSONS, CRUCIFÈRES

Barbarea praecox, Nasturtium officinale
Un nom commun, pour un goût piquant commun, mais des natures de verdures différentes. Le meilleur, le cresson de fontaine (*Nasturtium officinale*) est le cousin d'eau vive de la capucine. Depuis que l'on ne peut plus compter sur les gouttières pour alimenter la cressonnière, c'est un délice réservé aux chanceux jardinant près d'une source claire, car il ne réussit pas dans l'eau calme. Attention, cultivé en ruisseau, il peut transmettre la douve, qui n'est pas une rigolade.

- Quantité pour 2 personnes : 1 m^2.
- Plantation en mars-avril du cresson de fontaine, tous les 10 cm, de boutures

prélevées dans une botte achetée au marché, puis immergées dans un plateau contenant 10 cm de terreau.

- Le cresson terrestre (*Barbarea praecox*) est à la portée du plus maladroit des jardiniers. C'est une espèce de roquette rapide et printanière vite super-piquante. Semis en mars directement au frais et à l'ombre, d'une main légère.
- Du semis à la récolte : 1 mois.
- Arrosage : douches copieuses et régulières, sinon il est immangeable.
- Récolte aux ciseaux, 100-300 g/m. On peut aussi le croquer en graines germées et toniques toute l'année.
- Garder des semences : il se ressème tout seul, lorsque le jardinier découragé par son furieux piquant renonce à le récolter.

Problèmes et solutions : pour éviter les altises qui dévorent le feuillage par temps sec, maintenez la plantation bien paillée.

DOLIQUE, LÉGUMINEUSE ⊘

Lablab purpureus, Vigna sp.

Sous ce nom, un vrai minestrone de haricots africains et asiatiques, de voèmes réunionnais, onctueux, délicieux et pas du tout gazogènes… qui ne s'appellent plus doliques.

Les plus célèbres sont la dolique pourpre d'Égypte, ou Lablab (*Lablab purpureus*), que l'on se contente de regarder en Europe. À raison, car s'il est comestible en vert, le grain sec peut être toxique. Les autres sont de la famille Vigna : le niébé africain, (l'« œil-de-perdrix » des Antillais) blanc à œil noir (*Vigna unguiculata*), l'azuki japonais (*Vigna angularis*, photo), le mungo chinois (*Vigna radiata*)… d'origine indienne dont les germes sont dits « de soja », et le haricot 'Kilomètre', (*Vigna sesquipedalis*) grimpant spectaculaire aux fines gousses d'1 m. Tous sont exquis en vert, exquis en grains. Tous aiment la chaleur des jardins bien ensoleillés. Ils y sont même plus résistants que nos haricots habituels que la canicule accable. Les gastronomes africains et réunionnais dégustent volontiers leur jeune feuillage mêlé de celui de l'amarante en sauces-feuilles, sauces-brèdes et autres lalos endiablés de bœuf ou de poisson pimenté.

- Quantité pour 2 personnes : 5 m en 2 séries espacées d'1 mois.
- Semis en mai-juin en sol bien réchauffé (température minimale 16 °C) à raison d'un grain tous les 15 cm. Germination

en 5-7 jours. Butter les plants hauts de 10 cm, ramer les grimpants, pailler.

- Du semis à la récolte : 2 à 3 mois.
- Arrosage hebdomadaire sous le paillage, 10 l/5 m.
- Récolte hebdomadaire pour le haricot kilomètre, en grains demi-secs ou secs pour le mungo et niébé. Récolte 300 g (sec)- 1 kg (vert)/m.
- Garder des semences : facile, on laisse un beau plant intact monter en graine et sécher. Ranger les semences au congélateur 15 jours pour détruire le charançon, puis au frais et au sec. Conservation : 2-3 ans.

ÉCHALOTE, LILIACÉE ⊘

Allium ascalonicum
Le cultivateur d'échalotes est parfois très sectaire : certains ne jurent que par la grise, hélas, un privilège réservé aux jardins bien drainés. Elle ne se conserve que jusqu'en décembre. Dans le Nord et l'Est, on aime la ronde, et de préférence la blonde 'Golden Gourmet', la bien nommée, la plus sucrée (les rondes roses type 'Mikor' sont un peu fortes en gueule). Toutes les rondes se conservent 1 an et plus. Elles réussissent partout, y compris dans les sols lourds. Comme les classiques échalotes roses et oblongues, 'Jermor' et 'Longor', fines et juteuses, à conserver jusqu'en mars.

- Quantité pour 2 personnes : 35 m.
- Plantation en février, à 20 cm d'intervalle, sur la crête de billons formés par des sillons tracés l'un contre l'autre. Prévoir au moins un sarclage en avril, par beau temps sec. Puis répandre un paillis léger d'orties bien en feuilles.
- De la plantation à la récolte : 3 mois. La récolte commence en mai, par l'éclaircissage de pousses serrées au centre des touffes pour dégustation en primeur. Elle se poursuit jusqu'à l'arrachage en juillet-août, des bulbes bien secs.
- Arrosage déconseillé, sauf en cas de printemps très sec.
- Récolte : 500-700 g/m.
- Garder des semences : les caïeux minuscules ou germés donnent de magnifiques récoltes. Donc on peut économiser l'achat de bulbes pas donnés et pas toujours sains bien que certifiés.

Problèmes et solutions : la mineuse du poireau s'attaque désormais à l'échalote et elle peut anéantir une récolte prometteuse dès avril. Seule précaution efficace : tendre un voile anti-insectes sur la plantation. Cher et contraignant.
Les années pluvieuses, attention à la pourriture, la grise y est particulièrement sensible. L'éclaircissage des bulbes et leur sarclage régulier évitent ce malheur sans remède.

ÉPINARD, AMARANTHACÉE

Spinacia oleracea
Avec lui, c'est tout ou rien, soit on en raffole, soit, traumatisé par les souvenirs de cantine, on n'en veut pas. Donc consulter votre famille avant de vous lancer dans ce semis magnifique en sol frais voire lourd, souvent minable ailleurs. Au printemps, il monte souvent en graine avant d'avoir délivré 3 feuilles comestibles car, tout à coup, il fait chaud. Les meilleures variétés : 'Matador', le moins prompt à monter en graine au printemps, et

'Monstrueux de Viroflay' pour l'automne.

- Quantité pour 2 personnes : 5 m par série, 2 séries espacées de 7 mois.
- Semis en septembre, de préférence après une bonne pluie. Germination en 10 jours. Éclaircissage des plants tous les 10 cm et repiquage immédiat de ceux en surnombre. Puis arrosage dopant avec 10 % d'extrait d'ortie pour une croissance sans défaillance, l'atout numéro 1 d'une récolte d'épinards opulents, petite en octobre-novembre, magnifique en mars-avril.
- Le semis de mars est plus hasardeux. Si le printemps est sec, la récolte est minable, malgré les arrosages.
- Du semis à la récolte : 2 mois.
- Arrosage hebdomadaire obligatoire par temps sec, 10 l/5 m, additionnés de 10 % d'extrait d'ortie.
- Récolte hebdomadaire, feuille à feuille, 100 g/plant/semaine.
- Garder des semences : laisser monter en graine 2-3 beaux plants semés en automne.

Problèmes et solutions : le paillage aux algues semble un bon préventif, à tester en zone côtière. Le mildiou le jaunit, le poudre de mauve au verso des feuilles. À stopper par une tonte générale suivie d'une pulvérisation à la bouillie bordelaise. Rien à faire en revanche contre la mosaïque qui tache le feuillage de jaune, sinon arracher, brûler et ne pas remettre d'épinards à cet endroit avant 5 ans.

ESTRAGON, ASTÉRACÉE

Artemisia dracunculus

Indispensable aux amateurs de sauce béarnaise, il faut parfois le changer plusieurs fois de place pour qu'il prenne enfin son essor.

Vivace mais gélif, surtout en sol humide, c'est contre un mur plein sud, les racines dans la rocaille qu'il s'élance en buisson haut de 50 cm. Attention, le feuillage du véritable estragon est bien lisse avec une saveur anisée caractéristique, qui le distingue nettement de l'estragon de Russie, au feuillage plus mat, sans saveur. À retenir, car ce dernier, bien plus facile à multiplier, bien plus luxuriant, est souvent vendu à la place de l'estragon des gourmets.

- Quantité pour 2 personnes : 1 plant.
- Plantation au printemps dans 1 poignée de compost en sol drainé, à l'abri du froid, en plein soleil. Après un arrosage copieux, répandre des pierres autour du plant.
- De la plantation à la récolte : c'est immédiat avec la première taille suivant la plantation pour qu'il se ramifie.
- Arrosage copieux à la plantation, sporadique une fois installé, il déteste l'humidité.

- Récolte brin à brin au sécateur. Il n'est bon que frais.
- Multiplier en le bouturant en plein été, en pots sous cloche.

FENOUIL, APIACÉE ⊘

Foeniculum vulgare
Motivé ? Car en voici encore un capricieux. Pour ma part, je vous conseille le fenouil vivace, celui qui galope sur les talus secs et le long des routes sans rien demander à personne. Certes ses pousses sont fluettes, pas le genre à vous faire du fenouil craquant-joufflu, mais la récolte est sûre, et permanente du premier printemps aux gelées. Il a bien un défaut, il se ressème beaucoup et loin. Sauf si, aimant le fin anis de ses graines vertes, vous les récoltez au fur et à mesure à partir d'août. Agréablement efficaces en infusions digestives, elles sont aussi délicieuses en court-bouillon. Ceci pour le vivace. Mais on le trouve où ? Eh bien, on en vole un petit dans la campagne en mars-avril, car le commerce l'ignore. Pour l'annuel, c'est autre chose. On cultive d'une main attentive des variétés différentes selon la région. Pour récolter ces dodus fenouils craquants et tendres qui sont l'un des délices de la cuisine algérienne, suivez bien le guide !

- Quantité pour 2 personnes : 5 m.
- Semis en mai-juin dans le Sud de 'Doux précoce d'été', 'Doux de Florence'. Germination en 20 jours. Éclaircir tous les 20 cm, puis butter, puis pailler. Et récolter sitôt les « bulbes » bien arrondis, sinon il monte en graine. Ailleurs, semis en juillet-août de 'Tardivo di Sarno' ou 'Fino'. Même programme, en accéléré car il peut geler pile au moment où il avait tourné bien rond.
- Du semis à la récolte : 2-3 mois.
- Arrosage hebdomadaire copieux sous le paillage sous peine de montaison prématurée et conséquemment de fenouil fibreux.
- Récolte échelonnée s'il le veut bien, si vous n'aimez pas gaspiller, vous risquez la « quinzaine fenouil » ! 100-300 g/plant.
- Garder des semences : pas la peine avec l'annuel, il faudrait le garder 1 an de plus. La plantation du vivace réussit à 100 %.

FÈVE, FABACÉE ⊘

Vicia faba
Savourer des fèves sitôt cueillies, si menues qu'elles fondent dans la bouche, voilà un plaisir de jardinier ! 'De Séville' est moins grosse et plus précoce que 'Aguadulce'. À noter, la féverolle que votre voisin sème dans ses champs pour l'hiver est aussi très savoureuse et très productive ! La floraison des fèves embaume le jardin.

- Quantité pour 2 personnes : 5 m en 2 ou 3 séries.
- Semis en novembre en climat doux

pour récolter en mai. En février-mars pour récolter en juin-juillet. Germination en 15-20 jours. Semez radin : pas plus d'un grain tous les 15 cm dans un sillon tracé dans la terre bien meuble.

- Du semis à la récolte : 4 à 5 mois.
- Arrosage seulement si le printemps est sec, au pied des plants, 10 l/5 m.
- Récolte dès la formation des grains sur plus de 2 mois, jusqu'à la maturation des gousses. 100-500 g/plant
- Garder des semences : très facile, en mettant de côté les plus belles gousses séchées. Les ranger 15 jours au congélateur pour tuer les charançons. Conservation : 2-3 ans.

Problèmes et solutions : pincer la pointe des tiges dès que les pucerons noirs les envahissent, puis pulvériser copieusement de l'eau savonneuse (1 cuiller à soupe de savon par litre d'eau).
Butter les plants sur 15-20 cm, puis les enserrer entre 2 rangs de ruban pour les empêcher de verser au premier coup de vent.

FRAISIER, ROSACÉE

À la fois vorace et tenace, le fraisier réussit très bien sous les arbres fruitiers, si on le désherbe et lui apporte chaque printemps sa dose de compost. On le paillera aussitôt. Les meilleures variétés sont tendres et douces comme 'Surprise des Halles', 'Cambridge Favorite', des printanières devenues rares. Les remontantes les meilleures, 'Mara des bois', 'Charlotte', 'Ciflorette', ne durent guère plus de 2 ans. Attention, le fraisier 'Capron' est un envahisseur peu généreux en fruits au goût framboisé.

- Quantité pour 2 personnes : à volonté !
- Plantation en juillet en climat rude, en septembre ailleurs pour une première récolte au printemps. Prélever des stolons enracinés, tous les 2-3 ans, les praliner, les planter en poquets garnis de compost à 30 cm d'intervalle, sur un seul rang pour contrôler l'expansion de cet envahisseur décidé. Attention à ne pas enterrer la base des tiges, juste les racines. Gaver d'eau à la plantation, vérifier le niveau du terreau, pailler copieusement.
- De la plantation à la récolte : 8 mois, mais c'est pour au moins 2 ans.
- Arrosage hebdomadaire (1 l/m^2) additionné de 10 % d'extrait d'ortie par temps sec.
- Récolte tous les jours, le matin de préférence, 100-300 g/plant.

- Garder des plants : très facile, en recueillant des stolons racinés autour des fraisiers en fin d'été. Cela les soulage, et c'est gratuit. Récolter des graines, sur les fraises, n'est intéressant que pour le créateur de nouvelles variétés.

Problèmes et solutions : la rouille et la pourriture des fruits. Pour les stopper, voir Céleri p. 115.

HARICOTS, LÉGUMINEUSE

Phaseolus vulgaris

Les meilleurs haricots verts ont un goût naturellement beurré et restent tendres, sans fils, même chez le jardinier distrait. Parmi les nains, c'est le cas de 'Pongo', exceptionnel avec une récolte s'échelonnant sur plus de 2 mois, remarquablement résistant à la canicule. Et aussi 'Aramis', 'Oxinel', 'Totem', tous à récolter sur environ 1 mois et demi. 'Cupidon', en revanche, est bon mais groupé. Avis aux vacanciers conservateurs !

La récolte des mangetouts grimpants est toujours échelonnée. Elle survient au moins 15 jours plus tard que celle des nains (ils doivent d'abord pousser), enfin, normalement ! Mes préférés : 'Phénomène', inratable, surtout bon en vert ; 'Signora della Campagna' (photo), aux grandes gousses plates jaspées de noir, fondantes ; 'Crochet de Savoie', l'un des meilleurs haricots verts, excellent en demi-sec, bon en sec. Mais pas autant que le 'Maïs', le meilleur des demi-secs et des secs. En fait il s'agit du 'Tarbais' qui a changé de nom suite à son accaparement par une appellation. Quant au 'Michelet', un demi-nain (70 cm), c'est le chouchou des amateurs de mojhettes, surtout en demi-sec, c'est dire s'il est bon, et en plus il se passe d'arrosage !

- Quantité pour 2 personnes : 5 m par série, 3-4 séries espacées d'1 mois.
- Semis en terre tiède (16 °C) en mai-juin (on peut avancer d'1 mois en préchauffant durant 15 jours avec un voile de forçage qu'on laissera jusqu'à fin juin). À raison d'1 grain tous les 15 cm (plus on sème radin, plus le haricot est productif). Germination en 5 jours. Les haricots blancs sont plus sensibles au froid que les bruns et noirs, donc, commencer par exemple par 'Pongo'. Butter quand les plants atteignent 10 cm, pailler copieusement. Renouveler le semis toutes les 5 semaines jusqu'à mi-juillet. Attention, autour de 30 °C, les graines germent mal et les fleurs coulent.

À noter, l'association des haricots à rames avec du maïs marche à merveille à condition de choisir une variété qui ne verse pas au premier coup de vent, et d'attendre qu'il atteigne 50 cm pour semer les haricots. On sèmera alors le maïs à 30 cm d'écart pour faire place à des trios de haricots. Pour que le maïs remplace complètement les rames, faire 2 rangs en quinconce. S'il s'agit de haricots grains que vous récolterez en 1 ou 2 fois, vous pouvez ajouter des courges à 1 m du rang.

Un cas à part, le haricot d'Espagne, grimpant, surtout cultivé pour la beauté de ses fleurs vermillon, sauf dans l'Est où on le déguste volontiers, en vert ou en grain. Plus à l'aise en climat frais que les haricots classiques, on peut le semer plus tôt quand le sol est à 10 °C. Vivace, certains le plantent en pots enterrés qu'ils rentrent pour l'hiver, ce qui hâte la récolte en seconde saison.

- Du semis à la récolte : 2 mois (haricots verts) à 4 mois (haricots secs).
- Arrosage hebdomadaire au pied des plants (10 l/5 m) sous le paillis.
- Récolte hebdomadaire, tôt le matin, avant la chaleur. Changer de sens à chaque cueillette pour ne rien oublier. Verts : 100-300 g/m/semaine. Grains : 200-500 g/m.
- Garder des semences : facile ! Sélectionner 2 beaux plants en bout de rang et ne rien cueillir jusqu'à maturité complète. Récolter bien sec et ranger à l'abri des souris après un passage de 15 jours au congélateur. Conservation : 2-3 ans.

Problèmes et solutions : la mouche peut faire disparaître les premiers semis, on l'évite en semant sous voile de forçage jusqu'en juin. Le charançon, lui, mine les haricots secs, mais un séjour de 15 jours dans un congélateur le tue.

HYSOPE, LABIÉE ⊘

Hyssopus officinalis

Sa haute saveur balsamique fait merveille avec les rôtis d'agneau ou de porc, chez les connaisseurs, car elle est curieusement méconnue. On l'aime aussi pour sa floraison bleu roi, en juin. Toutefois, certains préfèrent la rose et la blanche. Elles sont souvent beaucoup moins vivaces que la bleue lumineuse.

- Quantité pour 2 personnes : 1 plant.
- Semis en avril en pépinière. Germination en 10 jours. Plantation en sol drainé, même pauvre, en plein soleil, au printemps ou en septembre, de préférence en bordure avec du thym ou de la sarriette.
- Du semis à la récolte : 6 mois.
- Arrosage jusqu'à la reprise des plants, ensuite il est déconseillé. Cette vivace tenace dans un sol parfaitement drainé meurt souvent à la suite d'une période trop pluvieuse.
- Récolte au sécateur des jeunes pousses d'avril à septembre. Celles cueillies avant floraison se conservent 1 an, séchées.
- Garder des semences est sans intérêt, mieux vaut la bouturer ou en diviser la souche au printemps.

LAITUE, ASTÉRACÉE

Lactuca sativa
Si on en veut tout le temps, il faut en semer souvent : tous les mois de février à juin, puis en septembre 2 semis en même temps, l'un de laitue dite d'hiver – pour le printemps – l'autre de laitue à couper ou de précoce pour l'automne. Vous suivez ? Pas sûr ! Et normal, la description des laitues est souvent imprécise. Un vrai mystère que même les jardiniers rodés, bousculés par les sautes d'humeur du climat, n'élucident pas toujours. En clair :

1

2

3

4

- Quantité pour 2 personnes : 25 par série, 7 séries espacées d'1 mois environ.
- Semis en pépinière en février de 'Blonde de Doulon', 'Gotte' et 'Reine de mai' (1). Germination en 4-8 jours. Plantation à mi-ombre tous les 20 cm 1 mois plus tard. Arrosage, paillage. Récolte avril-mai.

  Semis en mars directement en pleine terre de 'Grosse blonde paresseuse', 'Bon jardinier' (une des meilleures pommées !), 'Appia', batavia 'Dorée de printemps' (un sucre !) et, pour grande famille, 'Romaine ballon' (format ballon de rugby en plus tendre). Éclaircissage à 20 cm, transplantation des semis en surnombre pour prolonger la récolte de 15 jours, arrosage copieux au pied de chacune, puis paillage pour récolter en mai-juin.

  Semis en avril, mai et juin, direct en pleine terre, de 'Chou de Naples', 'Craquerelle du Midi', 'Kagraner Sommer', 'Merveille de Verano' (2), 'Romaine ballon', 'Romaine des melons', 'Sucrine'. Puis éclaircissage (pas de repiquage s'il fait chaud), pour récolter de juillet à septembre. Si tout va bien (pas de canicule).
- À noter : en juillet, on peut tenter un semis direct de 'Cressonnette du Maroc' (4), ou de 'Merveille de Verano' que l'on se contentera d'éclaircir car, quand il fait chaud, les plants reprennent mal. Ombrer la plate-bande pour maintenir la récolte de laitues bien tendres.
- Semis fin août-septembre de 'Bon jardinier', 'Appia', 'Dorée de printemps', pour récolter en octobre-novembre,

et, pour récolter en mars-avril l'année suivante des laitues dites d'hiver, 'Hâtive Erstling', la plus précoce des délicieuses, 'Passion blonde' et 'brune', 'De Verrières' (excellente), 'Romaine rouge d'hiver' (3) (pas la meilleure, mais inratable et énorme).

- Ce choix panachant laitues pommées, batavias et romaines vous paraît bien compliqué à orchestrer ?
  Semez tous les mois de février à septembre, direct en pleine terre de la 'Radichetta', dite 'Cressonnette du Maroc', une délicieuse laitue à récolter feuille à feuille, aussi résistante au chaud qu'au froid.
  Contentez-vous de l'éclaircir à partir de juin. Si vous en laissez quelques-unes monter en graine, elle se ressème toute seule et dans ce cas donne de très jolies salades, quelle que soit la météo.
- Du semis à la récolte : 2 mois à la belle saison, 7 mois pour les laitues passant l'hiver.
- Arrosage : 2 fois par semaine par temps sec (2 l/m), sinon, hebdomadaire, de préférence en douche.
- Récolte en général sur 5-6 semaines, mais limaces et sautes d'humeur de la météo peuvent anéantir cette ambition.
- Garder des semences : le tri des graines étant fastidieux le plus simple c'est de laisser monter en graine 2 ou 3 belles laitues que l'on laisse se ressemer toutes seules, ce qu'elles font en général très bien.

Problèmes et solutions : le principal souci, c'est la pourriture des laitues pommées et des batavias les plus tendres, à surveiller en culture abritée-confinée, plus rarement par temps très humide. Ne pas recultiver de laitue à cet endroit.

LAVANDE, LABIÉE ⊘

Lavandula sp.

Cette vivace des sols secs réussit aussi en terrain frais bien drainé, au soleil. La lavande papillon (*L. spicata*) aux toupets couronnant de gros épis de tous les mauves, à la senteur camphrée, attire beaucoup d'abeilles sauvages. Le lavandin bleu foncé, bien nommé 'Grosso', ponctue le jardin de ses grosses boules vert vif, à la senteur brute. Au fil des ans, la lavande fine (*L. officinalis*) se hausse à hauteur du romarin, en buisson noueux, mais de moins en moins généreux en épis bleu tendre subtilement et fortement parfumés. On l'utilise de plus en plus en cuisine, notamment dans les desserts.

- Quantité pour 2 personnes : à volonté !
- Plantation au printemps en climat rude ; en automne en climat doux, en sol drainé, bien ensoleillé à 50 cm d'intervalle.
- De la plantation à la récolte : 2 mois.
- Arrosage des jeunes plants et boutures, sinon rien !

- Récolte brin à brin, au sécateur.
- On bouture facilement de jeunes pousses ligneuses durant toute la belle saison, dans des pots de terre cuite emplis de terreau sableux et enterrés. Tailler les plants défleuris les maintient compacts.

LIVÈCHE, APIACÉE

Levisticum officinale

Dans l'Est, on la surnomme « maggi », ce qui résume bien sa saveur rustique, mais ne révèle pas son besoin d'une terre profonde et humide. Brassée d'un vert triomphant à la belle saison, l'automne le réduit à une misère sans jamais le tuer. Ce vivace s'arrondit d'année en année sans jamais devenir envahissant ni nécessiter de renouvellement. En revanche, c'est mieux de couper ses fleurs dès leur apparition en mai-juin, il reste vert plus longtemps.

- Quantité pour 2 personnes : 1 plant.
- Plantation : au printemps ou en automne en poquet garni de compost.
- De la plantation à la récolte : 6 mois.
- Arrosage copieux et régulier du jeune plant jusqu'au démarrage de nouvelles pousses. Ensuite, plus rien.
- Récolte : tige à tige du printemps à l'automne.

MÂCHE, VALÉRIANÉE

Valerianella locusta

Surtout ne faites rien ! La mâche aime les sols tassés, ensoleillés et pauvres. L'une des meilleures, la mâche 'À grosse graine' est indigène des vignes et des landes et s'invite volontiers dans les cours et allées ensoleillées. 'Verte à cœur plein', 'Verte de Cambrai', 'Vit' sont aussi excellentes. La mâche 'd'Italie' en revanche a peu de goût et la 'Coquille de Louviers' est vraiment pénible à laver.

- Quantité pour 2 personnes : 10 m.
- Semis direct en septembre-octobre sur un sol ferme. Un coup de râteau, un coup de planche, un léger-léger paillis et c'est fini. Ensuite, c'est soit l'abondance, soit la misère. Parfois elle ne germe que l'année suivante.
- Du semis à la récolte : 2-4 mois.
- Pas d'arrosage.
- Récolte de décembre à mars, à mesure que les rosettes s'arrondissent.

- Garder des semences : facile, laissez-la fleurir en bleu pâle ravissant, puis monter en graine et se ressemer toute seule. Le tri des semences étant vraiment galère, autant la laisser faire.

Conservation : 3 ans. La graine de 2 ans serait la meilleure d'après les maraîchers d'antan. D'ailleurs, souvent, un semis apparemment raté lève l'année suivante.

MAÏS, GRAMINÉE

Zea mays

Ce géant (2 m et plus) est sans pareil pour donner du relief à un jardin, en compagnie du tournesol ou de haricots à rames. 'Golden Bantam' est le plus populaire bien que sa récolte à point nommé requière une vigilance quotidienne si l'on ne veut pas s'y casser les dents. 'Stowell's Evergreen' plus tardif, reste sucré et tendre une dizaine de jours. Selon les années, c'est l'abondance ou la misère, mieux vaut le semer à la mi-mai qu'en avril car le maïs doit grandir sans coup de froid. Les variétés à pop-corn sont décevantes. À noter : Agrobio Périgord propose à ses adhérents de tester d'excellentes variétés. Avis aux fans de pain doré et de tortillas !

- Quantité pour 2 personnes : 10 m.
- Semis en sol tiède (16 °C) fin avril-mai par 2 grains dans des poquets de compost espacés de 20 cm (30 si l'on souhaite intercaler des haricots). Ne garder que le plus beau plant, butter les plants hauts de 20 cm, puis pailler copieusement. Planter de préférence en carré de 3-4 rangs pour favoriser la pollinisation.
- Du semis à la récolte : 7 mois.
- Arrosage hebdomadaire en cas de sécheresse (20 l/10 m).
- Récolte à mesure que les épis mûrissent en octobre. 1 épi/plant, parfois 2.
- Garder des semences : difficile sans protection car le maïs se croise avec toutes les cultures à 1 km à la ronde !

Problèmes et solutions : le charbon, un champignon gris, submerge parfois les épis en formation. Ici on s'en horrifie, les Mexicains s'en délectent. Éliminer les épis endommagés et les brûler, ne pas recultiver de maïs au même endroit pendant 5 ans en cas d'attaque.

MÉLISSE, LABIÉE ⊘

Melissa officinalis

- Quantité pour 2 personnes : 1 plant… à vos risques et périls car cette vivace aromatique brutalement citronnée est très envahissante. Ne la laissez surtout pas grainer car vous en auriez partout.
- Plantation au printemps ou en septembre, en sol frais, ensoleillé ou pas. À tester en climat sec : la culture en trous de 40 cm de profondeur, garnis de compost, puis paillés à mesure que le plant se développe. À démarrer sous tunnel jusqu'en juin, pour stimuler la croissance qui doit être éclair.
- Du semis à la récolte : 3 mois au printemps.
- Arrosage régulier jusqu'à la reprise, ensuite inutile.
- Récolte des pousses en boutons, au sécateur, pour les sécher en clayettes puis les conserver 1 an au sec dans l'obscurité.

- Garder des semences est inutile sauf si vous l'aimez à la folie. Elle se propage très bien par éclats de souches.

MELON ET PASTÈQUE, CUCURBITACÉES

Cucumis melo et *Citrullus vulgaris*

Ensemble car cousins et de culture identiquement capricieuse. Ce n'est pas parce que c'est bien rond que c'est bon ! Il leur faut un jardin bien ensoleillé et un sol plutôt frais, consistant. Pour une fois, voici une méthode de culture sous plastique qui augmente les chances d'obtenir de bons fruits en fin d'été. Cela dit, en cas de grosses chaleurs annoncées, on peut sans doute se passer du plastique !

- Quantité pour 2 personnes : 4 plants
- Semis, 2 possibilités :
  - semer à la maison, à la mi-avril, les melons 'Petit Gris de Rennes', 'Ogen', 'Ananas d'Amérique', la pastèque 'Lune-étoiles', un petit format (1 kg) ou 'À confire'. Germination en 8 jours. Au même moment, préparer des poquets garnis d'1 pelletée de compost tous les mètres et les couvrir de plastique transparent bordé à plat. Quand les gelées ne sont plus à craindre, installer les plants dans des fentes pratiquées dans le plastique au-dessus des poquets.
  - en climat ensoleillé, semer direct 3 graines dans des poquets emplis de compost et espacés d'1 m

en avril. Bâcher sous un plastique transparent plaqué au sol. Fendre la bâche dès l'apparition des feuilles et ne garder que le plus beau plant de chaque groupe. Quand les fruits sont gros comme une noix, tailler la tige juste au-dessus de la feuille les coiffant, pour les hâter. Si la canicule menace, entourer les plants de paillis (il faut que ça chauffe, mais pas que ça brûle).

- Du semis à la récolte : 4-5 mois.
- Arrosage : modéré, seulement en cas de grosse chaleur, 5 l/plant, sinon les fruits sont fades.
- Récolte : quand le pourtour du pédoncule du melon fendille, quand il paraît lourd dans la main, embaume et commence à jaunir, il est mûr. La pastèque à point sonne creux quand on la tapote de l'index, son pédoncule devenu brun est entouré d'une petite boucle beige. Les deux sont à consommer sans tarder. Avec de la chance : 3/5 fruits/plant.
- Garder des semences : très simple ! On les prélève sur les meilleurs fruits.

Problèmes et solutions : l'oïdium attaque les plants en fin d'été, on peut le retarder en pulvérisant du lait écrémé dilué à 10 % dès les premiers symptômes, mais pas l'empêcher.

MENTHE, LABIÉE

Mentha sp.

Vu que cette invincible vivace s'étend vite et loin, attention ! On l'a vue traverser en sourdine une chape de béton de 4 m de large ! Il en existe plus de 300 variétés. Les plus populaires sont les marocaines, très aromatiques pour le thé, et les vertes, plus douces, pour la cuisine. Attention, on dirait que les menthes empêchent les jeunes rosiers de pousser. Dans les sols humides, août voit s'épanouir la pulicaire, aux verticilles couronnés de bouffettes mauves, très odorantes. Elle surgit de souches à feuillage rond quasi invisibles dans l'herbe le reste de l'année. Elle est délicieuse en infusion.

- Quantité pour 2 personnes : 1 plant.
- Plantation au printemps ou en automne, en sol frais, ombreux, soit en pots enterrés jusqu'à 5 cm de leur bord pour la contenir, soit au bord d'une pelouse pour la contrôler à la tondeuse.
- De la plantation à la récolte : c'est immédiat.
- Arrosage jusqu'à la reprise, ensuite, rien !
- Récolte au sécateur tige à tige au fur et à mesure des besoins. Pour la sécher, récolter juste avant la floraison et la conserver en boîte fermée.

- On la reproduit en détachant des pousses enracinées.

MIL, GRAMINÉE

Pennisetum glaucum
Mil, millet, sorgho ? Dur dur de les départager, même le très savant Michel Chauvet n'élucide pas leurs subtiles différences. Le mil, c'est ce délice de la cuisine africaine, indienne, et naguère française, car on le cultivait partout. Riche en vitamines, très savoureux, quasi tout-terrain, résistant à la sécheresse, après des années de dédain – pendant lesquelles il fut cultivé surtout pour nourrir les oiseaux –, on le redécouvre, car il pourrait bien, avec son cousin le sorgho, remplacer le maïs trop gourmand, amoché par les canicules. Chez Biau germe on trouve du millet décoratif et un mil 60 jours, aux splendides chandelles de tous les gris et bruns (photo ci-dessous). En vrai, ce grand et élégant (2-3 m) burkinabè prend par ici 5 mois à mûrir... si les oiseaux ne le pillent pas ! C'est aussi l'un des rares catalogues (avec Le potager d'un curieux) à proposer du sorgho à balais et du sorgho noir (photo ci-contre).

- Quantité pour 2 personnes : 50 m.
- Semis en pépinière sous abri en avril. Transplantation dans la terre tiède en mai tous les 20 cm.
- Du semis à la récolte : 5-6 mois.
- Arrosage à la plantation, jusqu'à 20 cm, puis seulement en cas de grosse sécheresse (5 l/m).
- Récolte vers la mi-septembre. À cuisiner tout de suite pour savourer ce délice exclusif : du mil frais ! Pour le décortiquer, on le pile avec un pilon clouté, dans un mortier, puis on le vanne. Conseil au gourmet : avant de le cuisiner, faites chauffer les grains à sec dans une poêle avant de le cuire à la vapeur comme au Sénégal, ou au lait, comme en Bretagne, dans le Sud-Ouest ou en Vendée.
- Garder des semences : facile, en épis, en boîte fermée, à l'abri des souris. Conservation : 2 ans.

Un problème : à partir d'août, surveiller les mésanges et chardonnerets qui en raffolent.

MOUTARDE CHINOISE, CRUCIFÈRE

Brassica juncea

Son feuillage opulent à grosses côtes tendres vous emporte les papilles lorsqu'on le déguste cru. 'Rouge métis' est un peu moins forte que 'Red Giant', un vrai wasabi en feuilles ! Sautée vite fait avec un grain de sésame, elle se calme. C'est un délice relevant canard ou cochon caramélisés. Très rustique.

- Quantité pour 2 personnes : 2 plants.
- Semis en septembre (les semis printaniers montent prématurément), direct ou en pépinière. Germination 10 jours. Éclaircissage ou transplantation à 30 cm d'intervalle.
- Du semis à la récolte : 3 mois.
- Arrosages copieux si l'automne est sec, ensuite elle se débrouille.
- Récolte feuille à feuille, 1-2 kg de novembre à mai. En avril, les tendres pousses florales sont également délicieuses.
- Garder des semences : facile, on laisse une tige monter en graine et quand elle est sèche on la bat dans un seau pour rompre les enveloppes. La graine est nette en 2 allers-retours dans un petit courant d'air. En sol frais, elle se ressème jusque dans la pelouse. Conservation : 5 ans.

NAVET, CRUCIFÈRE

Brassica rapa

- Quantité pour 2 personnes : 5 m et 2 séries en mars et septembre. Si l'on aime à la folie le navet juvénile étuvé vite fait, on en sème bien davantage de précoces comme 'Marteau', 'Milan à collet rose', 'Précoce de Croissy'.
- Semis direct en pleine terre de mars à mai, tous les mois pour récolter de mai à juillet. Germination en 8 jours. Éclaircir tous les 5 cm. En fin d'été, semis pour l'automne et l'hiver de 'De Caluire', l'un des plus fins et tendres avec 'Rave de Treignac', blanc et vert. 'De Nancy' et 'Hâtif d'Auvergne' sont très productifs, mais ils se conservent moins longtemps que 'Jaune boule d'or', musqué-sucré.
- Du semis à la récolte : 2 mois.
- Arrosage copieux jusqu'à ce que les racines tournent au printemps et jusqu'à la germination en septembre.
- Récoltes sur 2 mois au printemps, puis de l'automne au printemps suivant en climat doux. Sinon, stocker les racines en cellier avant les gelées pour consommer jusqu'en janvier. 500 g-3 kg/m. À noter, les tendres pousses en boutons sont délicieuses en mars-avril.
- Garder des semences : pas intéressant à cause des croisements avec les voisins…

Problèmes et solutions : attention à l'altise par temps sec, doucher régulièrement les semis.

NIGELLE AROMATIQUE ⊘

Nigella sativa
C'est le cumin noir jeté en pluie sur les pains du Moyen-Orient. Une saveur poivrée et fortement aromatique qui vous emplit la bouche. Sa floraison vert pâle est plus timide que celle de sa cousine damascène, et ses urnes de graines moins joufflues, c'est néanmoins une gracieuse.

- Quantité pour 2 personnes : 10 m.
- Semis en mai-juin, directement dans un sillon large pour espacer les graines d'au moins 10 cm. Germination en 10 jours. Transplanter les plants en surnombre au même intervalle, arroser copieusement, puis pailler légèrement.
- Du semis à la récolte : 4 mois.
- Arrosage régulier jusqu'à 10 cm de haut, ensuite, bien pailler.
- Récolte des graines mûres dès que les capsules sont brunes, en fin d'été.

Attention, elles s'ouvrent sitôt mûres, jetant leurs graines à tous vents.
- Garder des semences en prélevant un peu de la récolte. Conservation 3 ans.

OIGNON, LILIACÉE ⊘

Allium cepa
La bonne idée : semer des oignons blancs 'De Barletta', 'Hâtif de Vaugirard', 'Gros blanc de Rebouillon' ; le rose 'Simiane', pour croquer des oignons tendres dès mai, saison où ceux de garde sont périmés. Le plus fin parmi ceux-là, 'Doux des Cévennes', savoureux jusqu'en mars et très heureux en Bretagne. Croquants et de longue garde aussi, 'Jaune paille des vertus' et surtout 'De Mazères' savoureux jusqu'en juin l'année suivante.

- Quantité pour 2 personnes : 40 m.
- Semis en fin d'été des oignons de printemps. Germination en 20 jours. Attention, les semences bio sont beaucoup plus fiables que celles des jardineries souvent périmées. Plantation tous les 15 cm et face à face (pensez aux 2 sarclages indispensables !) en octobre-novembre en climat doux, sinon en février-mars. Mais, gare aux escargots capables de détruire ces plants qui passent l'hiver dehors. Alternative, planter des oignonets moins appétissants pour ces adversaires du jardinier. Mais, les blancs sont durs et tous sont davantage sujets à de destructives attaques de mineuses que les plants verts.
- Semer en février-mars, les oignons de garde. Plantation en avril-mai pour récolter tout l'été et stocker au sec en automne. On trouve à cette époque tout un choix de variétés à planter sur

les marchés du Sud-Ouest. Sarcler les herbes dès leur apparition, à 2 reprises, puis pailler avec des orties bien en feuilles.

- Du semis à la récolte : 4-6 mois.
- Arrosage jusqu'à l'arrondissement des bulbes des printaniers, pas utile pour ceux de garde sauf temps très sec.
- Récolte des oignons blancs avant la fin juin, ensuite ils s'échauffent, devenant immangeables. En été, rentrer les oignons secs dans une pièce fraîche et aérée, en bottes ou en clayettes à consommer jusqu'en mars-avril.
- Garder des semences : laisser monter en graine 5-6 beaux bulbes. Pour éviter les croisements, protéger les têtes florales sous un ample sachet de gaze, et les récolter sitôt sèches. Conservation : 2-3 ans.

Problèmes et solutions : la mineuse du poireau s'attaque aux bulbilles plantées au printemps. Attention aussi à la mouche qui pourrit les bulbes, particulièrement offensive à proximité des arbres. Cultiver sous voile anti-insectes est la seule précaution efficace. Les années humides, dégager les plants pour aérer le sol et ne pas pailler pour éviter la pourriture des bulbes. En terre drainée, on peut pailler les oignons avec des tiges d'ortie bien en feuilles. Elles forment un couvert léger comme du papier.

ORIGAN, LABIÉE ⊘

Origanum vulgare

Préférez le vert, plus savoureux, au doré, plus compact, plus tapissant, mais sujet à reverdir de façon irrégulière – ce qui est très moche – si on le cultive en plein soleil. Or l'origan est un aromatique vivace de cailloux et de soleil écrasant, sinon il n'a aucune saveur. Sa floraison en rugueux pompons bruns et roses est un ravissement durant tout l'été. Il se mêle joliment à l'anthémis des teinturiers et l'achillée argentée qui partagent son goût pour le sec.

- Quantité pour 2 personnes : 1 plant.
- Plantation au printemps ou en automne, en sol drainé, ensoleillé, à 50 cm de tout autre voisin.
- De la plantation à la récolte : pas de délai si le plant est gros comme le poing.
- Arrosage hebdomadaire copieux jusqu'à la reprise, ensuite, rien !
- Récolte tige par tige au sécateur. Pincer les pointes des tiges pour les empêcher de fleurir sur un plant pour en avoir toujours sous la main car il est bien meilleur frais que séché.
- On le multiplie en divisant les souches, à partir de 3 ans.

OSEILLE, POLYGONACÉE

Rumex sp.
Délicieusement acidulée au printemps (essayez-la en salade !), la 'Blonde de Belleville' devient ensuite vraiment trop acerbe. En climat doux, petit regain en septembre-octobre, hélas, souvent trop acide pour être consommé. Moins acide, l'oseille-épinard, (*R. patienta*) une géante au feuillage de 40 cm, ne se récolte qu'en avril-mai. Elle a tendance à monter en graine… sans grainer utilement, donc pensez à couper les hampes florales dès leur apparition pour garder les souches bien garnies.

- Quantité pour 2 personnes : 2 plants.
- Plantation d'éclats en février-mars ou en septembre-octobre, dans des poquets emplis de compost, espacés de 50 cm. À renouveler tous les 4-5 ans, voire plus en sol riche, profond, frais, même très argileux, et plutôt à l'ombre.
- De la plantation à la récolte : 7 mois.
- Arrosage en cas de sécheresse printanière, sinon rien.
- Récolte feuille à feuille, à la main d'avril à juin en plumant toutes les feuilles pour susciter la repousse de nouvelles bien tendres, acidulées. 300-500 g/plant.
- Garder des semences : inutile, mieux vaut diviser les souches.

PANAIS, APIACÉE

Pastinaca sativa
'Rond hâtif' est moins impressionnant que 'Demi-long de Guernesey', monstrueux dans les sols argileux bien-aimés du panais.

- Quantité pour 2 personnes : 5 m, pour un usage souvent limité aux pot-au-feu et sautés d'hiver qu'il dope de sa vigoureuse saveur. Les amateurs de potage et gratins, insensibles à ses effets gazogènes, en cultivent davantage.
- Semis en avril-mai, directement en place. Germination en 1 mois. Éclaircir tous les 10 cm.
- Du semis à la récolte : 3 mois.
- Arrosage en cas de printemps sec jusqu'à l'éclaircissage, sinon rien.

- Récolte au fur et à mesure de l'été au printemps suivant – attention, par grand soleil, elle peut causer de fulgurantes allergies.
  Certains pensent que le gel en améliore la saveur. Il peut aussi le rendre curieusement mollet-élastique façon polystyrène.
- Garder des semences : protéger 2 beaux plants prêts à fleurir pour les empêcher de se croiser avec le panais sauvage. La floraison est très attirante pour une foule d'insectes, dont beaucoup d'auxiliaires. Garder la semence en branche et la semer ainsi, elle germe mieux. Conservation : 2 ans.

PERSICAIRE RAU-RAM, POLYGONACÉE

Persicaria odorata

Sa saveur de coriandre pimentée-pétillante se déguste crue avec maints potages et mets asiatiques. Dans les sols humides, en climat doux, la plus petite bouture atteint 80 cm d'ampleur sans exiger aucun soin. Là où il gèle, il faut la cultiver en pot et l'abriter en hiver.

- Quantité pour 2 personnes : 1 plant.
- Plantation au printemps, dans 1 grosse poignée de compost, en sol le plus frais possible, à mi-ombre.
- De la plantation à la récolte : 1 mois. Plus on la taille, plus elle buissonne.
- Arrosage quasi quotidien en pot et en été ; en sol frais, rien !
- Récolte au sécateur des tiges. Les tailler avant floraison.
- La multiplier est facile, elle se marcotte sous la moindre miette de terre, et se bouture dans un verre d'eau.

PERSIL, APIACÉE

Petroselinum crispum

Du persil, il en faut toute l'année et beaucoup et du beau ! Car rien n'égale un brin de persil du jardin. Sa saveur s'affadit dans l'heure de la cueillette même s'il garde l'air vaillant au frigo, dans un verre d'eau pendant plusieurs jours. Le 'Géant d'Italie' est délicieux et prodigue en grandes côtes croquantes. En sol riche, ses racines sont aussi belles que celles de son confrère le persil dit à grosse racine, pas très généreux en feuillage crépu.

- Quantité pour 2 personnes : 2 m.
- Semis au printemps, directement en sillon large empli de terreau bien mûr, dans un sol frais et meuble, ombragé. Couvrir le semis de journal humide hâte la germination en 15 jours au lieu

d'1 mois. On peut aussi le semer en septembre, mais il ne pousse pas toujours très bien avant l'hiver et monte en graine très vite au printemps tandis que les semis de printemps ne le font que l'été suivant.

- Du semis à la récolte : 3 mois.
- Arrosage : 5 l/2 m. Jusqu'à la germination, le sol doit rester humide. En été, arrosage hebdomadaire sous une ombrière pour le maintenir en forme.
- Récolte brin à brin, au fil des besoins.
- Garder des semences est facile, il monte en graine au plus tard en plein été et mûrit avant l'hiver. Le plus simple, garder les tiges séchées dans de grands sacs en papier pour les ressemer telles quelles au printemps suivant. C'est ainsi qu'il germe le mieux. Conservation : 3 ans.

PHYSALIS, SOLANACÉE

Physalis sp.
Les plus connus sont *Physalis peruviana* et *P. pruinosa* aux cerises jaunes en cage de papier ambré, principalement acidulées, assez bonnes en confiture. Leur port est étalé, ils sont vivaces en climat doux. Il y a aussi le tomatillo (*Physalis ixocarpa*), arbustif (70 cm), aux baies grosses comme de petites tomates explosant leur cage de papier. Il est indispensable aux amateurs de salsa verde mexicaine, un délice d'été bien pimenté.

- Quantité pour 2 personnes : 2 plants.
- Semis à 20 °C, en barquette en mars-avril. Germination en 8 jours. Transplantation en poquets espacés de 80 cm, et garnis d'1 pelletée de compost, fin mai, en sol riche et ensoleillé. Bien pailler.
- Du semis à la récolte : 5 mois.
- Arrosage hebdomadaire, 10 l/plant.
- Récolte en août-septembre du tomatillo, qui peut être prolifique, à mesure qu'il mûrit ; en septembre-octobre pour les physalis. 300 g à 1 kg/plant.
- Garder des semences est facile, on conserve quelques beaux fruits pour en extraire la graine menue. Conservation : 8 ans. Les fruits tombés peuvent se ressemer à foison.

POIREAU, LILIACÉE ⊘ ET

Allium sp.

Dans les régions infestées par la mineuse, mieux vaut cultiver le vivace poireau de vigne (*A. polyanthum*), plus tardif, plus mince, mais moins attaqué que les gros annuels. Parmi eux, le plus savoureux c'est 'Jaune gros du Poitou', énorme et bien plus rustique (-10 °C) qu'on ne le dit, meilleur que les 'Géant d'Hiver', 'Monstrueux de Carentan' ou 'Bleu de Solaise'.

- Quantité pour 2 personnes : 30 m.
- Semis en pépinière de mars à mai et sous voile des gros poireaux. Germination en 1 mois. Plantation en sol profond, au plantoir pointu dans des trous garnis de compost, de plants gros comme des crayons dont on a coupé la moitié des racines et des feuilles, tous les 20 cm, pour récolter de l'automne au printemps suivant. On peut aussi planter 'Gros long d'été' et 'Jaune gros du Poitou' dès mars pour récolter en été. Plantation en juin-juillet des poireaux d'hiver, après pralinage.
- Plantation du poireau vivace en septembre-octobre, soit en bulbilles, soit en plants fins comme des ciboules, à 20 cm d'écart, de préférence en sol aride écrasé de soleil où il forme de grosses touffes de pousses grosses comme l'index de septembre à avril (photo ci-contre).
- Autre option pour les désespérés du poireau : le poirail, ou ail oriental (*A. ampeloprasum*). Un tout-terrain fabriquant d'énormes gousses de caïeux d'où surgissent des brins de 3 cm d'épaisseur en mars. Saveur rustique – c'est moins fin qu'un poireau, moins savoureux que l'ail – mais à ma connaissance rien ne l'attaque. On le cuisine au printemps, puis il fane en début d'été et l'on récupère une tête de 4-5 caïeux de 10 cm de large au pied de chaque tige sèche. Eux aussi sont comestibles, quoique pas vraiment gastronomiques. Replantée, chaque gousse formera un nouveau gros poireau au feuillage arrondi.
- Du semis à la récolte : 5 mois.
- Arrosage hebdomadaire du semis, jusqu'à la reprise des plants.
- Récolte d'abord feuille à feuille, puis par arrachage au fil des besoins. Couper le vivace à ras de terre d'octobre à mai. 1-2 kg/m.
- Garder des semences : laisser monter 2 ou 3 beaux poireaux en graine. Protéger les têtes sitôt formées sous d'amples sachets de gaze. Les garder intactes dans un vase à la maison. Longévité : 2-3 ans.

Problèmes et solutions : la mineuse incruste ses grains bruns, des pupes en attente de métamorphose, dans le cœur des poireaux, faisant éclater leur feuillage. Elle pond en mars-avril, puis en septembre-octobre. Il faudrait les cultiver sous voile de la germination à la fin octobre pour s'en prémunir, car rien d'autre n'est efficace. En revanche, couper les plants endommagés au ras du sol permet souvent de sauver la récolte. Pour agir le plus tôt possible, mirer régulièrement les feuilles à contre-jour pour repérer les stries tracées par l'insecte en route vers le cœur des plants pour y pondre. Couper à ras les plants endommagés, puis les arroser avec 10 % d'extrait d'ortie pour relancer la pousse.

La mouche du poireau pond des vers dans leur fût, aussi en plusieurs générations, la pire étant l'estivale, Bref, mieux vaut cultiver les poireaux sous filet anti-insecte, mais c'est cher et peu pratique.

POIS, LÉGUMINEUSE

Pisum sp.
Pour se régaler, apprenons le vocabulaire exquis du petit pois jardinier : pois rond, le plus rustique mais souvent moins sucré, sauf 'Caractacus', que le pois ridé, dont l'emblème reste le 'Merveille de Kelvedon'. Il y a encore le pois gourmand, dit mangetout car on mange aussi la gousse extra-tendre – 'Bamby', vert doré, ou 'Norli' – et le pois croquant super-sucré, à la gousse encore tendre quand le grain est bien rond comme 'Sugar bon', 'Oregon Snap Sugar' (chez Lidl !).
Problème du cultivateur de pois citadin : trouver des rames pour les soutenir, car même les nains gagnent à être ramés. Parlez-en au voisin qui taille sa haie ou avec les cantonniers, ils vous donneront tout ce qu'il faut.

- Quantité pour 2 personnes : 3 ou 4 séries de 5 m.
- Semis, en climat doux, direct en pleine terre en novembre de 'Caractacus', pour récolter en mai, pile synchro avec les oignons et échalotes, carottes, laitues et navets primeurs, pour des mets mémorables. Germination en 10-15 jours. Ailleurs, on attendra février pour semer le meilleur des rustiques, 'Caractacus' (La boîte à graines).

- À partir de mars, on sème les mange-touts et les pois ridés, par séries espacées d'1 mois jusqu'en avril. Pas plus tard, car la chaleur les abîme. Germination en 4 à 15 jours.
- En mai, on sème le pois-chiche, un luxe de jardinier ensoleillé car contrairement aux autres il veut de la chaleur. Son nom vous prévient, c'est 2 grains par gousse gentiment velue. Cuisiné vert et tendre, c'est un pur délice de la cuisine niçoise. Semez 20 m pour régaler 2 convives !
- En climat frais pourvu d'un bel automne, on peut tenter un semis en août pour récolter à l'automne, mais ce n'est pas gagné.
- Semez radin : un grain tous les 5 cm, vous aurez des plants plus gaillards.
- Buttez les plants hauts de 10 cm, après un bon arrosage, puis ramez-les avec des branchettes solides de 1,50 m.
- Du semis à la récolte : 3 mois au printemps et en été ; 6 en automne.
- Arrosage copieux en cas de sécheresse printanière, sinon 10 l/5 m hebdomadaires.
- Récolte tous les 2-3 jours des gousses à peine gonflées de grains fondants. 500 g-1 kg/m en 4 à 5 fois.
- Garder des semences : laisser mûrir 2-3 plants en bout de rang. Garder les grains au congélateur pour les préserver du charançon, particulièrement offensif chez les pois. Conservation 3-4 ans.

Problèmes et solutions : l'oïdium ne survient qu'en cas de culture à récolter en juillet. Arrosez le dernier semis d'avril pour empêcher cette calamité qui stoppe la récolte, sans vrai remède.
Certaines années le charançon perce les pois encore verts, dans ce cas les cueillir extra-fins.

POIVRON ET PIMENT, SOLANACÉE

Capsicum sp.

- Quantité pour 2 personnes : 8 plants
- Deux catégories dans la famille piment :
  - Les doux, dits poivrons. À choisir charnus pour les éplucher facilement, sinon ils peuvent être indigestes. Par ordre de récolte, de juillet à novembre : 'Cubanelle' et 'California Wonder' ; 'Sweet Heart', en cœur très charnu, à partir de mi-août.
  - Les piquants, plus ou moins incendiaires. Par ordre croissant de méchanceté : deux doux, 'Rocotillo' (photo ci-contre – vivace, 1 m) et 'Végétarien' (frileux et fruité comme un africain, à cultiver en serre) ; 'Padron' (vivace, 1 m) et 'Espelette', parfois piquants ; 'Bonda Man Jacques' et autres 'Toupie', furieusement fruités, très jolis, mais à cultiver en serre. Hélas, malgré ces soins, la récolte n'est pas toujours au rendez-vous. 'Rocotillo' et 'Padron' sont bien plus

généreux. Tous ces piments sont des vivaces donnant 3 ans de suite si on les abrite du gel.

Semis en barquettes à 20 °C début mars. Germination en 4-5 jours. Repiquage en godet, toujours à 20 °C dès l'apparition des cotylédons. Au même moment, au jardin, préparation du terrain : un poquet tous les 50 cm, garni d'une pelletée de compost, bâché sous voile de forçage pour préchauffage avant plantation définitive, vers la mi-mai.

À tester en climat sec : la plantation en trous de 40 cm de profondeur, garnis de compost, puis paillés à mesure que le plant se développe. Pour stimuler la croissance qui doit être éclair, retirer 2 fois de suite leurs 2 feuilles de base et le premier fruit. Garder les plants sous tunnel jusqu'à la fin juin. Si on les abrite en septembre, les poivrons mûrissent jusqu'aux gelées.

En climat frais, une formule qui marche bien avec les piments : on les plante dans de grands pots de 30 cm garnis de compost, enterrés à ras bord au jardin. En septembre, on aligne les pots devant une façade ensoleillée, avant de les rentrer dans une pièce claire, devant une fenêtre ou en serre. Ainsi on récoltera des fruits mûrs au fur et à mesure, jusqu'en mars, sur ces jolis arbustes atteignant 1 m voire plus ('Rocotillo' : 2 m en serre !). À condition de les arroser régulièrement, car ils sont très assoiffés. On les taillera court en avril, avant de les fertiliser et de les sortir dans un coin abrité du jardin (de préférence contre un mur). Ce mode de culture hâte et augmente les récoltes, car la première année, on récolte rarement des fruits mûrs avant août, ensuite, les fruits mûrissent dès juillet.

En climat doux, ces piments passent bien l'hiver à l'abri d'un mur en plein sud, sous un simple auvent vitré.

- Du semis à la récolte : 5-6 mois.
- Arrosage copieux (5 l/plant) et au moins hebdomadaire, dopé avec 10 % d'extrait d'ortie 1 fois par mois.
- Récolte au fur et à mesure. Les piments bien mûrs sèchent à la cuisine en gardant leur saveur. Attention la 2e année, ils sont plus piquants que la 1re.
- Garder des semences : facile ! Et on peut le faire après dégustation, car il est conseillé de retirer les graines avec leur support avant de cuisiner (c'est la partie la plus piquante). Conservation : 5 ans.

POMME DE TERRE, SOLANACÉE

Solanum tuberosum

Les meilleures primeurs : 'Belle de Fontenay', plus facile à réussir qu'Amandine', qui veut le sol parfait de la patate nouvelle, un sable limoneux de préférence océanique. Comme on les récolte grosses comme des œufs de pigeon, le gourmet en duo a besoin de 20 m. Récoltées mûres en été, elles se conservent jusqu'en décembre. Pour la conservation jusqu'en avril : 'Bintje' reste incomparable pour les frites et les purées neigeuses, mais elle est sensible au mildiou. Donc on lui préfère souvent 'Charlotte', polyvalente. Pour les fermes de garde : 'Pompadour' (excellente amélioration de la 'Ratte'), 'Roseval', Franceline. Toutes réussissent en sol argileux et profond.

- Quantité pour 2 personnes : 20 m de précoces, 30 m de garde. Un mois avant plantation, étaler les plants sur une clayette devant la fenêtre d'une pièce non chauffée. On les plantera une fois couverts de germes trapus et foncés.
- Plantation des primeurs dès la floraison des narcisses, sous tunnel de forçage pour les déguster en mai. Celles de garde de la floraison du lilas à celle des roses, dans des poquets garnis d'une grosse poignée de compost, espacés de 40 cm. Butter sur 30 cm, plusieurs fois en recouvrant le feuillage, jusqu'à 40 cm de haut. Ainsi, en cas de gelée on sauve la culture. Le buttage augmente aussi la récolte. Pailler avec de la paille car le gazon peut faire pourrir les plants.
- De la plantation à la récolte : 2 mois pour les primeurs, 4-5 mois pour celles de garde.
- Arrosage éventuellement hebdomadaire des primeurs en cas de sécheresse printanière, 5 l/5 m. Ne pas arroser celles de garde, cela nuit à leur saveur et à leur conservation.
- Récoltes successives de mai à août, 500 g-3 kg/m. Pour prolonger la récolte des pommes de terre nouvelles : creuser délicatement autour des plants pour les extraire une à une puis, rebutter. Pour savourer celles de garde au top, faucher les fanes à la date indiquée sur les sachets. On les récolte en une seule fois, en août-septembre, après les avoir laissées sécher sur place une demi-journée, puis on les range dans des cagettes doublées de papier, au frais et au sec.
- Garder des plants : au moment de la récolte, on range ce qu'il faut de petites pommes de terre en clayettes exposées à la lumière jusqu'à ce qu'elles verdissent. Puis on les stocke dans une pièce hors-gel jusqu'au printemps.

Problèmes et solutions : le mildiou, à prévenir par des poudrages au lithothamne après chaque pluie d'orage, sur le feuillage sec. En cas de contamination, couper tout ce qui est endommagé, puis traiter à la bouillie bordelaise (25 g/l) additionnée de 20 % d'extrait de consoude (ou 3 % de jus). À renouveler tous les 3 jours en période humide.
Le doryphore : soit à recueillir à la main dès l'apparition des larves orange – pas très agréable – soit à poudrer au pyrèthre, le soir au crépuscule.

QUINOA, AMARANTHACÉE

Chenopodium quinoa
Les aficionados et les éleveurs de poules fauchés doubleront la dose pour optimiser le terrain et faire la récolte du siècle s'il est frais, profond et abrité du vent, car les grandes et splendides variétés comme 'Rainbow' (photo) versent au premier courant d'air. Les économes sèmeront le quinoa du magasin et se retrouveront avec un rase-mottes beige, beaucoup moins généreux, un modèle réduit sélectionné pour se récolter à la « moiss'bat ». Très riche en protéines et en vitamines, c'est un bon substitut des céréales pour motiver la pondeuse en hiver, l'éleveur et le poulet de grain toute l'année.

- Quantité pour 2 personnes : 10 m.
- Semis en avril, en sillon tracé dans la terre enrichie l'année précédente lorsqu'il fait au moins 10 °C. Comme elle ressemble comme une sœur à notre chénopode blanc, comme sa germination est capricieuse, beaucoup préfèrent la semer en barquette à l'abri en février-mars pour repiquer en avril à 30 cm d'intervalle et pailler aussitôt. En mai-juin, planter des tuteurs d'1 m encadrant le rang pour le cerner entre deux tours de grosse ficelle pour soutenir les plants en cas de coup de vent.
- Du semis à la récolte : 4-5 mois.
- Arrosage pas nécessaire sauf en cas de grosse sécheresse (10 l/10 m).
- Récolte en fin d'été quand les hampes ploient sous le poids des graines mûres. Les ranger telles quelles dans des clayettes à l'abri des souris ou secouer les branches dans un seau pour extraire la graine.
- Garder des semences : facile ! On garde une partie de la récolte 3 ans.

Sans autre problème que le désherbage.

RADIS, CRUCIFÈRE

Raphanus sativus
Attention, le radis rend capricieux ! Si le premier bouquet de radis roses est accueilli dans la liesse, il arrive que le reste du semis dépérisse au jardin dans l'indifférence.

- Quantité pour 2 personnes : 3 m en 3 à 5 séries.
- Semis direct en sol frais et ombragé, tous les mois, de février à avril : radis roses 'Cerise', 'Rond écarlate', 'Sora', 'Flamboyant'. De mars à mai : 'Jaune d'or ovale' (photo p. 155), 'Ostergrüss', 'Glaçon' (photo ci-contre) à croquer avec une bonne bière bien fraîche

comme dans l'Est. Semer en mélange avec de la salade à repiquer pour éclaircir les plants naturellement. Pailler copieusement le long du rang pour garder le sol frais, gage de radis croquants. En juillet, semis sous ombrière de 'Rose de Chine' pour l'automne et des gros bien piquants 'Violet de Gournay' et 'Noir gros long d'hiver'. Les éclaircir à 5 cm d'écart et bien les pailler après copieux arrosage (1 l/m).

- Du semis à la récolte : 1 mois à la belle saison, 3 mois pour les radis de garde.
- Arrosage copieux (1 l/m de mars à septembre) et hebdomadaires au moins en cas de canicule.
- Récolte : 100-500 g/m, au fur et à mesure durant 1 mois jusqu'en juin, puis à partir de septembre. En climat frais, récolte des gros radis de garde en octobre, pour les ranger en pots avec des feuilles de noyer sèches et les conserver jusqu'en mars. En climat doux, ils passent l'hiver au jardin.

- Garder des semences : laisser monter en graine les variétés les plus rares en choisissant 3-4 plants en bout de rang, sinon cela ne vaut pas la peine. Les graines ne sont pas faciles à nettoyer ! Conservation : 3 ans.

RAIFORT, CRUCIFÈRE

Armoracia rusticana

Dans l'Est, on en fait une petite choucroute de racine râpée fort savoureuse mais piquante à pleurer. Ailleurs, on ignore ce mets délicieux sur des pommes de terre à la crème fraîche vinaigrée. Au jardin, c'est une rustique et vivace brassée de grandes feuilles que l'hiver réduit à zéro. Certains utilisent son feuillage en décoction pour contrer la moniliose, utilité que je n'ai jamais, hélas, pu confirmer.

- Quantité pour 2 personnes : 1 plant.
- Plantation d'éclats de souche au printemps ou en automne dans un poquet garni d'une pelletée de compost, en sol frais, voire argileux, profond. Prévoir 50 cm d'espace pour cet imposant.
- De la plantation à la récolte : 15-18 mois.
- Arrosage copieux jusqu'à la reprise, bien pailler. Ensuite, rien !
- Récolte en novembre-décembre en arrachant les plus grosses racines. Une fois brossées énergiquement, puis râpées, on les conserve en saumure (10 g de sel/l), dans de petits bocaux.

- On le multiplie en arrachant des racines sur le pourtour des souches qui peuvent atteindre 1 m de large.

RHUBARBE, POLYGONACÉE

Rheum rhaponticum
En climat et sol profond et fertile, un bon plant peut donner 2 à 3 récoltes par an durant une vingtaine d'années. Hélas, l'acheter c'est jouer au loto : la qualité de la récolte est très variable selon la qualité des plants. Mieux vaut en prélever un éclat raciné dans un jardin ami.

- Quantité pour 2 personnes : 1 plant. En cas de gros appétit pour le crumble, on peut augmenter la dose, mais cette vivace des sols frais, riches, profonds, ombreux, occupe son mètre carré. Avis aux jardiniers en espace restreint !
- Plantation d'un éclat bien pourvu en racines prélevé chez une connaissance en septembre-octobre ou en mars-avril, dans un poquet garni de 2 pelletées de compost. Chaque printemps, pensez à lui distribuer 2 grosses pelletées de compost.
- De la plantation à la récolte : souvent rien avant mai l'année suivant la plantation.
- Arrosage copieux le premier été (10 l/plant/semaine) dont un mensuel additionné de 20 % d'extrait d'ortie entre avril et juillet. En cas de sécheresse, l'arroser copieusement.
- Récolte : tige à tige, de 3-4 cm d'épaisseur. Ne prélevez que les plus belles afin d'encourager une récolte continue. 5-6 kg/plant. Les grandes feuilles font un excellent paillage. Leur extrait à froid passe pour insectifuge, hélas, je n'ai jamais constaté cette vertu.
- Garder des semences : à éviter, car la montaison épuise les plants. Couper la hampe florale dès son apparition.

ROMARIN, LABIÉE ⊘

Rosmarinus officinalis

Ce buisson dense aux souples aiguilles odorantes se décline en maintes variétés : 'Mrs Jessopp's Upright', vert vif et dru, embaume l'encens, sa floraison est bleu vif, comme celle du romarin corse ample (1 m) et étalée, tandis que le romarin officinal fleurit en bleu pâle ou dans un rose un peu incertain. Tous sont rustiques à l'abri des courants d'air et en sol drainé.

- Quantité pour 2 personnes : 1 plant.
- Plantation au printemps, dans une poignée de compost à 50 cm d'un mur ensoleillé et de tout autre voisin, en sol drainé. Pailler le plant avec une couronne de pierres plates.
- De la plantation à la récolte : 1 mois. Plus on le taille, plus il embellit !
- Arrosage à plantation et jusqu'à l'été en cas de sécheresse, sinon rien.
- Récolte des pousses au sécateur, avant leur floraison. On peut aussi le tailler sitôt la floraison fanée.
- On les bouture tous durant la belle saison, en pots enterrés à mi-ombre. On peut aussi marcotter les branches basses sous une poignée de terre.

ROQUETTE, CRUCIFÈRE

Eruca sativa

La semer une fois, c'est en avoir pour la vie, car cette vigoureuse et rustique salade se ressème volontiers dans les jardins frais, ombragés, jusque sous les arbres. Sa floraison crème à partir de mars attire une pléiade de bourdons, bien utiles pour polliniser courgettes et concombres souvent à la peine depuis la raréfaction des abeilles. C'est aussi une bonne verdure d'hiver pour les poules, et un engrais vert sans souci.

- Quantité pour 2 personnes : 2 m.
- Semis de mars à mai, pour en déguster du printemps à l'automne, puis en septembre, pour la croquer de l'automne au printemps suivant. Germination en 10 jours. Éclaircir les plants à 20 cm d'écart, repiquer le surplus seulement par temps frais.
- Du semis à la récolte : 2 mois.
- Arrosage du semis et jeunes plants, sinon, elle se débrouille.
- Récolte feuille à feuille, pendant 2 à 5 mois ; 500 g/plant.
- Garder des semences : facile ! Fourrez les tiges pleines de gousses sèches dans un grand baquet en les tapant sur le bord. Triez dans un courant d'air. Conservation 5 ans. Jetez la paille restante là où vous voulez de la roquette, par exemple au poulailler, vous en aurez un tapis. C'est un bon engrais vert.

SALSIFIS ET SCORSONÈRE, ASTÉRACÉE

Tragopogon porrifolius et *Scorzonera hispanica*

Leurs longues racines tendres à la saveur d'asperge ne se cultivent bizarrement plus guère, pourtant, si la terre est riche et profonde, voici deux régals sans souci.

- Quantité pour 2 personnes : 10 m.
- Semis en avril-mai, directement. Germination en 10 jours. Éclaircir tous les 5 cm, puis pailler copieusement.
- Du semis à la récolte : 4 mois.
- Arrosage régulier jusqu'à la pousse des feuilles, ensuite, seulement si l'été est très sec, 10 l/10 m.
- Récolte au fur et à mesure de septembre à janvier pour le salsifis, jusqu'au printemps suivant avec la scorsonère, plus belle la 2e année. 1-3 kg/m.
- Garder des semences : protéger les fleurs en graine, sinon les oiseaux les dévorent. Conservation 3 ans.

SARRIETTE, LABIÉE ⊘

Satureja sp.

Deux versions, l'une annuelle, *S. hortensis*, la plus fortement aromatique, l'autre vivace, *S. montana*, plus subtile. Les deux calment la puissance gazogène des haricots en grains, mais il faut les utiliser modérément notamment avec les demi-secs à la saveur subtile. Les deux sont jolies en bordure à la floraison rose clair en mai-juin.

- Quantité pour 2 personnes : 1 plant.
- Semis de l'annuelle au printemps, en sol drainé et ensoleillé. Éclaircir à 20 cm et transplanter aussitôt les plants en surnombre. Plantation de la vivace contre un mur, le long d'une allée ensoleillée, dans un poquet garni de terreau à 30 cm d'écart des voisines.
- Arrosage copieux à la plantation, ensuite, si on l'entoure de pierres plates, plus rien.
- Du semis à la récolte : 3-4 mois, 2 mois avec la plantation.

- Récolte tige à tige, juste avant floraison pour les sécher.
- Garder des semences de l'annuelle est facile en laissant un plant monter en graine, puis en le secouant dans un baquet. La vivace se marcotte et se bouture à volonté tout l'été. Les boutures détachées avec un petit talon reprennent à 100 % en pépinière, à l'ombre.

SAUGE, LABIÉE ⊘

Salvia sp.

Si la plus réputée est l'officinale et ses variétés au feuillage plus ou moins large, ou empourpré, toutes les sauges sont utilisables en cuisine. Ainsi, celles aux fleurettes chatoyantes déploient toute une gamme de saveurs. Même la sauge discolore aux fleurs noires embaumant le cassis est comestible, mais elle est si frileuse qu'on la gardera en pot. Le Potager d'un curieux offre deux officinales particulièrement savoureuses, légèrement mentholées, l'une à floraison blanche, l'autre rose. Toutes les sauges se portent mieux après une taille radicale en mai, à 15 cm du sol, puis à nouveau une toilette de leurs fleurs fanées.

- Quantité pour 2 personnes : 1 plant.
- Plantation au printemps, en plein soleil et sol drainé dans une poignée de compost à 50 cm d'intervalle. Entourer les plants de pierres plates.
- De la plantation à la récolte : c'est immédiat.
- Arrosage à la plantation, ensuite plus rien.
- Récolte brin par brin, au sécateur. Séchée, la sauge officinale conserve bien sa saveur. Les autres se dégustent fraîches.
- Les bouturer est facile de juin à novembre, en pots de terre enterrés à mi-ombre.

SERPOLET, LABIÉE ⊘

Thymus serpyllum

Vu qu'en l'espace d'un été un petit plant devient large de 50 cm, puis d'1 m l'année suivante, pour relever les petits plats un seul suffit. En revanche, pour nourrir les abeilles, c'est à volonté car sa floraison rose en avril-mai ronfle sous leur assaut.

- Quantité pour 2 personnes : 1 plant.
- Plantation au printemps, d'une pousse enracinée, en sol drainé, en plein soleil, à 50 cm d'intervalle ; couvrir de pierres plates.
- De la plantation à la récolte, compter 3 mois.
- Arrosage à suivre de la plantation à la fin de l'été, ensuite plus rien.
- Récolte aux ciseaux, brin par brin. Sa saveur poivrée, subtile se perd au séchage.
- Garder des semences ? Inutile ! Il se marcotte dès qu'il touche terre et en soulevant le bord d'un plant on découvre des dizaines de pousses enracinées prêtes à transplanter.

SHIZO OU PÉRILLA, LABIÉE ⊘

Perilla frutescens

Longtemps, on l'a cultivé pour son frisé feuillage pourpre et ses fleurs roses en corbeilles municipales bien gueugueu. C'est la découverte de cette verdure crue ou à peine sautée selon la cuisine asiatique, qui l'a introduit dans les potagers. Sauf exception, on l'utilise sporadiquement, voire pas du tout, ce qui lui laisse le loisir de se ressemer selon son caprice. On le trouve aussi en version verte.

- Quantité pour 2 personnes : 1 m.
- Semis en avril, en pépinière bien abritée. Germination en 15 jours, plantation tous les 30 cm en sol frais, à mi-ombre, dans une poignée de compost.
- Du semis à la récolte : 6 mois.
- Arrosage régulier toute la belle saison (2 l/plant).
- Récolte aux ciseaux des pointes avant floraison jusqu'aux gelées.

- Garder des semences est facile, il ne demande qu'à monter en graine sitôt fané. Sélectionner un beau plant pour cet usage.

SOJA, LÉGUMINEUSE ⊘

Soja hispida

De plus en plus cultivé dans le Sud-Ouest pour nourrir le bétail, ce pois très riche en protéines est l'élément de base du célèbre tofu, mais on le savoure aussi frais comme un (exquis) petit pois d'automne. Pour récolter une profusion de gousses gentiment veloutées, les amateurs de tofu sèment 'À grain jaune', et ceux de mijotés raffinés 'Potager', deux exclusivités Biau germe. À noter, ces variétés n'exigent pas l'inoculation préalable du rhizobium indispensable à d'autres variétés. Consolation en cas de maigre récolte dans une région moins ensoleillée : il laisse à ses successeurs un sol merveilleusement meuble et fertile, ses racines plongeant jusqu'à 2 m.

- Quantité pour 2 personnes : 20 m.
- Semis en mai à l'abri pour transplanter en juin, ou direct en juin dans la terre réchauffée en sillons espacés de 60 cm, un grain tous les 10 cm (100 g/20 m). Butter les plants hauts de 10 cm.
- Du semis à la récolte : 3-4 mois.
- Arrosage jusqu'au buttage, ensuite, rien.
- Récolte des gousses mûres en septembre-octobre.
- Garder des semences est compliqué en dehors du grand sud où on peut laisser 2-3 beaux plants mûrir pour récolter des gousses bien sèches. Conservation : 2-3 ans.

THYM, LABIÉE ⊘

Thymus vulgaris

Choisir de préférence le thym dit gris, un montagnard rustique. Il est bien plus savoureux que le vert, dit d'hiver, on ne sait pourquoi, et surtout que le thym citron, certes cavaleur et joli, mais dont ne sait que faire. Il y en a bien d'autres, d'aromatisés qui façon eucalyptus, qui façon sarriette chez les spécialistes en aromatiques, mais ils sont en général fragiles.

- Quantité pour 2 personnes : 2 plants.
- Plantation printanière de préférence pour qu'il ait le temps de s'installer avant le méchant hiver, en poquet creusé dans de la bonne terre bien drainée (ajouter des cailloux en sol humide dans une poche de 50 cm de côté), en plein soleil et tous les 30 cm. Tapisser le sol de pavés de terre cuite ou de pierres plates tout alentour.
- De la plantation à la récolte, c'est immédiat : première tonte pour le recoiffer et le faire buissonner.
- Arrosage à la plantation, paillage minéral, puis plus rien sauf en cas de canicule le premier été.
- Récolte des tiges aux ciseaux. Faire sécher des brins prêts à fleurir en juin, dans des clayettes garnies de papier pour les conserver 1 an.
- Tout brin touchant terre se marcotte, le multiplier est donc facile, il suffit de verser sur le buisson un pot de terre fine pour récolter toutes les boutures racinées que l'on souhaite.

TOMATE, SOLANACÉE

La récolte des tomates est devenue si aléatoire depuis les années 2000 que l'on ne sait plus que prévoir. Il m'est même arrivé de chercher de vieilles photos pour vérifier que je n'avais pas rêvé. En effet, jadis il suffisait de 5 plants de tomates pour en être débordé. Maintenant, on essaie de devancer le mildiou en cultivant ce qu'on a repéré de plus résistant. Pas évident en climat océanique ! Alors, planter de super-précoces pour devancer l'attaque, comme 'Glacier', 'Précoce de Quimper' ou 'Auriga' ? Ce ne sont pas les meilleures. Les suivantes se montrent assez résistantes, après une sélection d'une dizaine d'années : 'Gregori Altaï', une grosse rose fruitée, 'Délice du jardinier', une grappe savoureuse, 'Géante de Berao', la meilleure à sécher, en juillet. Au mois d'août : 'Rose de Berne', 'Noire de Crimée', 'Cœur de bœuf' orange, rose ou rouge, résistent tantôt très bien, tantôt pas du tout. J'ai renoncé à 'Brandywine', 'Prince noir', 'Green Zebra', 'Raisin vert', délicieuses mais trop sensibles.

- Quantité pour 2 personnes : 20 plants.
- Semis début avril à 20 °C (avant ce n'est pas la peine, elles filent en attendant que dehors la terre se réchauffe !). Plantation en godets dès l'apparition des cotylédons, dans du terreau de feuilles maison (2/3 feuilles, 1/3 fumier mûr). Plantation dehors en mai, sous abri aéré sur les côtés à 80 cm d'intervalle. Placer les tuteurs avant la plantation, profonde, enterrant la tige jusqu'à la pousse terminale. À tester en climat sec : la culture en trous de 40 cm de profondeur, garnis de com-

post, puis paillés à mesure que le plant se développe. À démarrer sous tunnel jusqu'en juin, pour stimuler la croissance qui doit être éclair.

- De moins en moins de jardiniers taillent leurs tomates. Il est vrai que les conduire en buisson sur 3 ou 4 brins protège mieux les fruits des coups de soleil que la taille sur tige unique à l'ancienne. Toutefois, en climat humide, il vaut mieux ne garder qu'une dizaine de bouquets pour aérer les plants. Pareillement, le rendement est supérieur en les palissant sur un grillage en tunnel haut de 70 cm, mais cela complique la récolte en climat humide, les fruits mûrissent mal.

- Du semis à la récolte : 80 jours avec les très précoces, 120 avec celles d'août.
- Arrosage copieux à la plantation : 10 l/plant en 2 ou 3 passages, pailler épais. Écarter le paillage et renouveler cette dose à 3 reprises espacées d'1 mois, butter et repailler après chaque arrosage. Normalement, même par temps sec, cette technique méditerranéenne permet une belle récolte moyennant un seul arrosage mensuel.
- Récolte le matin des tomates mûres à point. Avant les gelées, on peut suspendre les plants pleins de tomates vertes, la tête en bas en véranda et ainsi prolonger la récolte… mais le goût n'y est plus vraiment. Si tout va bien : 6-10 kg/plant.
- Garder des semences est facile, en prélevant des graines dans les meilleurs fruits bien formés.

Problèmes et solutions : le mildiou est la galère numéro 1. Il pourrit brusquement fruits et feuilles souvent après une pluie. On le maîtrise assez bien en cultivant les tomates bien espacées, bien aérées, sous un voile de forçage bien tendu, préférable au plastique générateur de condensation, donc de contamination, en laissant les côtés ouverts.
En cas d'attaque, on coupe toute la végétation atteinte, doucement pour éviter d'envoyer des spores alentour, puis on nettoie le sécateur à l'alcool. On pulvérise les plants à la bouillie bordelaise (25 g/l) additionnée de 20 cl/l d'extrait de consoude (ou 3 cl/l de jus). À renouveler tous les 3 jours en période humide. Grâce à la consoude, souvent les plants cicatrisent. On peut aussi poudrer les plants – secs – au lithothamne une fois par semaine par temps humide. Les parties malades, séchées sous abri, sont brûlées en fin de barbecue.
La fusariose raye les tiges brunies d'une bande jaune, flétrit le feuillage. Elle se propage par le terreau, ou les plants. À arracher et brûler, car c'est sans remède. Pareil avec la verticilliose qui nécrose les premiers fruits. En revanche, le seul flétrissement des feuilles, les fruits tachés de noir autour de l'ombilic, sont causés par la sensibilité de certaines variétés ('Tomate des Andes') à un arrosage irrégulier.
Enfin, et ce n'est pas le moindre, arrive maintenant la *Tuta absoluta*, une espèce de mite piqueuse des tomates en pleine maturation. Les fruits piqués ne sont plus bons. Alors cultiver les tomates sous voile anti-insectes ? Cela complique sérieusement la récolte et alourdit le budget du jardinier. En attendant, une éventuelle solution miracle, on arrache les plants endommagés, on les range au sec, puis on les brûle en fin de barbecue. Fastidieux et pas très prometteur car on voit des plantations isolées, dans un nouveau jardin, prises d'assaut par ce nouvel insecte dévastateur.

TOPINAMBOUR, ASTÉRACÉE ⊘

Helianthus tuberosus
Certes c'est un légume d'hiver à la fine saveur d'artichaut, mais c'est aussi un sacré gazogène. Voulez-vous l'autonomie jusqu'à l'autoproduction de méthane ? Car il risque de vous surprendre, et de préférence lors d'un repas partagé. Et puis, ce vivace est non seulement indestructible mais fort prisé des campagnols. Alors est-ce bien raisonnable ? À la rigueur, au fond d'un grand terrain, vous pouvez tenter la plantation de l'hélianthi (photo ci-contre), très généreux en grosses marguerites jaunes, moins sujet à l'escapade et plus facile à éplucher que le topinambour tournicoté de base.

- Quantité pour 2 personnes : 4 plants...
- Plantation en avril direct dans la terre meuble, fertile ou pas.
- Du semis à la récolte : 5-6 mois.
- Arrosage pas nécessaire.
- Récolte d'octobre à mars en essayant de tout arracher, y compris les toutes petites « patates ».
- Garder des plants : ils le feront tout seuls !

Pas d'autre problème qu'une invasion probable.

VERVEINE CITRONNELLE, LABIÉE ⊘

Aloysia citrodora
La fine saveur citronnée du feuillage de cet arbuste (1 m) se déguste en infusions digestives ou en remplaçante de la citronnelle asiatique en cuisine.

- Quantité pour 2 personnes : 1 plant.
- Plantation au printemps dans une grosse poignée de compost à 50 cm d'un mur ouest ou sud pour l'abriter du gel... Arroser copieusement, puis entourer le plant de pierres plates. En octobre, protégez-le d'une brassée de brindilles dans les régions gélives.
- À noter, l'arbuste est capricieux, n'hésitez pas à le déplacer, au printemps en climat gélif, s'il ne se met pas à pousser vigoureusement. Au printemps, il reste longtemps desséché et paraît mort, surtout attendez la fin des gelées pour le tailler à 1 cm des branches principales.
- De la plantation à la récolte : 1 mois.
- Arrosage jusqu'à la reprise, ensuite, rien.
- Récolte tout l'été, au sécateur brin à brin avant floraison. Sécher les tiges en clayette dans un endroit aéré. Conservation : 1 an.
- Multiplication par bouturage en été, sous cloche.

Aux risques et périls du curieux

Baselle : jardin bien chauffé-arrosé à bloc obligatoire. Des feuilles charnues certes, mais pas de goût. L'amarante et la feuille de dolique font mieux.

Chou de Chine dit Pe-tsai, Pak-choi : au cas où les limaces vous laisseraient apprécier leur fine saveur de chou et leur croquant parfait, les coups de chaleur risquent de les faire fleurir prématurément. Donc, beaucoup d'attention pour pas grand-chose.

Chufa ou souchet comestible (1) : très jolie avec son feuillage luisant et vif comme un carex, très bonne avec ses « pois de terre », avec lesquels les Espagnols font une boisson aussi délicieuse qu'un lait d'amandes, la chufa, mais vous risquez l'invasion. Si le sol est léger, gare !

Corète et mauve de Mauritanie : ensemble, car séparément également portées aux nues par des amateurs de meloukhia aussi catégoriques que désaccordés sur l'identité de la « vraie » plante composant ce plat vénéré du Maroc à l'Égypte. La corète, gélive, ne réussit que dans le Sud. La mauve, vivace à peu près indestructible, réussit partout sans soin, mais seules ses jeunes feuilles sont comestibles. Adultes elles sont vraiment rêches.

Courge du Siam : sûr qu'elle est belle avec sa carapace ocellée en vert et blanc. Mais que faire de 15 courges susceptibles de vous rendre manchot quand vous tenterez de les éplucher et principalement pleines de graines ? Rien ? Malheureux ! Si vous jardinez en climat doux, vous aurez un nouvel envahisseur déterminé (20 m^2/plant).

Crambe : c'est vivace, c'est tenace, ça ressemble à un chou coriace, mais qu'en faire ?

Crosne : un envahisseur probable, fastidieux à éplucher et fade. Fade !

Épazote (2) : la couleur du gasoil, le goût du gasoil... étonnamment bon avec des haricots à la Mexicaine. Souci : si vous en laissez monter en graine, ce qui arrivera probablement car vous n'en mangerez pas tous les jours, vous gagnerez un conquérant aussi décidé que le chénopode blanc, son cousin d'ici.

1

2

Igname (3) : l'illustration que répétition ne vaut pas vérité. Combien de livres la décrivent prospérant en Val-de-Loire sans préciser qu'il faut une serre, beaucoup de compost, un sol profond mais léger, un travail de fossoyeur, pour récolter quelque chose de plus gros que le petit doigt après 2 ans de glissades emberlificotées dans un tas de lianes quasi indestructibles ?

Patate douce : sans vaste tunnel (comptez 6 m²/plant), on récolte rarement de quoi nourrir son jardinier. Si par chance vous réussissiez une belle récolte, gare aux rongeurs ! Campagnols et souris aiment tellement les patates douces qu'ils les endommagent jusqu'au cellier si vous ne les rangez pas dans de grands pots de terre cuite hermétiquement fermés.

Pourpier : pas la peine de le semer, c'est un envahisseur endémique croquant et fade, très opiniâtre.

Plantes sucrantes, pas sûr !

Les années 2000 furent celles du triomphe de la *Stevia rebaudiana*, largement dû à ce petit démon de la transgression qui incite certains à frimer. Ce substitut du sucre ayant été longtemps proscrit en France, on allait en cultiver et on verrait un peu comment le rebelle en dégusterait en rigolant. La rigolade n'a jamais duré longtemps, la plupart des plants succombant dans la semaine de leur arrivée chez leur jardinier. Malgré tout, ce fut un succès commercial que jamais la verveine sucrante (*Lippia dulcis*) n'a effleuré. Cette vivace au feuillage plissé assez semblable à un lantana rampant, avec la même saveur d'ananas, peut se propager par larges nappes d'1 m. En sol drainé, avec des hivers bien doux, et si l'endroit lui plaît. La plupart du temps, la cueillette ne dure, hélas, qu'un été.

Les fleurs compagnes du potager

La terre riche les fait fleurir en abondance, contrairement à beaucoup de fleurs qui préfèrent les sols un peu maigres. On les installe en mai, là où il reste de la place. Les vivaces plutôt près des allées, ou en plates-bandes qui, au fil des ans, vous serviront de pépinière pour faire plaisir autour de vous. Les annuelles là où il vous plaira.

Aster à feuillage rugueux

L'aster de Nouvelle-Angleterre ouvre le bal des abeilles, bourdons et de tous les papillons, début septembre avec d'opulentes brassées roses à grenat, mauves à violette d'1,30 m, submergeant le feuillage gentiment rugueux, embaumant l'encaustique, pendant un mois. Lui succèdent les pyramides roses, blanches ou bleues de l'aster plumeux (*A. plumosus*). Les abeilles y trouvent à la fois nectar et pollen avant l'hiver. De novembre à janvier, les chardonnerets se régalent de leurs graines enchâssées dans des bouffettes rousses.

- Floraison : septembre à novembre.
- Hauteur : 1,30-1,50 m.
- Plantation : par division des souches, même en fleur, en automne, ou bien au printemps, n'importe où, à mi-ombre ou au soleil, en sol sec ou gorgé d'eau, à 50 cm d'intervalle. Cette famille n'est pas envahissante, contrairement aux asters à feuilles lisses. Les deux cités ici se sèment aussi un peu tout seuls, prodiguant des coloris inédits.

Bourrache

On s'en méfie car elle est prompte à se ressemer en grosses touffes rugueuses couronnées de bouquets bleus ou blancs nimbés de duvet, mais cette annuelle est facile à arracher et rend aussi service pour consolider les berges et nourrir les abeilles d'avril à juillet. C'est aussi une médicinale dépurative que certains, amateurs de la saveur de concombre de son rude feuillage, consomment en salade.

- Floraison : avril à juillet.
- Hauteur : 70 cm.
- Semis en fin d'été, plantation automnale ou tôt au printemps tous les 50 cm. On peut aussi transplanter des semis spontanés, nombreux !

Capucine

Grimpante, elle escalade des brins de bambous en cloisons jolies, naine, elle borde les allées empêchant l'herbe de trop s'y aventurer. Les meilleures variétés 'Bijou', 'Whirlybird', vraiment naines. Attention à 'Tom Pouce', septembre le rend fou : 1 m de large !

- Floraison : de juin aux gelées.
- Hauteur : 2 m et plus pour la grimpante ; les naines : 40 cm.
- Semis : avril, directement en place, tous les 50 cm.

Dahlia

Du pompon des grands-mères au ruché impeccable, aux grands cactus aux pétales tuyautés, en passant par les énormes aux corolles de 25 cm bourrées de pétales, ce sont les rois du potager bien arrosé. Attention, les grosses fleurs doubles cassent souvent sous la pluie et le vent.

- Floraison : de juillet aux gelées.
- Hauteur : de 60 cm à 1,30 m.
- Plantation : avril-mai tous les 50 cm. Les arracher avant les gelées, les tailler et les ranger au sec jusqu'au printemps suivant.

Hélianthus vivace

Sous ce nom, trois cousins du topinambour et du tournesol, vivaces, grands (2 m), pas envahissants, prodiguant une profusion de petites fleurs jaune vif (*Helianthus microcephalus*) de juillet à octobre ; jaune pâle ('Lemon') de septembre à novembre. Le plus grand, c'est 'Orgyalis', au fin feuillage de saule (2,5 m) en fleur de septembre à novembre. Tout-terrain, même très argileux, même très aride, même surchauffé par la canicule. Les abeilles en raffolent, leurs graines régalent les oiseaux. Pour réduire leur hauteur à 1,50 m et multiplier les fleurs, taillez-les à 30 cm du sol en juin.

- Floraison : juillet à octobre, même en cas de canicule.
- Hauteur : 1,50-2,50 m
- Plantation automnale ou tôt au printemps d'éclats de souche racinés à 1 m d'intervalle.

Immortelle monstrueuse à bractées

Monstrueuse que nenni ! Mais grande, oui. Jusqu'à 1,50 m. Prodigue en corolles aux pétales de mica blancs, jaunes, orange et de tous les roses à grenat autour d'un gros cœur que la montée en graine couronne d'une mousse prête à s'envoler. Elle sent bon la cire fraîche.

- Floraison : de juillet aux gelées.
- Hauteur : 1-1,50 m.
- Semis en pépinière protégée des escargots en avril. Transplantation tous les 30 cm au soleil ou à mi-ombre.

Lavatère et malope

Ensemble car elles se ressemblent comme des sœurs, la lavatère rose clair ou blanche, la malope rose vif.

- Floraison : juillet à septembre.
- Hauteur : 1 m.
- Semis direct au soleil (les graines sont grosses) tous les 20 cm en avril.

Œillet et rose d'Inde

Aux rase-mottes ultra-doubles, préférez la tagète menue aux fleurettes simples, jaune citron, orange ou acajou en gros coussin de plumettes vertes fleurant la mandarine. La rose d'Inde (photo ci-contre), dite tagète à grandes fleurs, c'est une grande aux énormes boules citron ou orange embaumant d'une senteur singulière. Une exclusivité Biau germe qui n'a rien à voir avec les nabots souffreteux vendus en barquettes ! Attention, la terre riche du potager rend le grand œillet d'Inde simple 'Mr. Majestic' complètement fou. Évitez de l'intercaler dans les poireaux, il les submergerait.

- Floraison : de juillet aux gelées.
- Hauteur : 30 cm pour la tagète menue, 1 m pour la rose d'Inde.
- Semis : en barquette protégée des escargots en mars-avril. Transplantation des plants hauts de 10 cm en mai tous les 30 cm.

Pois de senteur

Il fait la grimpette dans des branchettes de noisetier comme un petit pois. Attention, seuls 'Spencer', 'Antic Fantaisy' et celui de chez Lidl sentent bon. Les autres, rien. Une escroquerie ! En terrain sableux-limoneux, il se ressème.

- Floraison : de juin aux gelées si l'on cueille les fleurs fanées.
- Hauteur : 2 m.
- Semis : en pépinière en septembre ou en avril. Plantation tous les 50 cm au soleil et en sol riche et frais. Bien arroser les plants.

Rose trémière

Elle borde le jardin en attendant que la haie pousse, s'installe ici et là au potager pour lui donner du relief. En sol riche, elle dépasse 2,50 m. Attention, sur un coup de vent, elle peut s'abattre avec dégâts sur les cultures. Sinon ses racines plongeantes ne dérangent aucunement les voisines voraces. On en glane des graines le long des rues où cette tout-terrain accepte de pousser jusque dans le goudron, pour la semer en fin d'été et la voir fleurir 2 à 3 étés de suite, pas plus. Mais on peut aussi prélever des éclats de souche avec un peu de racine pour reproduire des coloris ou des styles rares, notamment des fleurs doubles – quoique les abeilles préfèrent les simples.

- Floraison : juillet à septembre.
- Hauteur 2-3 m.
- Semis en fin d'été ou plantation d'éclats de souche racinés en automne ou tôt au printemps.

Tournesol

Les plus gracieux sont à petites fleurs de toutes les nuances du jaune au brun en passant par l'acajou (Biau Germe) car ceux à grosses fleurs cassent au premier coup de vent. Il est prudent de voiler les plus belles fleurs sitôt fanées pour préserver leurs graines du pillage par les oiseaux.

- Floraison : juillet à octobre.
- Hauteur 2 m.
- Semis en caissettes en avril. Transplantation tous les 50 cm quand, hauts de 10-15 cm, ils tentent moins les escargots.

Zinnia

Le plus mignon, le plus généreux, le plus tenace c'est 'Lilliput'. Corolles de 3-4 cm si pleines qu'elles empilent les pétales en petits cylindres éblouissants, de tous les oranges, rouges, roses ou de frais crème et vert tendre. Gracieux et léger, le zinnia du Pérou de Biau Germe est d'un rare jaune indien. Les gros 'Fleur de dahlia' et 'Mammouth' sont hélas de plus en mal sélectionnés, donc très disparates.

'Lilliput' se ressème souvent en sol frais. Attention aux escargots, ils en raffolent jusqu'à ce qu'ils atteignent 15 cm.

- Floraison : de juillet aux gelées.
- Hauteur : 70 cm à 1 m.
- Semis : en caissette, sur une étagère pour les protéger des escargots, en avril. Plantation au soleil, tous les 30 cm quand ils mesurent 15 cm.

Un verger pour se régaler

Avec plus de 2 000 variétés de pommiers, 1 000 de poiriers, des centaines de pêchers, pruniers, cerisiers... bref, une gamme unique au monde et toute une bande de jeunes pépiniéristes motivés, on a l'embarras du choix. Avec un climat malgré tout plutôt favorable, se régaler en cultivant des fruitiers devrait être l'ordinaire de n'importe quel jardinier pas trop maladroit. Car, franchement, ce n'est pas sorcier.

Pourtant, dès l'achat des arbres, ça part de travers. Alors que chaque automne, les marchés de producteurs, les foires aux fruits anciens, les innombrables vergers conservatoires locaux permettent d'apprécier ce choix fabuleux en proposant à la fois des fruits et des fruitiers, la plupart des planteurs se fournissent en jardinerie. Autant dire à l'aveuglette. Étiquettes fausses, plants d'origine douteuse ouvrent le cortège de soucis résumés en un soupir : « ça donne rien ». Et en effet, souvent, pour remplir les paniers, on attend. Ou bien les paniers se remplissent avec les fruits médiocres de fins de lots destinés aux vergers industriels.

Pour déguster des fruits rarement commercialisés car intransportables ou oubliés, structurer son jardin avec des arbres de taille et de silhouettes bien choisies, il faut tout simplement commencer par s'adresser à un pépiniériste sérieux. Répondre à ses questions, et l'écouter : s'il dit non, en général il a raison ! Ensuite, on s'inspirera des méthodes des arboriculteurs. De grands observateurs, qui doivent gagner leur vie en jonglant avec une météo impitoyable. En les imitant, on est à peu près sûr de récolter des fruits et des bons, au moins un an sur deux. Peut-être plus, peut-être moins car, en la matière, hélas, le gel, la grêle, la faune parfois, font de gros dégâts.

Acheter ses arbres chez un spécialiste

Bonne nouvelle, il y a beaucoup de jeunes et excellents pépiniéristes, motivés pour ce métier difficile. Une vraie renaissance après des années d'abandon. Raison de plus pour leur acheter des arbres. Chez eux, c'est du premier choix, et l'endroit où trouver des variétés locales, dans un format sur mesure. Mais, attention, mieux vaut leur téléphoner dès mars, saison où commence le greffage, pour passer commande car ils ajustent leur production à la demande.

Le bon pépiniériste pose beaucoup de questions, auxquelles il est conseillé de répondre si l'on veut se régaler ! Il veut connaître la qualité du terrain, son exposition, le climat local, l'espace disponible, la taille souhaitée de l'arbre adulte, la période de récolte qui vous conviendrait. Toutes ces questions, parce que non seulement les variétés dans chaque espèce sont innombrables, mais parce qu'un

Préférez les groseilliers vendus à racines nues en hiver, comme ici à la fête de l'arbre de Quissac (30) le dernier dimanche de novembre.

pépiniériste c'est d'abord un greffeur capable de vendre des arbres sur mesure, selon le terroir auquel ils seront plantés.

De mars à septembre, il greffe sur des sauvageons appropriés à une pléiade de situations. Sur ses étiquettes, il écrit le nom du porte-greffe avec celui de la variété. Une mention obligatoire mais non respectée par les non-spécialistes et la cause de bien des déboires. Car, même bichonné, un arbre inadapté ne sera jamais en forme.

Autre gage de réussite, ces spécialistes ne vendent leur production qu'entre novembre et février. Avant c'est trop tôt, après c'est trop tard, surtout si le printemps est chaud et sec. Ils proposent alors une majorité de plants dits « à racines nues », ce qui permet d'un coup d'œil d'apprécier leur qualité.

Les pots et sachets du commerce ordinaire réservent souvent de mauvaises surprises : racines entassées en chignon, ou au contraire sauvagement rognées par une calibreuse réglée à la taille du récipient. Et tout ça souvent vendu pour un prix double ou triple de celui des pépiniéristes sérieux.

On peut se faire livrer, ou les rencontrer dans les fêtes des vergers conservatoires, et localement dans des foires aux arbres entre novembre et février, mais le choix s'amenuise dès décembre. Avec les associations organisant des journées de greffage à la demande, il faut arriver dès l'ouverture, car il y a foule. C'est le début d'un dialogue et de la découverte du monde très intéressant de l'arboriculture fruitière.

Attention aux périodes de floraison !

La date de récolte n'indique pas forcément celle de la floraison, or le gel est la cause de maints espoirs déçus. Ainsi par exemple, le bien nommé poirier 'Beurré Superfin', à récolter en septembre, fleurit-il un mois avant 'Beurré Giffard' à croquer en juillet. Seul un spécialiste peut vous indiquer cet important détail pour chaque variété.

Planter petit

Scions à racines nues à la Fête de l'arbre de Quissac (30), le grand rendez-vous des amateurs de bons fruits du Sud.

Planter petit, c'est, pour les arbres, choisir un scion, c'est-à-dire un brin greffé l'année précédente, souple et pas plus gros que le doigt, juste un peu ramifié, haut d'environ 1,20 m. Après une année d'acclimatation, le jeune brin prend son essor, double, triple de volume et il n'est pas rare que, dès le 2e été, il porte déjà quelques fruits. C'est dans cette catégorie que vous trouverez le choix le plus large en variétés locales. Les arbres formés coûtent cher à cultiver, donc, ceux qui les vendent ne proposent ainsi que les variétés les plus banales. Alors que les scions peuvent être greffés à la demande, solution idéale pour s'offrir une variété ancienne. Vendus à racines nues, en hiver, ils coûtent environ 20 €. Les pros ne plantent que des scions, parce qu'ils veulent les voir démarrer cash. Jamais ils n'achètent ces grands machins en pots qui vivotent 10 ans avant de décider s'ils meurent ou donnent enfin des fruits.

Naguère on taillait ces jeunes arbres dès la plantation, aujourd'hui, on préfère les laisser filer à leur guise en guidant leur pousse centrale sur un tuteur. C'est le mode de culture des pros, il accélère la mise à fruits et ne requiert qu'une taille d'éclaircie par-ci par-là.

Les « petits fruits », type groseillier, se vendent en jeunes touffes de tiges grosses comme des crayons de 30-40 cm, souvent en pots, parfois à racines nues en hiver. Préférez cette dernière présentation qui permet d'apprécier la qualité de leurs racines.

La vigne et l'actinidia se vendent en général en pots. Préférez les jeunes plants vigoureux de 50-70 cm, pas plus.

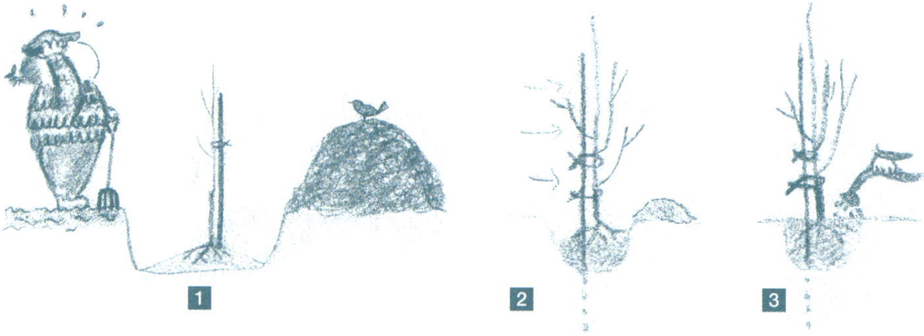

(1) Le trou de plantation doit être assez grand pour loger les racines à l'aise et enterrer l'arbre jusqu'au collet. Avant de planter, on enfonce un piquet solide et on teste.

(2) On jette une pelletée de compost au fond du trou, deux si le sol est médiocre, couvertes de terre fine, puis on positionne l'arbre à 10 cm de son tuteur avant de combler le trou. Le plant est attaché souplement. En sol filtrant, en climat sec, il est bon de ménager une cuvette d'arrosage.

(3) On arrose aussitôt, même s'il pleut, copieusement pour que l'arbre se cale parfaitement. Il faudra penser à arroser chaque été 4 ans de suite.

Vive les vergers conservatoires !

Les Croqueurs de pommes fédèrent de nombreux groupes locaux qui souvent entretiennent des vergers conservatoires en pleine production. Mais il y en a beaucoup d'autres sous des noms presque aussi variés que les pommes, entretenus par des associations locales. Dans le Sud-Ouest, le Conservatoire végétal de Montesquieu (47) en fédère beaucoup. Dans l'Aude, l'Ariège, la Drôme, le Gard, ce sont de jeunes pépiniéristes qui plantent des collections, comme ici, chez Nature et Verger en Ariège (photo). Les pépiniéristes informent souvent sur les associations locales. Ainsi, à Arthon et à Nort-sur-Erdre en Loire-Atlantique, les Aînés ruraux tiennent-ils depuis 30 ans le carnet de leur verger de pommiers et poiriers, où l'on découvre tout un florilège de variétés de l'Ouest commentées en détail. Chaque hiver, ces bénévoles bons vivants organisent des dégustations. Beaucoup organisent des fêtes aux greffons entre janvier et mars. La principale association pour les rencontrer : croqueurs-national.fr

Qui sait tailler une palmette ?

Avec le grand fruitier comprimé dans son pot, ce pommier ou poirier conduit en candélabre est l'autre chéri dispendieux des gens pressés. Lesquels, en bons capricieux, ne tarderont pas à vous harceler sur l'air de « toi qui t'y connais, il faut que tu viennes m'aider ». Eh oui, vous les aviez prévenus, une palmette ça se taille au petit poil en cliquetant du sécateur, sinon ça devient immédiatement hirsute, bancal et désespérément stérile. Vous aurez beau vous défendre, proclamer que vous n'avez aucun goût pour ce coûteux trophée narcissique que, pour vous, rien ne vaut le jeune arbre à peine guidé, rien n'y fera, vous serez fâché. Tout ça pour 150 € d'impatience stupide.

Fruitiers partout ou verger à part ?

C'est la mode de tout mélanger, on appelle cela l'agroforesterie, la permaculture, la forêt nourricière. Sachant que tous les fruitiers ont besoin de bonne terre, d'air et de lumière, non au verger collé-serré, oui aux fruitiers dans les fleurs. Dans les légumes, c'est à voir... large.

Jadis, les fruitiers poussaient souvent avec des légumes, mais, passées leurs 4-5 premières années, pas « dans » les légumes. En revanche, ils poussaient souvent dans la vigne, leur ramure la surplombant, et l'ombrageant un peu, ce qui en ces temps où le soleil tape fort redevient précieux. Dans la joualle du Sud-Ouest, dans le champ potager de l'Ouest, les arbres étaient alignés bien espacés – il y avait de la lumière entre leurs ramures – à 5-8 m d'intervalle. Et les cultures ne commençaient qu'en lisière de leur couvert. À l'époque, on entretenait un bon guéret au canadien, une charrue qui aère le sol sans le retourner, sous leur ramure. Aujourd'hui, on y sème volontiers un mélange de fleurs et des légumineuses (trèfle blanc, lotier, sainfoin...) pour entretenir la fertilité du sol. Dans ce cas, on le fauche, une ou deux fois à la belle saison, après floraison, en laissant la coupe sur place. Un bon exemple à suivre pour le jardinier qui veut se régaler des récoltes de son verger moyennant un entretien autorisant les vacances et d'autres activités.

À l'entrée du jardin, les fruitiers poussent entourés de fleurs, sur un tapis de trèfle renouvelé tous les 3 ans. Le trèfle blanc se bouture à merveille.

Arbres compagnons du jardin vivrier

L'agroforesterie, qui étudie le compagnonnage des arbres et des cultures, et la phytosociologie, celle des plantes avec leur milieu, sont en plein essor. Ce sont des actions en cours, donc sujettes à tâtonnements, car étudier, c'est défricher, expérimenter. Comme cultiver écologique en somme ! Concernant l'agroforesterie, les préconisations concernent l'agriculture, c'est-à-dire un espace bien plus grand qu'un jardin. Malheureusement, dans leur soif de convaincre, beaucoup d'auteurs « permaculteurs » s'adressant aux jardiniers escamotent ce gros détail, et en général les inconvénients d'un compagnonnage mal envisagé entre des arbres ou des arbustes forestiers et d'autres cultures en espace restreint. Ce n'est pas du tout le cas d'Yves Darricau, vigneron, apiculteur et cultivateur d'un arboretum en Bretagne, l'un de ces expérimentateurs dont la lecture est fort instructive pour qui veut explorer le compagnonnage d'arbustes et d'arbres concourant à la fertilisation des sols et à l'entretien d'un verger riche en auxiliaires. Je conseille à ceux qui sont tentés par cette démarche passionnante de lire *La vigne et ses plantes compagnes* et *Planter des arbres pour les abeilles* avant toute plantation !

Planter bien espacé

Les fruitiers ont besoin d'air et de lumière. À moins de 5 m d'une haie, à moins de 50 m d'un bois, ils se couvrent de lichens et donnent des récoltes médiocres. Comme ces moches pommes vertes de la forêt fruitière, qui fourre tout ensemble au nom du culte des étages soi-disant naturels. Un verger n'est pas une lande en route vers la forêt, c'est un espace cultivé, réfléchi, entretenu. Le verger industriel serre les rangs, mais fertilise et arrose énormément, plus de 100 l d'eau par semaine et par pommier en plein été !

Des arbres dont les branches ne s'enchevêtrent pas gardent la forme. Pensez à vous renseigner sur leur taille adulte avant de les planter.

Les bons intervalles :

- 1,50 m entre les groseilliers, myrtilles et caseilles ; 2 m entre les pommiers et poiriers en cordon ou en axe vertical (greffés sur M9 ou M26).
- 3 m entre les vignes, les mûres et framboises.
- 5 m entre les actinidias, pruniers, pêchers, abricotiers, amandiers, les griottiers, les cerisiers basse-tige (par exemple greffés sur Malaheb), les noisetiers, les poiriers greffés sur cognassier, les pommiers sur M106.
- 7-8 m pour tous les hautes-tiges : pommiers et poiriers greffés sur franc, bigarreaux et guigniers sur merisier.

Attention ! les pruniers et abricotiers, certains figuiers, ont un enracinement très traçant, ils sont capables d'aller chercher du compost et de la fraîcheur à plus de 5 m de leur tronc, au détriment des cultures voisines. Plantez-les aux distances préconisées par le pépiniériste !

Les 4 premières années, on peut cultiver légumes, fraisiers ou fleurs à 1 m des jeunes plants, à condition de bien les fertiliser et, surtout, de les arroser dès le printemps s'il passe au chaud-sec. Ensuite, n'espérez pas grand-chose à moins de 5 m des troncs et d'1,50 m des groseilliers. Avec la vigne, dont l'enracinement est plongeant, le compagnonnage est possible à 1 m des ceps. Conduite sur 2 bras, à 2 m du sol, elle ombrage alors utilement les cultures qui échappent ainsi aux coups de soleil de plus en plus fréquents. En sol fertile, on peut cultiver des légumes à 3 m des pêchers dont l'enracinement est profond et l'ombre légère. Dans les autres cas, on cultivera des fleurs ou de l'engrais vert sous les arbres.

La vigne dans les arbres

Ce fut la tradition dans bien des piémonts, pour préserver la vigne du gel et optimiser un espace compté, on cultivait la vigne sur des hautains. Érable champêtre, frêne, orme, tilleul, platane… l'arbre servait de support à la vigne qui, une fois rendue tout en haut, s'épanouissait au soleil en gelant moins fréquemment qu'en bas. Mais il fallait entretenir l'arbre et surtout la vigne pour qu'elle ne le submerge pas et ne produise que peu de grappes, donc grimper dans une échelle solide pour assurer l'entretien et ramener la vendange à terre. Un programme si fastidieux qu'il fut abandonné vers la fin du XIXe siècle.

Aujourd'hui, grâce aux efficaces sécateurs télescopiques, ce peut être une idée pour récolter du raisin trop tardif pour sa région, par exemple. C'est ce que j'ai expérimenté avec 'Sulima', un excellent muscat plus à l'aise dans le Sud-Ouest qu'en Val-de-Loire. Donc 'Sulima' bouda. Jusqu'au jour où l'ayant laissé s'échapper dans un pommier voisin, il se mit à nous régaler chaque année de grappes croquantes… Mais le tailler devint compliqué, en particulier en été quand il se couvrait de pousses luxuriantes. De son côté, le pommier, inondé par cette folle verdure, commença à flancher. Ce fut un bien pour un mal bénin, car ce 'Reinette Baumann', greffé en haute-tige par un pépiniériste brouillon, perdait ses pommes avant qu'elles ne soient mûres pour cause de queue trop courte, un défaut connu jadis. Le compagnonnage vigne/arbre exige beaucoup de discernement et d'entretien pour maintenir un équilibre entre l'arbre et son hôte. Jadis, on avait l'œil, le grand-père pour vous rafraîchir la mémoire, et on ne comptait ni sa peine ni son temps !

Les arbres dans la vigne

Naguère, dans le petit vignoble des familles, c'était la règle : le pêcher, le cerisier, le pommier et le poirier s'intercalaient entre les ceps sur les rangs. Au fil du temps, ils remplaçaient souvent les ceps défaillants, c'est ainsi qu'imperceptiblement la vigne se transformait peu à peu en verger. Le compagnonnage pouvait être organisé dès la plantation. Les pruniers, dont l'enracinement s'étale, en bout de rang, à 4-5 m de la vigne. Sauf coutume locale, il était rare que celle-ci grimpe aux arbres, c'eût été fatal au pêcher ou au cerisier acerbe qui s'encombrent volontiers de brindilles sèches, au pommier et au poirier dont on espérait d'abondantes récoltes pour passer l'hiver.

Aujourd'hui, les agroforestiers avisés plantent des arbres et arbustes nourriciers dans leurs vignes, suffisamment à l'écart pour que les deux se développent harmonieusement. Leurs préférés nourrissent les abeilles en plein été, à la saison où les floraisons sont rares comme le *Tetradium daniellii*, accueillent des auxiliaires ou fertilisent le sol comme l'agneau chaste (*Vitex agnus-castus*), le baguenaudier, le gléditsia, le sophora, le chalef d'Ebbing... Ainsi, bien pensé, le compagnonnage est vraiment fructueux. Mais attention ! On choisit du gléditsia non épineux et, s'il y a des chevreuils dans le secteur, pas de tétradium, car il les attire. Jardiner écologique c'est réfléchir.

En duo et avec le concours des abeilles, sinon : rien !

Tout seuls, actinidias, amandiers, cerisiers, myrtilliers, noisetiers, pruniers et, dans une moindre mesure, cassis, pêchers, poiriers et pommiers, fleurissent magnifiquement, puis plus rien. Zéro récolte, car sans compagnon approprié, ils sont stériles. Le problème, c'est qu'il ne suffit pas toujours qu'un voisin fleurisse en même temps pour récolter des fruits. Si globalement cela marche pour le myrtillier, le noisetier, le pêcher et le poirier, avec l'amandier, le cerisier, le prunier, les mariages heureux ne réussissent qu'entre partenaires choisis et, même ainsi, la fécondation n'est pas toujours réciproque. Un souci : non seulement les listes des duos fructueux ne sont pas très connues (on les trouve sur www.pommiers.com), mais le dérèglement climatique, en bousculant les floraisons, le remet en question.

L'actinidia est volontiers polygame, un plant mâle peut féconder 3 ou 4 femelles, mais seulement de la même espèce. Par exemple 'Hayward', le plus courant, fécondera 'Bruno' ou 'Monty', mais pas une kiwaï. Il en existe bien d'autofertiles, mais leurs récoltes sont médiocres. Enfin, seul un œil expérimenté sait distinguer un actinidia mâle d'une femelle, donc, on en revient à la nécessité d'acheter ses arbres chez un spécialiste. Reste que, faute de pollinisateurs, les fruits se font de plus en plus rares. Les abeilles domestiques et sauvages – les bourdons sont des abeilles – ainsi que bien des insectes moins connus, disparaissent dans l'indifférence générale. On peut changer cela en se mobilisant avec fermeté !

Planter pour récolter à profusion

Les pros récoltent leurs premières pommes l'année suivant la plantation de leur verger. Dans les jardins, c'est une autre histoire. Ça lambine, ça ne meurt pas mais ça ne vit pas vraiment non plus, parce qu'une fois plantés, les pauvres arbres sont abandonnés à leur triste sort. Alors qu'un arbre bien fertilisé, bien arrosé, au printemps se développera bien malgré la canicule. La suite d'étés secs depuis 2003 nous l'a démontré. Bref, si l'on veut des fruits, arrêtons de faire les paresseux ronchons, occupons-nous un minimum du démarrage et ensuite ça ira tout seul.

La méthode : ameublir pour chaque plant un carré de terre meuble d'1 m de côté, largement espacé, pour que le fruitier se développe à son aise (voir p. 174). Cela est valable pour tous les fruitiers, même petits, donc groseilliers ou vignes compris !

Au printemps, lors de premières tontes, distribuer 10 l d'eau à chaque jeune plant, puis l'entourer d'1 m^2 de carton humide. Recouvrir de 10 cm de tontes de gazon. Ce dispositif se décompose en terreau en l'espace d'un an. Chaque printemps pendant 5 ans, verser une grosse pelletée de compost mûr (ou une demi-boîte à conserve de granulés de fumier) autour de chaque plant avant d'arroser, de remettre un carton neuf puis de pailler épais, pour cacher la misère et que le dispositif tienne un an.

Cerisier 'Napoléon', très généreux s'il est bien nourri au démarrage.

Un conseil : si le printemps est sec, arrosez chaque sujet de moins de 5 ans, à raison de 10 l/semaine. De jeunes arbres bien abreuvés au printemps tiennent bon si l'été est sec et brûlant.

Démarrage en flèche assuré. Premières pommes ou poires dans les 2 ans suivant la plantation ! Pêches, figues et cerises, dans les 3 ans. Pour les prunes, ça dépend, de 3 à 8 ans selon les variétés et la chance du jardinier.

Semer des noyaux

Semer des fruitiers, voilà le nec-plus-ultra de la patience du jardinier ! Car primo, ça ne marche pas toujours et, quand ça marche, il faudra en général patienter au moins 4 ans, parfois 20, avant de goûter les premiers fruits.

Si le semis a l'avantage de bien ancrer les arbres en sol ingrat, tous les semis ne seront pas forcément généreux, car ils expriment des variantes sur un mode plus ou moins fidèle à la variété semée. Les graines des fruits plantés sont nées par la pollinisation, et les abeilles butinent à leur guise tous les arbres ! Les semis de cerisiers, pommiers et poiriers sont très aléatoires. Mais, les abricotiers, pruniers, pêchers et nectarines se reproduisent assez fidèlement. On peut aussi obtenir ainsi des variantes. C'est de semis que sont nées les nombreuses variantes de 'Reine-Claude dorée' par exemple. Parmi elles, il y a les championnes du chausson aux prunes chéri des gourmets angevins, et de bien médiocres, tout juste passables en confiture. Mais ça, on ne le sait qu'après une dizaine d'années de patience ! L'abricotier et le pêcher sont plus rapides : premiers fruits vers 4 ans.

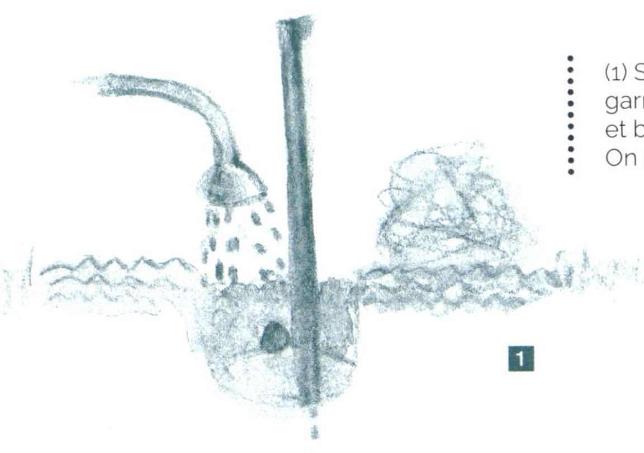

1

(1) Semis en place, dans un trou garni de terreau, au pied d'un piquet et bien au large de tout autre arbre. On pense à arroser !

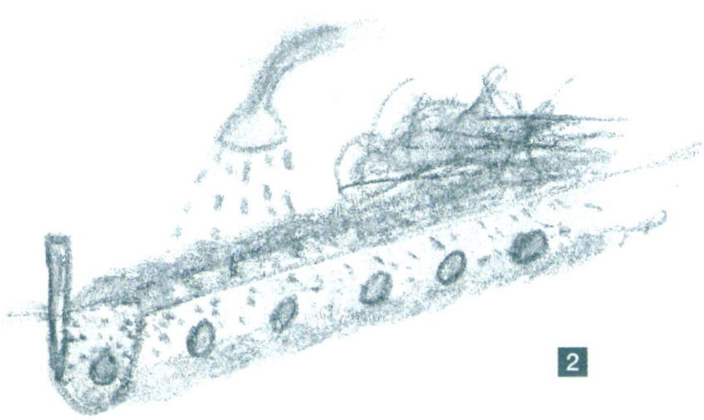

2

(2) Semis en pépinière, dans un sillon profond de 20 cm, tous les 20 cm. On remblaie, on plante une étiquette, on arrose, on paille. Et on pense à jeter un coup d'œil à la pépinière de temps en temps pour arroser et désherber !

C'est de semis de hasard, comme on disait jadis, que sont nées toutes les variétés fruitières jusqu'au XXe siècle. Leurs cultivateurs, souvent notaires, curés ou magistrats – en un temps où ces métiers étaient bien plus pépères qu'aujourd'hui –, laissaient faire les abeilles, puis quelque 7, 10, voire 20 ans plus tard, repéraient ce qui méritait d'être multiplié.

En terrain difficile, on parie souvent sur la ténacité du futur germe, et l'on sème directement un noyau, sitôt le fruit mangé, dans un carré de terre ameublie de 50 cm de côté, bien au large de tout autre arbre. On y pratique un trou garni d'une pelletée de bon terreau mûr, repéré par un piquet solide, on plante le noyau à 10 cm de profondeur, on recouvre de terre fine, on l'arrose copieusement, on paille et on parie sur la générosité de la nature. Ça germera, ou pas, au printemps suivant. Si ça germe, le semis forme un pivot et se débrouille mieux qu'un plant, mais c'est conseillé de bien l'arroser jusqu'en septembre et de le pailler. Ces soins éviteront d'avoir un plant si cramponné à la dure réalité d'un milieu ingrat qu'il en restera malingre tel un enfant maltraité.

Comme la germination est aléatoire (50 % de réussite est un bon score), le plus souvent, on sème en pépinière : dans un coin de terre meuble, on trace un sillon profond de 20 cm et on sème les noyaux à 20 cm d'intervalle. On les recouvre de 5 cm de sable, puis 5 cm de terre fine. On arrose bien, on paille. Reste à planter une étiquette au bout du rang. Pour être sûr de bien suivre l'affaire, il est conseillé de reporter un plan de la pépinière dans son carnet. L'été venu, il faut arroser les jeunes semis. On les transplante à demeure durant l'hiver suivant.

La haie fruitière : gain de place, place au calme !

On l'installe à 2 m au moins de la clôture, pour en faciliter l'entretien. Si le vent est fort dans le jardin, on la plantera derrière un grillage haut de 2 m, car les fruitiers exposés aux courants d'air donnent moins qu'à l'abri. Si l'endroit est calme, la haie fruitière peut jouer le double rôle de filtre et de haie nourricière. À vérifier avant plantation !

Deux options :

- Pour border un grand terrain, la plus paisible c'est la haie fruitière rustique dont on n'attend pas grand-chose pour se nourrir. Gourmande en espace (compter 8-10 m de large), car on la compose de fruitiers soit très drageonnants, car issus eux-mêmes de drageons, de semis donnant des arbres hautes-tiges ou de plants variables, car greffés sur des sauvageons. C'est le modèle des campagnes d'antan. On la compose de cognassiers, de cornouillers mâles, de poiriers rustiques type Saint-Jean (Sud-ouest) ou sept en goule (Ouest) aux poirettes d'été exquises mais fugaces ; de pruniers rustiques – mirabelles, prunettes 'Saint-Antonin' (Tarn) ou 'Sainte-Catherine' (Touraine)... Le néflier, soit de drageon, soit greffé sur aubépine, et le griottier y fructifiaient plutôt bien... les années fastes. On peut y ajouter la mûre sans épines, le feijoa, l'amélanchier, l'alisier, le cormier, le sorbier. Mais, attention au noyer, pas grand-chose ne pousse sous sa couronne.
- Dans un petit jardin, il vaut mieux aligner une rangée de pommiers greffés sur M9, de poiriers sur cognassier, de vigne palissée. C'est moins encombrant (6 m de large quand même, clôture et allée comprises), et beaucoup plus généreux !

Haie de pommiers 'Reinette Clochard', une variété généreuse de longue garde.

Comptez alors un scion et un piquet de 2 m, tous les 2 m. Chaque printemps, pensez bien à distribuer à chacun une demi-boîte à conserve de granulés de fumier ou 2 pelletées de compost. D'avril à septembre, arrosez chaque semaine (10 l/plant) 4 ans de suite. Puis seulement en été. C'est de l'arboriculture intensive ! Première récolte souvent dès l'été suivant la plantation.

Variante méditerranéenne : la haie d'oliviers 'Cipressino'. Planté tous les mètres, cet olivier rustique au port droit donne à profusion d'excellentes petites olives vertes jusqu'au sud de la Bretagne.

La clôture fruitière

Un vilain grillage, un poulailler à ombrager ? Transformez la clôture en support de grimpantes généreuses en fruits comme la vigne, la mûre framboise, ou bien, version écran opaque, l'actinidia. Un exubérant qui exige une clôture solide. Un bon cache-misère pour l'horrible alignement poteaux en ciment/grillage de votre prédécesseur ! En climat doux, l'actinidia est le cache voisin indiscret le plus rapide car il est quasi persistant. Et grand format si ça vous arrange, le gaillard tapissant en 3 ans 20 à 50 m² de gros feuillage où nichent des grappes de fruits. Premières récoltes dans les 2 ans suivant la plantation... si vous suivez bien la méthode pour un démarrage sans pépins, et si vous avez de la chance, car il faut reconnaître qu'il n'est pas toujours si facile (voir p. 207).

Cordons-cloisons

Le cordon se compose de petits pommiers ou poiriers ou de vignes conduites sur 2 bras longs de 2 m, à 1 m ou 1,50 m du sol. Cette forme donne de très beaux fruits. Elle est conseillée pour les grosses pommes comme la 'Grand Alexandre', la 'Reinette Baumann', la 'Calville blanc', la 'Sans pareille de Peasgood', qui tombent souvent prématurément, pour toutes les poires et les vignes sauf 'Perlette' et 'Isabella', trop folles. Elle est fort jolie pour souligner une allée, séparer le potager du verger, encadrer des fleurs… On plante tous les 3 m un pieu solide de la hauteur désirée, puis on installe à son pied un scion de poirier ou de pommier petit format ou une vigne. Pour le coup d'œil, on coiffe les pieux d'une perche écorcée (en châtaignier, acacia ou frêne) ou bien, on tend un fil de fer. La première année, on laisse filer les plants à leur guise. L'hiver suivant, on coupe chaque jeune plant au-dessus d'une paire de bourgeons placés dans l'axe du palissage, en haut de la pousse et on élimine tous les bourgeons et pousses au-dessous. Les deux pousses qui surgiront dans l'été seront gentiment attachées à l'horizontale. Ensuite, chaque hiver :

- on coupe à ras tous les brins verticaux, puis, on taille les pousses latérales de la vigne au-dessus du 2e bourgeon, sur le rameau le plus proche de la branche principale, et on élimine les autres.
- on coupe à ras tous les brins verticaux, puis on taille les latéraux des poiriers et pommiers à une longueur de sécateur du rameau principal.

Au jardin du lièvre à Sercus (59), cordons de pommiers.

La vigne est moins sage que le pommier ! Une taille d'été contient son exubérance.

La tonnelle et la treille

'Exalta' et 'Chasselas rose' palissés sur une tonnelle en châtaignier.

Sur la tonnelle, la vigne court dans les fils tendus en carrés formant un dais vert et frais. Avec la treille, on la conduit en haut cordon (2,5 m au-dessus des portes et fenêtres) le long des façades ensoleillées. Au chaud du mur qui porte la maturation des raisins au summum de l'excellence, quand le gourmet se plaît à les laisser confire jusqu'aux prémices de l'hiver. Placées contre une façade ensoleillée, treille et tonnelle l'ombragent agréablement en été. Il fait bon lire et paresser sous la tonnelle et y déguster un petit apéro bien au frais et, dans la maison ombragée par les vignes, il fait nettement plus frais qu'avec des façades exposées en plein soleil. En fait, la vigne est alors l'agréable complément d'une isolation bien conçue.

L'automne venu, la vigne perd son feuillage, faisant place à la lumière qui réchauffe le mur. La clim' gratuite, en beauté, sans nucléaire ni pollution. Pour ces cultures en hauteur, on choisira de préférence des variétés comme 'Perdin', 'Amandin', 'Exalta', 'Perlette', 'Isabella'... rustiques et délicieusement généreuses. On les taillera au sécateur à perche en hiver.

Palisser à la loque

C'est là encore une antique technique fort utilisée dans les vergers d'élite d'antan. À l'époque, on appliquait les branches sur les murs avec des rubans de tissu les loques cloués à même la maçonnerie. On s'est depuis rendu compte, qu'il vaut bien mieux ménager au moins 20 cm d'espace entre l'arbre et le mur et de préférence attacher les branches sur un treillis indépendant. Pour fabriquer des rubans, cherchez un vieux drap, par exemple de cet horrible coton mélangé glacial en hiver, collant en été, extraordinairement solide ! Échancrez un bord aux ciseaux tous les 3 cm. Puis déchirez en rubans. Vous aurez là de quoi palisser tout ce que vous voudrez sans blesser les branches.

Palisser à la diable : la clim' fruitière sans corvée ni facture !

Une petite toilette hivernale pour couper les brins trop folâtres ou enchevêtrés et rattacher les branches à l'horizontale, c'est suffisant pour récolter de beaux fruits ! Mais plantez plutôt à 1 m du mur, ici les arbres y sont trop collés.

Plantés à 1 m d'un mur ensoleillé, les fruitiers donnent mieux qu'en plein jardin sans endommager le mur ni compliquer son éventuel entretien tout en l'ombrageant. On devrait y penser aussi pour rafraîchir naturellement la maison ! C'est aussi la meilleure manière de se donner une chance de récolter des abricots au nord de la Loire. On commence par préparer un treillis plus ou moins formel par exemple avec des perchettes de bambous tressées entre des piquets de 2 m, plantés à 1 m du mur ou bien sur un vrai treillage à l'ancienne, qui immédiatement magnifie le mur le plus moche. Puis on installe les arbres au bon intervalle (voir p. 177). Ensuite, un élagage un hiver entretient leur ramure bien aérée, complété par l'arcure des nouvelles pousses que l'on attachera avec un ruban souple sur le treillis.

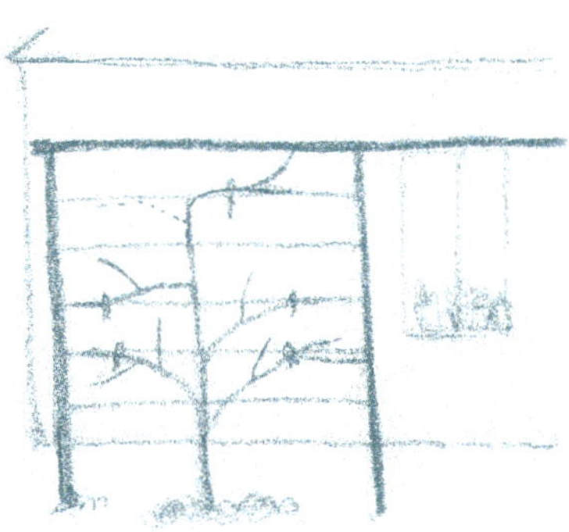

Ce palissage sans chichis fit la renommée de Montreuil et Bagnolet (93), villes championnes de la pêche et de la pomme de premier choix. Réchauffés par les murs de plâtre, d'un blanc radieux, les arbres donnaient des fruits exceptionnels. On ne trouve plus de plâtre grossier pour enduire les murs, en revanche, on peut facilement les blanchir à la chaux (voir encadré p. 48).

Pourquoi et comment tailler les arbres ?

Aujourd'hui, on taille de moins en moins, préférant laisser les arbres se développer naturellement, on élague, on toilette, juste pour que l'air et la lumière pénètrent entre les branches.

Les vieux pros ont ce joli proverbe : « Une hirondelle doit pouvoir traverser un arbre sans se froisser les ailes. » On taille aussi pour maintenir les rameaux fruitiers les plus proches possible des branches principales et ainsi bien alimenter les fruits. Inutile de compter les bourgeons et de s'embrouiller avec un vocabulaire obscur peuplé de coursonnes et de lambourdes ! Voici les gestes clés :

- On élimine tous les rameaux morts ou malades, pour prévenir invasions et épidémies.
- On élimine les rameaux enchevêtrés pour éviter qu'ils ne se blessent en se frottant, bousculés par le vent, ouvrant la voie aux maladies.
- Pour les pousses verticales, que l'on appelle « gourmands » car elles détournent la sève des rameaux fertiles, deux possibilités selon leur emplacement : soit tailler à ras, soit les courber en les attachant pour les mettre à fruits. Pour cet usage voir p. 192.

On taille par temps sec et doux, entre décembre et la fin janvier. C'est le bon moment pour prélever des greffons. Juste après la taille, on dispense le traitement de fin d'hiver au Cuivrol (7 g/l), vraiment utile pour éviter les maladies. Enfin, c'est le moment idéal pour apporter une demi-brouette de compost à chaque fruitier adulte. Indispensable pour récolter tous les ans beaucoup de beaux fruits.

Tailler les abricotiers, cerisiers, pruniers

On les taille en hiver, sauf le cerisier, plutôt au moment de la récolte. On pratique une taille légère pour les débarrasser des branches enchevêtrées et du bois mort. Une exception en cas de moniliose « flambant » littéralement la floraison en plein épanouissement : dans ce cas, on coupe tous les rameaux endommagés et on les brûle avant de traiter l'arbre copieusement avec 10 % d'extrait de consoude, à renouveler chaque mois jusqu'à la chute des feuilles. Un programme fastidieux mais efficace.

S'il y a des drageons, on les coupe aussi, en profondeur, en hiver avec une hachette et un burin. Plus on arrache le brin en profondeur, moins il repousse. Notez que si vous avez besoin de porte-greffe, vous pourrez greffer ces drageons transplantés en pépinière. Mais les arbres ainsi greffés drageonneront.

Si les arbres sont très vigoureux, trop grands, on peut les étêter sans dommage au moment des récoltes. On descend les branches pleines de fruits mûrs avec une scie d'élagage fixée sur une perche, ce qui évite de grimper dans ces arbres très cassants. Attention : en cas de canicule, on ne touche à rien ! En général, on évite de couper de grosses branches sur des arbres affaiblis. Ils formeraient en réaction des larmes de gomme caramel, qui souvent sont le signe du début de la fin.

Tailler les pêchers

Le pêcher ne fructifie que sur de jeunes pousses. Si on ne les taille pas, les rameaux ayant fructifié dépérissent, abrégeant la vie de l'arbre. Ce qui complique la taille, c'est qu'il existe 3 types de rameaux (voir ci-dessous) :

- le bouquet de mai (1), un petit brin ne portant que des bourgeons fructifères. On n'y touche pas.
- La chiffonne (2) et le rameau mixte (3), portant principalement des bourgeons fructifères. On n'y touche pas.
- Le rameau à bois (4) ne portant que des bourgeons pointus : on le taille au-dessus du 2e bourgeon. Mais s'il se dresse à la verticale, si au contraire il pointe vers le sol, on l'élimine.

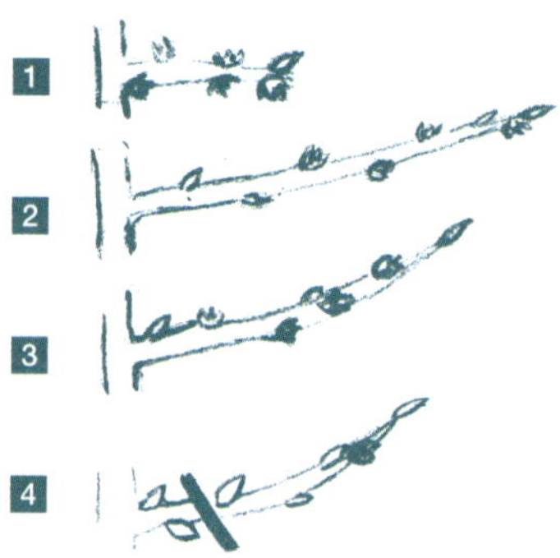

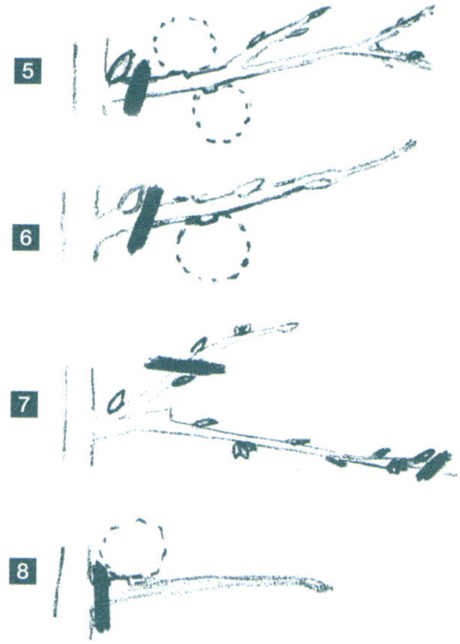

L'année suivante (voir ci-dessus) :

- On taille au-dessus du 1er bourgeon les ex chiffonnes (5) et bouquets de mai (6).
- On taille le rameau à bois (7) au-dessus du 2e bourgeon, et s'il est accompagné d'un rameau mixte, on raccourcit celui-ci au-dessus d'un bourgeon à bois (le 4e ou 5e en partant de la base du rameau).
- On élimine tous les brins verticaux et brindilles mortes (8).

Tailler les pommiers et poiriers

Si vous cultivez de petits formats en axe vertical, il n'est pas nécessaire de les tailler durant une dizaine d'années. En revanche, pensez à les regarder et à palisser les rameaux qui s'enchevêtrent dans leurs voisins pour maintenir une charpente aérée et équilibrée. On a remarqué lors des canicules que ce mode de conduite, qui laisse davantage de feuilles sur les arbres que les modes traditionnels, protégeait les fruits des coups de soleil. Naguère on pratiquait une taille d'été dite « en vert » pour favoriser le grossissement des fruits ; aujourd'hui on tend à l'abandonner pour cette raison. On la pratique encore sur les cordons pour maîtriser leur végétation.

Certaines variétés dépassent 3 m, ce qui complique les récoltes. On peut couper en hiver l'axe central au-dessus d'un bel embranchement, et l'arbre prend alors un port ouvert, en gobelet.

Tailler la vigne

Elle ne fructifie bien que sur des pousses de l'année d'une vitalité folle. Sans taille, pas ou peu de récoltes et une luxuriance à laisser baba le dresseur de vigne le plus déterminé !

Tailler la vigne est l'affaire la plus simple de toute l'arboriculture fruitière : l'idée étant de récolter un maximum de belles grappes au plus près des rameaux principaux (en général deux bras de part et d'autre du tronc), on procède ainsi :

- Chaque hiver, on élimine tous les brins verticaux sous le rameau principal. Sur les jeunes pousses, on compte 2 bourgeons à partir du rameau principal, et on coupe (1). De ces 2 bourgeons naîtront 1 rameau fructifère et 1 futur remplaçant (2). Parfois cela ne se passe pas comme cela et on se retrouve avec un seul brin partant d'un chicot vilain. Si le brin est joli, on le taille au-dessus du 2ᵉ bourgeon, et il est probable, si on a apporté du compost à la vigne, que l'année suivante on aura un nouveau beau brin partant du rameau principal, près du chicot que l'on éliminera. Pour avoir de belles récoltes, on compte 10 brins fructifères par mètre, au maximum, et on coupe le rameau principal au maximum à 1,50 m. L'année suivante, le rameau qui a fructifié est coupé à ras et son remplaçant est taillé à son tour au-dessus de son 2ᵉ bourgeon.

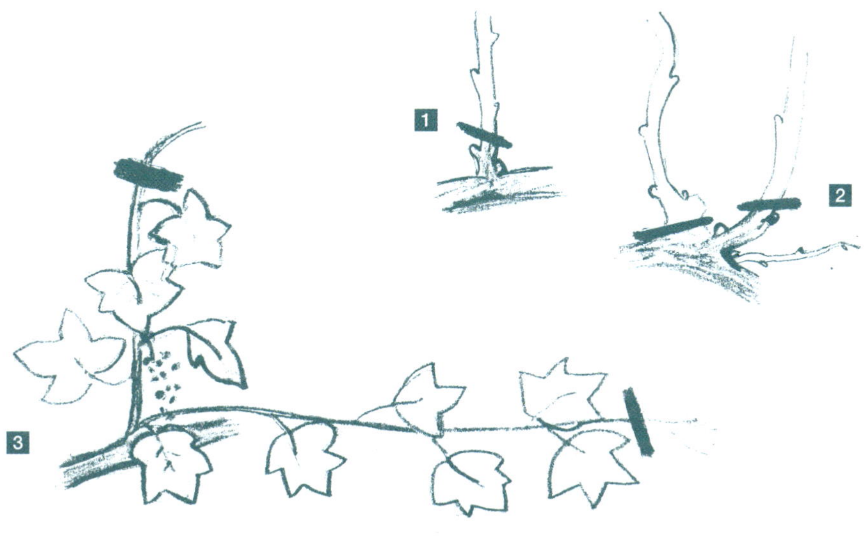

- La vigne émet beaucoup de jeunes pousses exubérantes en été. Gare à vos gouttières si vous la conduisez en treille, car en 15 jours elles s'y entortillent. Pour maintenir la sève au plus près des grappes, on taille ces pousses au-dessus de la 2ᵉ feuille surmontant chacune d'elles. Les pousses sans fruits sont réduites de moitié (3). Il faut souvent tailler la vigne 2 fois entre août et la fin septembre. C'est l'occasion de la stimuler en la pulvérisant avec 10 % d'extrait d'ortie et autant d'extrait de consoude.

Tailler les groseilliers, myrtilliers et noisetiers

Les 4 hivers suivant leur plantation, on forme les buissons, en réduisant leurs branches charpentières de moitié. Ensuite, chaque hiver, on taille l'une d'entre elles à ras pour susciter l'apparition d'une jeune pousse de remplacement. Si on a négligé la taille, cela arrive souvent ! On peut éliminer jusqu'à 3 vieux rameaux par souche, voire couper tous les vieux d'un buisson délaissé, mais les années suivantes, il faudra reprendre le sécateur plus modérément, sinon adieu !

La taille des noisetiers est l'occasion de faire provision de rames et de perchettes. Celle des groseilliers, de boutures. La taille du cassis permet aussi de récolter des bourgeons délicieux et médicinaux.

N'hésitez pas à couper à ras le bois sec des groseilliers et cassis.

Coupez chaque hiver au moins un vieux brin de noisetier, reconnaissable à ses ramilles sèches et enchevêtrées.

Tailler les framboisiers

On les classe en 2 catégories, les remontants – dont la première récolte survient vers juillet et la seconde en septembre-octobre – et ceux à fructification unique, groupée entre mai et juillet. Les pros les traitent tous de la même manière et je vous conseille d'en faire autant. On coupe les brins fructifères à ras dès la fin de la récolte. La repousse de jeunes brins s'en trouve favorisée et leur récolte, plus hâtive que prévu, sera aussi plus abondante que partagée en 2 sessions.

Si vous tenez à récolter des framboises en 2 fois, coupez les brins fructifères par la moitié sitôt la première récolte terminée. Dans les 2 cas, en hiver, on repasse pour éliminer tous les brins faibles, ne garder que des pousses vigoureuses espacées de 15 cm, et fertiliser.

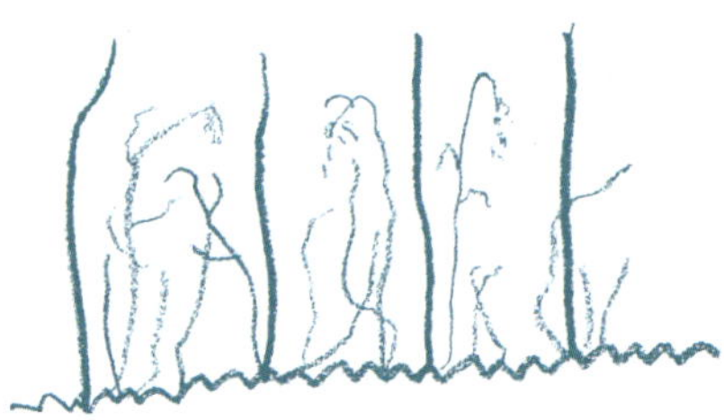

Un brin dru tous les 15 cm, voire 20 cm, c'est beaucoup plus productif qu'une forêt de brindilles !

Pommes à éclaircir.

Éclaircissage ? Éclaircissements !

Le verbe éclaircir a deux sens en arboriculture. Le moins connu est le mode de taille le plus pratiqué aujourd'hui, où l'on ne coupe que les branches mal placées pour laisser entrer la lumière dans les arbres. Son bienfait passe inaperçu, il est pourtant réel sur la qualité des récoltes et la santé des arbres.

L'éclaircissage le plus connu consiste à couper tous les fruits en surnombre. C'est fastidieux, mais très gratifiant.

En effet, les avalanches de prunes, pêches, poires, pommes ne donnent rien de bon. Non seulement les fruits restent fluets et peu savoureux, mais ils sont véreux car les papillons pondent de préférence là où ils se touchent. Pour éviter cela, en mai-juin, quand ils sont gros comme des noisettes, sélectionnez le plus beau de chaque bouquet, coupez tous les autres, puis taillez le rameau au-dessus de la deuxième feuille le surmontant. Vous avez bien lu « coupez », car si vous tentez le décollage par la pichenette sur les plus moches, vous risquez de faire tomber le plus joli ! L'idéal pour éclaircir, c'est l'épinette de vendangeur, un sécateur pointu comme des ciseaux. La bonne moyenne : 10 fruits par mètre de branche. Pareil avec le raisin : éliminez les grappes en surnombre et les grapillons tardifs qui ne donneront rien.

L'alternance, cadence naturelle du verger des paresseux

Dans les vergers professionnels, les arbres donnent tous les ans, et abondamment, sauf météo contrariante.

Dans les jardins, c'est tous les deux ans, voire moins encore, et souvent peu, selon ce qu'on appelle l'alternance. La raison : les pros distribuent du compost en hiver, arrosent et pulvérisent des stimulants durant l'été. Tout cela copieusement et à point nommé. Sauf exception, les jardiniers ne s'occupent plus de leurs arbres une fois plantés et s'étonnent de ne pas récolter grand-chose. Distribuer du compost en fin d'hiver à chacun est indispensable, la qualité de la récolte augmente immédiatement. Arroser aussi : 10 l par semaine par arbre de moins de 5 ans en période sèche, à partir d'avril et jusqu'en septembre. Ensuite, s'ils sont paillés, ils se débrouillent tout seuls.

Pulvériser de l'extrait d'ortie, de consoude ou d'algues (10 %), riches en éléments fertilisants chaque mois de la formation des fruits à la cueillette améliore la qualité des récoltes qui deviennent saines et régulières. Les futurs fruits se formant en été, c'est à cette saison que l'effet des pulvérisations est le plus spectaculaire. Alors, même si vous vous sentez d'humeur vacancière, essayez d'y penser au moins entre juin et août, une fois par mois, vous verrez que cela en vaut la peine !

Mise à fruits en souplesse

Il n'est pas tout seul, il a des partenaires alentour pour féconder ses fleurs où s'activent les abeilles, mais pour les fruits, rien ou pas grand-chose. C'est souvent un petit jeune plein de vigueur, parfois un vieux plein d'énergie. Tant qu'il ne sera pas calmé, vous ne récolterez rien ! Entre mai et juillet, préparez de longs rubans solides (voir p. 49), abaissez ses branches doucement, attention ! elles cassent facilement. Enfoncez des piquets solides en biais, pour les ancrer solidement dans l'axe des branches à abaisser, puis attachez-les ensemble sans trop forcer sur le ruban (il faut abaisser sans casser !). En général, l'année suivante, youpi ! Des fruits ! On peut détacher les rameaux en mai-juin, quand les fruits sont bien formés (il y a toujours un peu de chutes naturelles auparavant). Une fois abaissées à l'horizontale, les branches émettent régulièrement des bourgeons fructifères, et vous récoltez enfin ce que vous espériez.

Arquer les branches, c'est facile et efficace pour récolter des fruits, essayez !

Variante : certains préfèrent attacher des pots de terre cuite aux branches à ployer. C'est joli en photo. Mais dans un pays de grand vent, gare à vous ! Ce procédé ne casse pas que des branches, il peut aussi blesser le premier passant venu.

En compagnie des fleurs, un verger en forme

L'intérêt pour une agroécologie intelligente, la volonté d'inscrire les vergers dans un ensemble cohérent, ont multiplié les expériences de compagnonnage entre les fleurs et les fruitiers. Les Suisses en furent les pionniers en replantant des haies, puis des bandes fleuries dans leurs vergers. Cette association a démontré ses bienfaits : la haie régule un microclimat favorable et, avec une flore bien choisie, entretient un refuge pour les prédateurs des insectes ravageurs et pour les pollinisateurs, dont la disparition ne semble toujours pas alarmer nos autorités gouvernantes. Trop occupées sans doute à fricoter avec les lobbies de l'agrochimie.

Dans un petit jardin, on cultive spontanément fleurs et fruitiers ensemble, sans vraiment se pencher sur les effets d'une telle association. Attention notamment aux très envahissantes, qui risquent de retarder le démarrage des arbres, comme les asters à feuilles lisses – ceux à feuilles rugueuses (asters de Nouvelle-Angleterre, asters plumosus) n'ont pas ce défaut. Appréciés des papillons et des abeilles, leur abondante floraison nourrit, de septembre à novembre, les ichneumonidés, une grande famille prédatrice entre autres des pucerons, carpocapse, cochenilles...

La carotte sauvage est l'une des meilleures compagnes du verger. Sa floraison en plein été, quand les fleurs sont rares, nourrit les prédateurs des insectes nuisibles aux récoltes.

Les géraniums vivaces comme 'Claridge Druce' attirent les syrphes en quantité, les népétas, les chrysopes.

Les annuelles, comme le bleuet, le chrysanthème des blés, l'anthémis des champs, protègent bien les poiriers des psylles. Voyez aussi Les fleurs compagnes du potager p. 166.

Trop souvent, on oublie le rôle très important de la flore spontanée. Or, elle est primordiale dans la présence ou non de pollinisateurs et d'auxiliaires comme les araignées, guêpes et punaises prédatrices, forficules, coccinelles, chrysopes, syrphes, capables de réguler des prédateurs aussi redoutés que le psylle, la cécidomyie des poirettes, l'araignée rouge, le puceron...

Les professionnels les sèment. Au jardin, elles sont souvent déjà là, mais on ne les voit pas, ou bien on les arrache sans leur accorder un regard. Voici des sauvageonnes vivaces d'importance majeure. Leur floraison s'échelonne toute l'année et s'accorde très bien avec celle de fleurs bien aimées : l'achillée millefeuille (*Achillea millefolium*), la bugle rampante (*Ajuga reptans*), la pâquerette (*Bellis perennis*), la campanule (*Campanula rotundifolia*), le carvi (*Carum carvi*), la cardamine des prés (*Cardamine pratensis*), la centaurée jacée (*Centaurea jacea*), le panais et la carotte sauvage, le gaillet (*Galium mollugo*), le géranium des Pyrénées (*Geranium pyrenaicum*), les épervières (*Hieracium aurantiacum*, *H. lactucella*, *H. pilosella*), les plantains (*Plantago lanceolata*, *P. major*), la porcelle (*Hypochaeris radicata*), la gesse des prés (*Lathyrus pratensis*), les liondents (*Leontodon autumnalis*, *L. hispidus*, *L. saxatilis*), la grande marguerite (*Leucanthemum vulgare*), le lotier (*Lotus corniculatus*), la luzerne lupuline (*Medicago lupulina*), le myosotis, la primevère (*Primula elatior*), la brunelle (*Prunella vulgaris*), la silène fleur de coucou (*Silene flos-cuculi*), le trèfle (*Trifolium pratense*), la véronique petit-chêne (*Veronica chamaedrys*), la vesce des haies (*Vicia sepium*).

Atention ! en cas d'invasion de campagnols, renoncez au tapis de trèfle ou de luzerne, car ils en raffolent.

Attendez au moins 4 ans que les arbres soient bien partis, pour ensemencer ce tapis fleuri à 1 m des plants, la bonne distance pour qu'il exerce ses effets bénéfiques sans assoiffer les arbres en été, en période de sécheresse, mais au contraire contribue à tempérer la chaleur en protégeant le sol. On le fauche en fin de floraison, en juin, puis le regain en fin d'été. L'herbe coupée paille le pied des arbres.

Si vous voulez semer ces plantes chez vous, surtout n'achetez pas n'importe quel mélange « auxiliaires » ou « bienvenue aux pollinisateurs », comme il y en a tant. Le monde des insectes est complexe et beaucoup d'espèces ne vivent bien qu'avec certaines fleurs et pas d'autres. Adressez-vous à un fournisseur spécialisé, comme www.ecoflora.be ; www.olivier-tranchard.fr.

Beaucoup d'expériences sont en cours, c'est passionnant, un nouveau monde est en marche ! Alors laissez venir et revenir les sauvageonnes !

Le pré-verger

Un modèle d'écologie agréable pour cultiver des arbres tout en élevant des animaux. Mais, il faut de l'espace : avec le plus petit des moutons, l'Ouessant, 2 000 m^2 c'est un minimum pour un couple, en tondeuse cadencée par un crunchcrunch régulier sous les arbres fruitiers. Le soir au crépuscule, ils feront le tour du champ à toute vitesse en jouant à saute-mouton.

Mais, il faut 4 000 m^2 pour ne pas paniquer en cas d'année sèche, le double si vous prenez des moutons rustiques plus gros comme le Landes de Bretagne, la Solognote. Avec des arbres demi-tige, pour ne pas attendre jusqu'à 100 ans la première récolte, ou alors à l'ancienne, en hautes-tiges, pour le coup d'œil et assurer l'héritage.

Et puis, on aura aussi des poules et les oies dans l'herbe pour la fertilisation, direct du producteur au consommateur, le ménage des vers des fruits, de l'anthonome et autres prédateurs du verger. Enfin et ce n'est pas le moindre, il y aura la sieste et la lecture à l'ombre des branches, dans le parfum des pommes qui tombent sur le doux tapis vert avec un petit « ploc », sans se cabosser.

La méthode : plantez d'abord les arbres avec soin (voir p.174), puis, avant d'introduire les moutons, protégez-les en entourant chacun d'un cylindre de menu grillage (maille 5 x 5) bien tendu, large d'1 m et haut d'1,20 m. Une précaution indispensable, car en quelques minutes, un mouton en manque d'écorce peut tuer un joli petit arbre. Ces protections ne servent à rien avec des chèvres... mais les chèvres n'en font vraiment qu'à leur tête.

Brebis Landes de Bretagne dans un pré verger de l'écomusée de la Bintinais, près de Rennes (35). Une ferme pleine de ressources où l'on trouve aussi des poules Coucou de Rennes et Janzé.

Lâchez les poules !

La culture des fruitiers dans les fleurs ne suffit pas toujours à faire baisser la pression de certains insectes ravageurs comme l'anthonome, le balanin de la noisette, la tordeuse orientale du pêcher et en général des vers des fruits. Certaines variétés sont aussi plus vulnérables que d'autres : la pêche 'Orlandine', la quetsche d'Alsace, les pommes 'Calville du roi' et 'De l'Estre' peuvent être si véreuses qu'elles en deviennent immangeables. L'association poules-fruitiers est maintenant de plus en plus pratiquée car son efficacité est attestée.

La méthode : pour 2 poules, ayez un rouleau de 25 m de grillage et 10 piquets métalliques. Déroulez l'enclos sous les arbres, et envoyez-y les poules durant une semaine, puis déplacez-le d'un cran jusqu'à ce que l'ensemble du verger soit tondu-picoré-gratté-nettoyé. Si beaucoup de larves se cachent sous l'herbe, prolongez le séjour jusqu'à ce qu'elles aient terminé le ménage, ce qui peut chambouler le terrain, mais ne vous inquiétez pas, l'herbe repoussera de plus belle !

Les faire rentrer au poulailler est facile, il suffit de taper sur la casserole à grain, elles accourent ! Fréquence du traitement : au moins une fois par trimestre, si possible tous les mois.

Dans les pelouses et allées engazonnées, la même équipe se transforme en tondeuse silencieuse selon la même formule, mensuelle d'avril à juin, puis de septembre à novembre, durant 3 jours par session. Pour cet usage, il ne faut pas les lancer dans l'herbe trop haute. Jusqu'à 20 cm la tonte est impeccable, au-delà, c'est moins régulier.

Naturellement, si vous avez plus de 2 poules, adaptez la durée du séjour à la taille du cheptel.

Les poules sont le plus efficace des insecticides… à condition de bien respecter les doses !

Soins du verger : programme allégé !

Sauf année à chagrin, si vos arbres sont bien espacés, bien exposés, ces soins permettent de belles récoltes :

- Faites le ménage chaque automne au pied des arbres après la chute des feuilles, en ratissant soigneusement fruits et feuilles. Si vous n'êtes pas un as du compost – là il faut vraiment que ça chauffe pour détruire les germes et les larves ! – réunissez-les en tas plat pour les faire sécher sous une bâche afin de les brûler en fin de barbecue. L'effet de ce ménage est visible dès l'année suivante, par exemple avec le cognassier hélas abonné à la tavelure et à la moniliose en climat humide.

Retirer les fruits pourris du verger empêche vraiment la moniliose de détruire les récoltes suivantes.

Enfermer les fruitiers dans du voile anti-grêle les protège des attaques de mouches des fruits. Mais c'est coûteux et un brin fastidieux quand il faut les dévoiler pour la récolte.

- Deux traitements sont vraiment utiles en complément de ce nettoyage : en novembre, juste après la chute des feuilles, puis, en fin d'hiver, avant l'ouverture des bourgeons. Dans les deux cas, traitement général à l'oxychlorure de cuivre (Cuivrol) à raison de 7 g/l, ou à la bouillie bordelaise (12 g/l). On peut diminuer de moitié les doses de cuivre en ajoutant 3 % de jus de consoude à la solution. La pulvérisation doit être copieuse, au moins 1 l par arbre de 3 m^2.
- En novembre-décembre, badigeonnez les troncs des arbres et la base de leurs maîtresses branches avec du lait de chaux. C'est magnifique dans la lumière rase de l'hiver et efficace pour détruire le lichen, les larves de carpocapse, d'anthonome et autres parasites.
- Si vous voulez récolter de beaux fruits tous les ans, ajoutez une pulvérisation mensuelle avec 10 % d'extrait d'ortie ou de consoude ou bien d'algues, de la formation des fruits à la récolte.

Si vous cultivez une variété sensible, au premier symptôme, préparez les traitements suivants :

- Tavelure : de l'éclosion des fleurs au stade « bille » des fruits, pulvérisez cette formule : 2 g/l de soufre mouillable + 4 g/l de lithothamne + 10 cl/l d'extrait d'ortie. Attention, le soufre doit toujours être utilisé par temps sec et à une température inférieure à 27 °C.
- Moniliose : de la floraison à la récolte, traiter une fois par mois, pulvérisez cette formule : 50 g/l de kaolinite + 20 % d'extrait de consoude + 20 % de décoction de prêle.

- Oïdium : d'avril à septembre, chaque mois, poudrer au soufre les vignes et les groseilliers à maquereau, surtout virulent en période chaude, à raison de 20 g pour 10 m². En été, traiter au crépuscule, à la fraîche. S'il se déclare, pulvériser une solution à 1 % de permanganate de potassium (en pharmacie). Attention, ça tache ! La pulvérisation doit être copieuse, au moins 1 l pour 3 m².

Voile de mariée contre insectes

Certaines variétés de raisin à peau très fine comme 'Chasselas', 'Perle de Csaba', 'Perdin', certaines pommes tendres comme 'Calville du roi', 'Signe Tillish', la plupart des poires d'été sont dévorées par les frelons et les mouches dès les prémices de leur maturation. La seule prévention efficace, c'est d'ensacher les fruits dans des poches de gaze en coton (rare) ou de voile de mariée (plus courant, mais hélas, aussi durable qu'un mariage contemporain, 2-3 ans). Mesurez large, au moins 25 cm, et haut, environ 35 cm, car si les sachets touchent les fruits, les frelons les percent.

Pièges à sirop

Les plus jolis sont en verre avec le fond en cuvette percée au centre, mais on peut en bricoler avec des bouteilles d'eau en plastique coupées à 12 cm du goulot. On perce le haut du corps de la bouteille pour enfiler une anse en fil de fer, puis on coince le goulot retourné. On verse 5 cm de sirop bon marché, genre pêche chimique, un reste de cidre ou de bière et on suspend le piège près des fruits prêts à mûrir. Comptez-en 3 pour un pommier petit format ou une vigne. Seules les mouches, guêpes, frelons et quelques papillons de nuit se font piéger. Jamais les abeilles. C'est moins efficace que l'ensachage des fruits, mais plus facile.

Greffer : on change tout !

Pour troquer rapidement une variété médiocre contre une excellente, donner un partenaire à un célibataire stérile sans prendre de place, greffez ! Greffer permet aussi de tirer parti de sauvageons bien placés et sûrement pas faciles à arracher. Enfin, quand on greffe un vieil arbre – ce que les anciens appelaient surgreffage – il donne souvent dès l'été suivant.

Les greffes les plus faciles à réussir sont celles des poiriers et pommiers, celles des arbres à noyau sont plus délicates, surtout quand il fait sec. Un temps frais, un peu pluvieux est favorable, c'est pourquoi les greffes de printemps (en fente, en couronne notamment), réussissent mieux que celles d'été. On greffe quand les arbres de la même espèce s'apprêtent à fleurir, signe que la sève est en pleine activité.

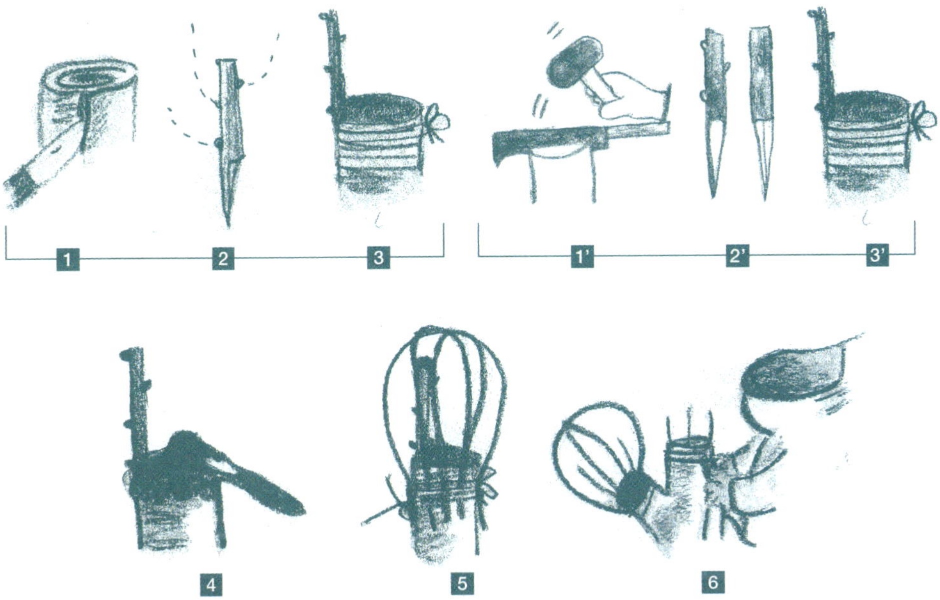

On greffe en fente des brins épais de plus de 1 cm, fendus par la moitié. En couronne, on glisse des greffons dans l'écorce fendue sur des brins de plus de 3 cm de diamètre. Les deux conviennent pour surgreffer de vieux arbres.

Greffe en couronne : (1) fendre l'écorce du brin à greffer, sur 2-3 cm de haut, sans blesser l'aubier. (2) Tailler le greffon pourvu de 3 bourgeons, en biseau plat. (3) Enfoncer le greffon dans la fente, bien « assis » sur la surface du porte-greffe et légèrement enfoncé dans l'écorce pour que les aubiers coïncident. Et ligaturer.

Greffe en fente : (1') fendre le brin à greffer sur 2-3 cm de profondeur en tapant doucement sur une serpe. (2') Tailler le greffon en biseau à deux faces. (3') Insérer le greffon, bien « assis » sur la coupe et ligaturer avec du raphia.

On termine dans les deux cas de la même manière : (4) enduire copieusement l'ensemble de mastic à greffer. En déposer aussi une goutte sur la pointe du greffon. Attention à ne pas engluer les bourgeons. (5) Protéger les greffons sous 2 ou 3 arceaux d'osier pour éviter que les oiseaux ne les cassent. À noter : on peut greffer plusieurs branches à la fois avec 2 (branche de 4 cm) à 4 greffons (branche de 10 cm et plus).

Greffe d'un an de 'Reinette Clochard' sur 'Chailleux'.

On peut aussi greffer en été, en écusson. Mais, là où il ne pleut presque plus entre juin et septembre, les arbres se mettent en pause, compromettant la réussite de cette greffe délicate, basée sur un seul bourgeon qui veut des sujets bien en sève.

Pour greffer, il faut des greffons. On peut en acheter lors des foires aux greffons, ou bien prélever des pousses grosses comme des crayons, à mi-hauteur, dans des arbres généreux et bien vifs, de décembre à janvier. On les réunit en bottes étiquetées, puis on les enterre au pied d'un mur exposé au nord, couchées sous 20 cm de sable jusqu'au jour du greffage.

Quant à la lune, on s'en fiche. Les Croqueurs de pommes réussissent leurs greffes à près de 100 % sans s'embêter avec ça.

Sauver un vieux fruitier

Avec un abricotier, ou un bigarreau plein de bois mort et de larmes de gomme, faites-vous une raison, c'est la fin. Avec le pêcher, même âgé de 20 ans – sa longévité moyenne – on peut tenter un sauvetage, même s'il a l'air partiellement déjà mort, même chose avec un cerisier aux fruits acidulés. Poiriers et pommiers vivent centenaires, mais ils s'embarrassent de bois mort et parfois dépérissent sous une couche de lichens ou un fardeau de lierre. Ils peuvent reprendre goût à la vie après un ménage radical.

Par une belle journée d'hiver, sciez les branches mortes, en biais, au-dessus d'une pousse vigoureuse, éliminez tous les rameaux secs ou enchevêtrés. Brossez ce qui reste pour enlever un maximum de cochonneries, puis chaulez tronc et maîtresses branches avec un mélange à parts égales d'eau et de fleur de chaux. S'il vous reste du jus de consoude, ajoutez-en 3 % à l'eau, c'est un excellent cicatrisant.

Si le sinistré pousse dans l'herbe, bâchez la surface correspondant à son ancienne ramure (c'est là que se trouvent ses racines). Au début du printemps, débâchez pour incorporer 2 brouettes de compost mûr à la griffe. Après deux semaines de pluie, répandez 20 cm de paillis.

Le taux de réussite d'un tel recépage est d'environ 50 %. S'il y a quelques jolies pousses grosses comme des crayons dans ce que vous avez retiré, mettez-les de côté, vous pourrez les faire greffer par une association locale et ainsi conserver une variété devenue rare.

Récolter pour se régaler

Tous les fruits de la belle saison sont à cueillir le matin avant 9 h et à ranger dans une pièce fraîche et ombreuse, avant dégustation.

- C'est sous l'arbre, dans la senteur du foin coupé, des roses et des tilleuls en délire qu'il faut croquer les cerises pour en savourer chaque nuance, du fondant de la guigne et de la cerise vraie au croquant du bigarreau, du doux à l'acidulé avec cette note subtile particulière à chacune. Toutefois, griottes et cerises acidulées révèlent toute leur saveur après un jour au frais, dénoyautées et poudrées de sucre.
- Abricots, poires d'été, prunes et cassis se bonifient gardés dans la pénombre d'un cellier frais durant une journée. Les pommes d'été en revanche sont à déguster sans attendre, car elles deviennent cotonneuses sitôt cueillies.
- Le raisin n'attend pas, il faut le déguster sitôt cueilli pour en savourer toute la subtilité et le croquant.
- Les noisettes, dit le proverbe, sont bonnes à récolter vers le 15 août, lorsqu'elles roussissent, mais inutile de s'acharner sur celles qui refusent de se détacher de leur involucre, car elles sont vides. Comme celles percées, dévorées par un petit ver rose, le balanin. On les conserve au sec, dans un panier, comme les amandes et les noix.

Les fruits d'automne se récoltent par beau temps sec, en fin de matinée ou l'après-midi.

Les cerisiers sont cassants, évitez d'y grimper à l'échelle, taillez plutôt des branches avec une scie à perche ou abaissez-les à l'aide d'une binette.

Ce 'Reinette Clochard' donne régulièrement 50 kg de pommes à déguster jusqu'en avril. Récoltées à la mi-octobre, au cueille-pommes, elles sont ensuite stockées au sec et au frais. Les fruits tombés sont à déguster en premier.

Les châtaignes se récoltent sitôt tombées vers la mi-octobre. Elles se conservent mieux si on les plonge sitôt cueillies dans un bain d'eau salée (200 g/l) pendant 24 h. Ainsi, on élimine les véreuses flottant à la surface. Une fois sèches, on range les autres dans un panier suspendu au cellier où elles se conservent jusqu'en décembre.

- Poires et pommes d'automne et d'hiver se récoltent vers la mi-octobre, pas encore mûres, puis s'affinent au cellier durant une période variable. Les poires d'hiver comme 'Bergamote Esperen', 'Doyenné d'hiver', les pommes 'Reinette Clochard' ne sont mûres qu'à partir de février. La majorité des autres se déguste entre octobre et décembre.
- Actinidias et kakis se récoltent en novembre-décembre, puis mûrissent jusqu'en février en véranda ou sur l'appui des fenêtres.

Conserver ses fruits en hiver

Pour un vrai fruitier, ce qu'il vous faut, c'est une pièce sombre et saine au nord de la maison, où la température se maintient à 10-15 °C pendant l'hiver. Dans l'idéal un cellier, offrant le spectacle réjouissant des récoltes qui vous accueillent en embaumant l'air. Une entrée, une véranda non chauffée, une fenêtre au nord, protégée par un volet transparent font aussi l'affaire, mais c'est souvent insuffisant pour accueillir toutes les récoltes d'un jardinier autonomiste !

Dans un vrai fruitier, on range pommes, poires, kiwis, kakis sur des clayettes plates récupérées au marché et faciles à empiler. Il faut les inspecter régulièrement pour retirer les fruits à point et ceux qui pourrissent. Et aussi, surveiller les souris !

Un conseil, si vous achetez des fruits à un producteur, vérifiez qu'il ne les a pas mis au frigo, car dans ce cas, non seulement leur conservation est abrégée, mais ils perdent toute leur saveur.

Congélateur ? Pas indispensable

En ces temps de réflexion sur le gaspillage de l'énergie, est-ce bien raisonnable ? S'il s'agit de s'abonner au remplissage estival de sachets en plastique, pour ensuite les oublier, ce n'est pas la peine. Utile pour mélanger des groseilles aux fraises et framboises au moment des confitures ? Il existe des variétés qui naturellement se récoltent au même moment. La plupart des fruits se sèchent très bien. Certes c'est un autre usage, mais cela invite à inventer de nouvelles recettes. Déjà, des producteurs locaux pratiquent le séchage solaire pour les fraises et framboises. Il n'est même pas nécessaire de construire un séchoir : pour les prunes, on procède exactement comme pour les tomates (voir p. 95), pourquoi ne pas essayer d'autres fruits. Au congélateur, les pêches se transforment en épongettes, quant aux pommes et poires, plutôt que s'échiner à congeler des compotes, cultivons des variétés qui se conservent naturellement tout l'hiver !

Cerises : chat barde !

Les cerises sont à peine roses que se déclenche la grande pétarade annuelle, censée faire peur aux merles et en général à tout ce qui vole et picore. Certains brandissent des ballons peints de gros yeux furieux, de – coûteux – cerfs-volants imitant plus ou moins la buse, d'autres bardent le cerisier de bandelettes aveuglantes ou y accrochent des têtes de chat en tôle, voire le chat entier avec ses yeux en billes de verre jetant des éclairs. C'est la saison de la rage ! On sent que chacun aimerait bien trouver un truc pour devancer les oiseaux, capables en un quart d'heure de piller un cerisier pile le jour où les cerises sont à point. Eh bien, ça marche pas ! Le moins inutile : la diffusion d'enregistrements de cris d'alarme des gourmands et des menaces de leurs prédateurs. Mais attention ! Seulement le jour où les cerises rougissent. Si on commence la veille, les vauriens devinent la supercherie. Cela ne garantit pas la paix, mais ça peut sauver une demi-récolte. Surtout si, heureux compagnon d'un chat chasseur, vous le passez au régime Ramadan : le dessert sera servi au crépuscule – l'heure fatale – sous le cerisier, après la chasse au plat principal, sinon ceinture ! (Le Paradis se mérite, c'est bien connu.)

En général, les oiseaux dédaignent les bigarreaux blancs ('Napoléon', 'Cœur de pigeon') et les griottes. Mais pas toujours.

Aux risques et périls du curieux

Le grand engouement pour le jardin vivrier promeut des plantes dont les qualités fruitières me laissent dubitative.

***Akebia quinata* (1) :** d'abord, pendant 3-4 ans, il ne se passe rien. Un bel été, il s'élance et tapisse volontiers 25 m² d'un coup... Pratique pour cacher un vilain appentis. Mais gare ! Si vous avez envie de consacrer tous vos loisirs à arracher d'invincibles drageons, vous serez servi. Pour les fruits, eh bien, ici et là, une espèce de grosse huître violacée intrigue. C'est épais, c'est vilain, est-ce vraiment comestible ? Pas de quoi nourrir un seul curieux en tout cas.

1

Amélanchier : un ex-chéri des « haies mélangées » des années 1990. On le repère lorsqu'il les noie sous son abondante floraison blanche en avril-mai, suivie en automne d'autant d'amélanches bleues ou pourpres. On dit leur confiture divine, c'est difficile à vérifier car les oiseaux les pillent avant qu'elles ne soient mûres. Avec ça, il passe pour attirer les campagnols et drageonne avec détermination.

Aronia (2) : c'est à peu près le même scénario qu'avec l'amélanchier. Sa prometteuse floraison blanche aux étamines roses en mai-juin laisse espérer autant de baies rouge vif ('Brilliant') ou noires (*Aronia melanocarpa*), quand son feuillage passera au carmin. Et puis, rien ! Consolation, si vous voulez savoir quels oiseaux habitent dans le voisinage, observez-le !

2

Avocatier : si vous ne disposez pas d'une grande serre chauffée et bien irriguée, la mode du guacamole sera passée depuis longtemps quand il consentira à fructifier.

Baie de mai : que faire de cet arbuste terne, aux baies bleu triste ? Son cousin le chèvrefeuille fait mieux. Ses baies sont poison, mais au moins sa floraison enchante.

Bananier (3) : très très moche 8 mois sur 12, très rarement fructifère. Alors certes, oui très beau en été, mais là on est trop content pour déguster ses grandes feuilles savoureuses en papillotes.

3

Chalef : sous ce nom, une famille Eleagnus encombrante. Le plus sage, celui d'Ebbing, se ressème le plus modérément. Les deux chouchoux de la haie à baies *Elaeagnus commutata* et *E. umbellata* drageonnent et se ressèment avec entrain. Alors, certes leur floraison est très parfumée, leurs baies ravissantes et nombreuses, mais juste vaguement sucrées. Donc ce sont surtout les oiseaux qui en profitent… pour en semer partout !

4

Fuchsia Regia-Reitzii (4) : un magnifique géant (3 m) vraiment rustique. Mais pour la dégustation des baies, les habitués de la Folie des plantes de Nantes ont longtemps fui ce spécialiste du fuchsia qui harcelait sa clientèle avec sa confiture. Ouf, il a enfin pris sa retraite !

Goyavier-fraise : Sébastien Tan, pépiniériste en curiosités comestibles, qui est franc de nature, vous prévient : « à zéro, il crève ». Il a tenu à -5 °C, mais à 4 ans on attend toujours les goyaves. Il y en a plein au Parc du Grand-Blottereau à Nantes, mais ce n'est pas sans peine. Avis !

5

Leycesteria (5) : on a d'abord surnommé cet aimable petit persistant (1,50 m) « arbuste aux faisans ». En 40 ans de fréquentation, je n'ai jamais vu un faisan s'y intéresser, pourtant ceux que mes voisins chasseurs lâchaient chaque été étaient aussi familiers que des poules. Aujourd'hui, on l'apprécie pour ses baies à l'exquise saveur de caramel. Elles succèdent à de gracieuses pampilles blanches couronnées de grenat, hélas, il en donne juste assez pour un tout petit appétit.

Passiflore : oh sorcellerie des cocktails tropicaux ! La maracuja des Antillais, la figue-banane des Réunionnais, *Passiflora edulis* veut du soleil ! Et du chaud. À Montpellier, à Nice ça peut aller ; à Brest ou à Caen, ce n'est pas gagné.

Sureau : mieux vaut le cueillir dans la nature que l'accueillir en son jardin car c'est un envahisseur déterminé. Toutes variétés confondues. Un jardin s'inscrit dans un terroir, si le sol est frais, si vous l'aimez, allez voir, il y en a sûrement pas loin de chez vous.

De A à Z des fruits pour se régaler

Voici une majorité de variétés anciennes car c'est parmi elles que l'on trouve non seulement le meilleur des fruits, mais les arbres les plus rustiques. Les variétés modernes sont souvent exigeantes en irrigation et en traitements, et leur saveur est du genre supermarché : trop sucrée, sans nuances avec une maturation groupée qui convient mal à l'amateur. J'ai remis à jour les dates de maturation car, globalement, en 15 ans, les récoltes ont gagné un mois de précocité avec souvent une maturité beaucoup plus groupée qu'auparavant.

ABRICOTIER

Les abricots mûrs à point comptent parmi les plus grands délices. Hélas, sauf coup de chance, il est rare d'en déguster tous les ans ! Pour avoir une chance de tomber sur un bon numéro, on oublie les avares ('Tardif Delbard', 'Luizet'), les grands malades ('Royal', 'Polonais'), le pâteux ('De Nancy'). Restent pour le Midi, 'Rouge du Roussillon', le plus généreux, peu sensible à la moniliose, et 'Bergeron', le meilleur, au parfum de violette, mais sensible à la moniliose en climat humide. Sa floraison tardive a des chances d'échapper au gel, fatal chez cet arbre souvent épanoui dès la fin février.

Dans le Sud-ouest : 'Muscat', 'Commun de Nicole', à floraison tardive, fin mars, aux fruits petits mais délicieux. En Val-de-Loire, on abrite la floraison du généreux 'Précoce de Saumur' en le plantant près d'un mur où il donne abondamment, mais ce n'est pas le meilleur ! Avis aux curieux : ces variétés anciennes sont autofertiles, pas la plupart des variétés américaines.

- Récolte à partir de la troisième année suivant la plantation, puis 20-30 kg d'abricots sublimes 1 an sur 3 ou 4.
- Plantation en sol filtrant, de préférence calcaire ; au nord de la Loire, de préférence à 1 m d'un mur ensoleillé ou au bord d'un talus, pour lui garantir le terrain sain sans lequel on n'élève qu'un abricotier à chagrin. En terrain lourd et froid, le choisir greffé sur GF 8-1, sinon l'apoplexie le tue souvent prématurément, en plein été et de préférence l'année où il était enfin chargé de fruits.

- Entretien : si la moniliose, hélas à craindre en climat humide, grille la floraison, il faut couper tous les brins flétris et les brûler aussitôt, puis le traiter chaque mois, jusqu'à la chute des feuilles. Attention, c'est un arbre sensible au Roundup et les seules vapeurs d'un traitement voisin le tuent net. À part ça, on le taille au moment de la récolte, juste pour l'aérer et l'équilibrer si nécessaire.
- L'abricotier se reproduit assez fidèlement de semis, en revanche il est assez difficile à greffer, en écusson en fin d'été, en fente ou couronne en mars.

ACTINIDIA

Le plus populaire, c'est le kiwi, velu et brun (*Actinidia sinensis*), à la floraison en gros bouquets d'anémones orangées. Une liane volubile qui submerge vite fait 20 m^2 de tonnelle de son large feuillage feutré… en climat doux. Le kiwaï (*A. arguta*) aux fruits lisses, mûrs en septembre-octobre, est beaucoup moins volubile et sa floraison plus discrète. Il passe pour plus facile à réussir, mais franchement, même en réunissant tout ce qu'il faut, c'est surtout une question de chance ! Il existe des variétés autofertiles dans les 2 catégories mais elles sont médiocres. Les meilleures sont dioïques, 1 plant mâle féconde jusqu'à 6 femelles de la même espèce. Par exemple, le kiwi mâle féconde des kiwis femelles, pas des kiwaï, et réciproquement. Mais à moins d'aimer ces baies à la folie, un couple suffit. Les meilleurs kiwis : 'Abbott', 'Bruno', 'Monty', sont bien supérieurs à l'omniprésent 'Hayward'. Côté kiwaï, 'Issaï' est le plus populaire car autofertile, à vrai dire, une vraie galère, un grand capricieux. On essaiera plutôt des réputés savoureux comme 'Ananasnaya', 'Missionnaire', aux fruits pourpres, et le plus rustique, 'Weiki'.

- Récolte 3 à 5 ans après plantation de fruits acidulés (20 kg de kiwaï en septembre, 70 kg/plant femelle de kiwi en novembre), hélas, souvent, la femelle, moins vigoureuse, laisse le mâle veuf.
- Plantation au nord ou en tout cas à mi-ombre, à 5 m d'intervalle en sol bien drainé mais frais, près d'un support solide (compter 3 m de haut et 7-8 m de long pour un couple de kiwis, 5-6 m de long pour 2 kiwaï. En région gélive, planter à 1 m d'un mur, pour protéger la floraison.
  Si au bout de 2 ans le plant ne pousse pas, changez-le de place, il suffit parfois d'1 m pour que tout change ; pensez-y car les deux espèces sont assez compliquées à satisfaire.
- Entretien : les 2 premières années, le démarrage des plants femelle est lent, l'on se contente de les guider à la verticale. Pensez à bien les fertiliser au printemps et à les arroser par temps sec en été.
- Prélevées en juin, les boutures herbacées de 50 cm réussissent assez bien sous ombrière bien arrosée.

ASIMINIER

C'est la grande tocade des fêtes des plantes, malgré son prix d'autant plus élevé qu'il en faut une paire pour espérer récolter de savoureux gros fruits verts, oblongs comme des mangues, dont ils ont la texture crémeuse avec une saveur évoquant la pomme-cannelle. Les semis sont préférables aux plants greffés, quoiqu'un un peu plus longs à fructifier. Floraison bordeaux en avril-mai. C'est un petit arbre (3 m) à enracinement profond à cultiver dans une région aux longs et beaux automnes pour les variétés en majorité automnales. Les sélections en circulation ont peu de pépins, comme 'Summer Delight' à récolter en août-septembre, 'Prima', mi-septembre, 'Sunflower', fin septembre. Certaines variétés sont vendues comme autofertiles comme 'Kentucky Champion', fin septembre, mais mieux vaut les cultiver en duo, car ce caractère ne s'affirme qu'à la longue.

- Récolte : 1-2 kg/plant à partir de 5 ans.
- Plantation en sol bien irrigué, profond, riche, à l'ombre l'après-midi au sud de la Loire.
- Entretien : les 5 premières années, bien veiller à l'arrosage et à la fertilisation printanière des plants. Entretenez un bon paillage et veillez à l'arrosage estival copieux et hebdomadaire par temps sec. Abritez-les du froid en hiver jusqu'à ce qu'ils deviennent gros comme le pouce. Ensuite, ils sont très rustiques et généreux.

CASSIS

Le plus simple à cultiver c'est 'Andega', savoureux, généreux et autofertile, car les variétés traditionnelles marchent par deux, en général à raison d'un médiocre et d'un bon (exemples : 'Burga' et 'Royal de Naples', 'Géant de Boskoop' et 'Noir de Bourgogne').

- Récolte à partir de la 2e année, puis chaque année, environ 2 kg/plant… fertilisé !
- Plantation en sol profond, argilo-calcaire de préférence, par poquets garnis de 2 pelletées de compost mûr (ou 1/2 boîte de granulés de fumier), tous les 1,50 m. Au soleil, les fruits sont plus parfumés, mais l'arbuste réussit aussi à mi-ombre.
- Entretien : chaque hiver, couper à ras le bois mort et 2 ou 3 vieux brins principaux pour le rajeunir. On en profite pour bouturer de vifs rameaux gros comme un crayon. À planter par 3

dans des poquets de 30 cm de large emplis de compost mûr. Chaque hiver, pensez à enfouir superficiellement 3 pelletées de compost par plant sitôt la taille terminée. Pailler la plantation au printemps. Coupez les feuilles boursouflées au printemps et brûlez-les (pucerons).

CERISIER

Alors qu'au marché on ne trouve que des bigarreaux, car ce sont les plus résistants au transport, au verger on a le choix entre 5 sortes de cerises : les guignes tendres et douces, les bigarreaux croquants et sucrés, les griottes petites et très acidulées, les amarelles plus grosses moins acides, enfin, moins connues mais remarquables, les cerises vraies, juteuses comme des amarelles mais douces et grosses comme des bigarreaux.

Souci numéro 1 : avec son petit territoire, le jardinier le veut le moins grand possible et le choisit greffé sur Sainte-Lucie ou l'une de ses variantes pour qu'il culmine à 4-5 m. Malheureusement, il veut alors un sol franc, profond, bien drainé, même un brin calcaire. En sol compact et froid, il souffre de cent maux et meurt apoplectique en plein été. En revanche, ce terroir plaît aux arbres greffés sur merisier, de beaux géants de 10 m et plus. En pépinière spécialisée, on le trouve greffé sur d'autres porte-greffes, moins grands et bien adaptés aux sols lourds.

Souci numéro 2 : le cerisier n'est généreux que cultivé en couple bien accordé, car seuls les griottiers et amarelles sont autofertiles. Leur floraison féconde celle de beaucoup de voisins, mais pas tous.

Le clafoutis version crêpe

Rien à voir avec l'étouffant flan cuit au four, ce clafoutis-ci est léger et distingué. C'est un goûter idéal, un petit-déjeuner qui met de bonne humeur et un dessert dont on ne se lasse pas. Il est meilleur avec des cerises acidulées, mais certains le préfèrent avec des guignes.

La veille, dénoyautez un gros bol de cerises. Rangez-le au frais. Puis, préparez une pâte à crêpes avec un œuf, 150 g de farine, 1 verre d'eau, 1 pincée de levure, 5 cl d'eau-de-vie, 1 pincée de sel. Laissez reposer 2 h. Mélangez cerises et pâte à crêpe. Faites fondre une noisette de beurre dans une poêle en fer large de 15 cm. Dès qu'elle pétille, étendez une petite louche de pâte à crêpe. Répandez les cerises. Faites glisser sur une assiette. Remettez une noisette de beurre dans la poêle, puis cuisez rapidement la face B de la crêpe. Servez aussitôt sous une pluie de sucre en poudre avec un bon café.

Si vous avez un inconnu dont la floraison n'est suivie d'aucune récolte, tentez de le surgreffer ou de l'accompagner d'un 'Montmorency' (amarelle), d'un guignier 'Early Rivers', d'un bigarreau 'Burlat' ou 'Napoléon', tous pollinisateurs généreux, après vérification qu'ils fleurissent en même temps... Un peu compliqué, car, ces dernières années, les observations anciennes semblent périmées. On considérait jusque-là comme pollinisateurs réciproques : 'Early Rivers', 'Burlat', 'Van' et 'Marmotte' ou encore 'Van' et 'Napoléon' (aux fruits crème), tous à croquer en mai-juin. Pour juin-juillet : 'Géant d'Hedelfingen' et 'Tardif de Vignola'. 'Montmorency' et 'Anglaise hâtive', deux amarelles, sont autofertiles et produisent abondamment en juin. 'Belle Magnifique', une cerise vraie, elle aussi autofertile, donne chaque année de gros fruits subtilement acidulés en juillet.

- Récoltes : à partir de 2-3 ans, 20 à 70 kg de cerises 1 an sur 2.
- Plantation tous les 5 m des petites formes et cerisiers acidulés ; tous les 7-8 m des greffes sur merisier.
- Entretien : pas de taille, mais un élagage lors de la récolte des cerises qui descend les cerises à terre (gare à l'échelle, le cerisier est cassant !) et débarrasse l'arbre des brindilles sèches. Pensez à fertiliser vos arbres tous les ans en fin d'hiver : 2 pelletées de compost jusqu'à 5 ans, ½ brouette ensuite, avant paillage. Les années pluvieuses, surveillez la moniliose. Les étés secs, attention au coryneum. Dans les deux cas ménage d'automne et traitements seront utiles (voir p. 197).
- On greffe en écusson en fin d'été, en fente ou en couronne en mars, mais le taux de réussite dépasse rarement 50 %.

CHÂTAIGNIER

Un majestueux, 7-8 m de haut, et un centenaire potentiel, qui se laisse volontiers conduire en cépée de troncs sombres et lisses, en taillis, à couper tous les 20 ans, ou sur un seul tronc que le temps torsade magnifiquement. En juin, son feuillage dentelé disparaît sous les chatons blonds, répandant leur senteur musquée loin alentour. D'octobre à novembre, les bogues tombent en tapis sur le feuillage devenu blond avec un petit bruit sec.

Deux catégories de fruits : les châtaignes, cloisonnées en deux amandes ('Nouzillard', 'Laguépie', 'Dorée de Lyon') et les marrons à grosses amandes uniques : 'Camberoune', 'Comballe', rustiques en altitude, de bonne conservation, ou encore l'impressionnant marron 'De Redon' aux bogues grosses comme des balles de tennis.

Les châtaigniers du Japon sont moins majestueux avec leurs 4-5 m, mais ils donnent plus rapidement que nos classiques. Les plus réputés : 'Ederra n° 5', 'Ipharra n° 16'.

- Plantation à 7-8 m de tout autre arbre, en sol peu calcaire, sain, profond, même peu fertile. Le japonais est plus exigeant en humidité que l'européen, on en a beaucoup planté au Pays Basque. La reprise n'étant pas toujours facile, surtout ne plantez que des scions.

- Récolte après 5 à 10 ans, sitôt les fruits tombés de 10 à 30 kg.
- Entretien : veillez à ce que les jeunes plants démarrent en sol meuble, fertilisé et bien paillé durant leurs 4 premières années. Si l'été est sec, pensez à les arroser.
- Le greffage est lui aussi délicat et s'apprend avec un initié. Beaucoup d'associations locales organisent des sessions de greffage en fin d'hiver.

CITRONS, KUMQUATS ET MANDARINES MAISON

Sauf climat doux-ensoleillé, on les cultive en pots, plutôt à mi-ombre qu'en plein soleil. On les sait frileux, vu qu'on les achète souvent en plein hiver, couverts de fruits, pour les voir commencer une carrière de plante à chagrin dès la semaine suivante. Coup de froid dès le parking. Coup de chaud arrivé à la maison, et boum, c'est la chute subite et totale du feuillage. Lui succède une espèce d'état intermédiaire entre la vie et la mort. Arrive alors l'escadron meurtrier des pucerons, cochenilles et aleurodes et c'est fini. Pour éviter ça, il faudrait les acheter de préférence au printemps et chez un spécialiste. Si (comme moi), vous êtes incapable de résister à la super promo annuelle du supermarché, il faut les rempoter tout de suite dans un mélange moelleux composé de 2/3 de terre de jardin et 1/3 de compost mûr. Hélas pour les citadins, les terreaux du commerce ne valent rien, en particulier celui qui émet des moucherons. Si vous tombez sur ce mauvais numéro, il faut le remplacer sans tarder, sinon les larves qu'il contient parasiteront les racines.

En hiver, les agrumes s'accommodent bien d'une pièce fraîche, environ 15 °C. On les aère autant que possible. À partir de mai et jusqu'à la mi-octobre, on les passe dehors, à mi-ombre et à l'abri des courants d'air.

Il faut savoir qu'on a affaire à une famille de gloutons très assoiffés. Pour assurer des récoltes époustouflantes, mettez-les au régime pipi : d'avril à novembre, comptez un pipi pour 5 l d'eau tous les 15 jours. Rassurez-vous ça ne sent rien, et l'effet est bluffant, rien de tel pour ragaillardir un cas apparemment désespéré ! Pour que le menu soit complet, d'avril à août, ajoutez un arrosage dopé avec 3 g de Patentkali® par litre, tous les 15 jours aussi, en alternance avec le pipi. Maintenez un paillis permanent.

Quelques excellents faciles à réussir : le citronnier 'Des 4 saisons' et surtout 'Meyer', à la peau très fine parfumée d'orange ; le kumquat, les mandariniers 'Satsuma' et 'Shekwasha'. Quant au citronnier Yuzu, le chouchou des « foodeux » à la mode, diable qu'il est piquant et lent à prodiguer de rares fruits dont seule l'écorce est remarquable ! Le bigaradier fait mieux : jus délicieux, écorce et feuillages exquis et, pour la rusticité, c'est l'un des plus solides. La cuisine marocaine l'utilise beaucoup à la place du citron. Pensez-y, on le trouve de plus en plus en pépinière.

COGNASSIER

Le plus généreux en fruits hautement parfumés, c'est notre cognassier local, dit de Provence, au sud de la Loire, d'Anjou au nord, ou encore cognassier pomme, aux fruits ronds, quasi introuvable dans le commerce. Mais comme il s'agit d'un porte-greffe courant, on s'en procure un vite fait, gratis sur un de ces arbres aux fruits énormes et fades comme 'Vranja' ou 'Monstrueux du Portugal'. Le cognassier étant drageonneur de nature, il y a toujours un beau brin à récupérer au pied du médiocre. Là, deux solutions : soit on sélectionne un jet vigoureux et l'on coupe tous les autres, y compris le tronc de l'arbre peu satisfaisant, et en 3 ans on a un nouveau cognassier aux fruits délicieux ; soit on transplante ce beau drageon à 5 m de tout autre arbre en sol drainé, bien ensoleillé. Il développera alors son port ample et tortueux de grand bonsaï sans chichi. Notez que c'est un arbre qui réussit aussi très bien en plein nord, dans les cailloux. Dans les Alpes méridionales, il est courant dans les haies où il fructifie jusque dans celles exposées au vent glacial. À Digne, on peut en admirer de splendides en ville. En plein nord, il donne moins qu'au soleil, mais il donne ! Feuillage vert et velouté comme une amande et floraison rose pâle en avril, puis pluie de coings exquis.

- Récoltes : 20-30 kg, à partir du 3e automne.
- Entretien : pas de taille, tout terrain ensoleillé, et des récoltes astronomiques... Si la tavelure et la moniliose ne l'amochent pas, ses points faibles en climat humide. À prévenir par des traitements mensuels à la bouillie bordelaise (25 g/l) additionnée de consoude (10 %), de janvier à la chute des feuilles. Le ratissage des feuilles et fruits endommagés en automne est une corvée, mais il améliore nettement sa santé. Pensez à le fertiliser ! Bien que sobre, ½ brouette de compost en fin d'hiver le motive visiblement.

CORMIER

Un arbre de patience, dont la longévité passe les 300 ans. Les lieux et les gens qui portent son nom attestent d'une popularité ancienne. Jadis, on l'appréciait pour son bois d'œuvre au grain très fin, et sa générosité de fruitier rustique. Il ornait l'entrée de maintes fermes de sa haute silhouette (10-15 m) inondée d'une blanche floraison ronflante d'abeilles en mai, flamboyante à l'automne, saison où il empile des tapis de fruits bientôt blets, répandant une senteur surette loin alentour. Il en donne de 2 sortes : ceux évoquant des poirettes denses comme 'Sossenheimer Riese', 'Alsace XXL', et ceux style mini pommes comme 'Breton à gros fruits'. On les déguste soit blets sous l'arbre, soit séchés, soit pressés en jus ou bien en cidre. Mais gare à l'impatient qui voudrait les croquer direct cueillis sur l'arbre, il s'agacerait les dents sur quelque chose d'incroyablement astringent !

- Récoltes à partir de 7-8 ans, à surveiller de près car les fruits blétissent sitôt mûrs.
- Plantation à 7-8 m de tout autre arbre, soins attentifs les 4 premières années pour qu'il s'installe à son aise et prenne son essor.
- Entretien limité à un bon paillage épais jusqu'à 5 ans au moins.
- On trouve souvent des rejets au pied des arbres. Leur greffage en fin d'hiver n'est pas facile avec cet arbre au bois très dur.

CORNOUILLER MÂLE

Souvent désigné par son nom latin, *Cornus mas*, il est l'un des premiers à fleurir en une sorte de mousse vert-blond ronflante d'abeilles, vers février. Rustique, c'est le tout-terrain fruitier des amateurs de savoureuses confitures sauvageonnes. La pépinière Permafruit dans l'Aude diffuse des variétés d'Europe centrale à gros fruits comme 'Gourmet', à petit noyau ; 'P5' ou 'Szafer'. Il y a aussi une vieille variété à fruit jaune, paraît-il très douce. Selon Charles Baltet, célèbre pépiniériste du XIXe siècle, avant l'ère du plastique : « On ne cueille pas les cornouilles ; dès qu'elles sont mûres, elles tombent ; alors on les ramasse dans un petit panier genre panier à fraises, garni d'une feuille de chou, de bette... »

- Récolte : 2-3 ans après plantation, en août-septembre, de 2 à 10 kg/plant. On peut les conserver séchées.
- Plantation de ce tout-terrain, pauvre et calcaire inclus, tous les 4 m, pour le conduire en petit arbre rond de 3-4 m ou bien en haie, à 1 m d'arbustes moins hauts. Important : lui laisser la tête au soleil afin qu'il mûrisse bien ses drupes rouges On peut le conduire au choix en cépée, sur 2 ou 3 beaux brins, ou sur tige, en ne gardant que le jet le plus vif.
- Entretien : maintenez le paillis bien épais les 4 premières années, éclaircissez la ramure en hiver.
- On peut semer des noyaux sitôt la récolte. Le cornouiller se bouture aussi assez bien, en été, sous cloche, à l'ombre.

FEIJOA

Cet arbuste persistant, compact, très rustique (-15 °C), qui atteint tranquillement 2-3 m en 10 ans, est très à la mode. Sébastien Tan, pépiniériste en curiosités fruitières, apprécie ses épaisses fleurs blanches confites au sucre. Mon voisin se contente d'en croquer les gros pétales, direct, sans sucre. Mais ses drôles de fruits d'un vert terne déconcertent souvent leur propriétaire et on les voit s'amonceler à l'abandon, au pied des arbustes, en septembre-octobre. Leur saveur est à vrai dire curieuse, quelque chose de la fraise des bois et de la banane, avec une apparence pas super engageante – c'est vert triste, et parfois rugueux. 'Mammouth' par exemple, l'un des meilleurs, a la peau aussi ridée qu'un vieil éléphant. Il ne donne beaucoup que cultivé en duo, comme 'Den's Choice'. La récolte peut être copieuse avec les variétés autofertiles comme 'André', 'Coolidge' ou 'Unique', réputées pour leur saveur. À condition de les avoir à l'œil, car on n'est pas habitué aux fruits verts mûrs ! Un conseil : assurez-vous d'acheter des plants bouturés qui fructifient dans les 3 ans, car avec les semis il faut attendre au moins le double.

- Récolte des fruits prêts à tomber, de 1-5 kg.
- Plantation en plein soleil, en terrain plutôt drainé, même sec, tous les 3 m.
- Entretien : pensez à le fertiliser et à le pailler copieusement au printemps, à l'arroser en été durant au moins 4 ans, sinon il lambine vraiment au démarrage. Ensuite il se débrouille, même par temps très sec.
- On bouture les meilleurs plants en été, sous ombrière bien irriguée.

FIGUIER

Un arbre de lumière, tout-terrain à peu près drainé, pierreux, calcaire à neutre, bien plus généreux qu'on ne le dit loin du Midi, à condition de bien le choisir. Mais gare aux variétés de grand format, capables d'atteindre 7 m de large en émettant beaucoup de drageons qui, certes, feront plaisir aux copains mais menaceront murs et jardin.

En climat frais, le choix est limité. Parmi les valeurs sûres : 'Longue d'août', ou figue-banane, aux longs fruits vert pâle d'abord en juillet puis en septembre, un buisson raisonnable (3 m) ; 'Ronde' et 'Rouge de Bordeaux', aux succulents fruits pourpres en septembre. La 'Versaillaise blanche', n'est bonne qu'en confiture... quand elle veut bien mûrir correctement et l'arbre est énorme. Du Sud-Ouest au Midi, on aura tout ce qu'on voudra, de juillet aux gelées, en choisissant en plus des exquises comme 'Blanche de Marseille', 'Négronne', 'Sucrette', 'Abicou', Sultane et des centaines d'autres, chez le spécialiste, la pépinière Baud.

- Récolte à partir du 3ᵉ été, de 5 à 50 kg/plant.
- Plantation à 5 m au moins de tout autre arbre ou construction, au soleil.
- Entretien : taillez le moins possible, car la pointe des rameaux contient les bourgeons qui fructifieront l'été suivant.
- Les brins de l'année se bouturent et se marcottent aisément au printemps et en automne.

FRAMBOISIER

On le trouve dans les vallons riches en humus et ensoleillés de nos montagnes. Les meilleures variétés ont besoin de froid pour fructifier. Elles ont de gros grains qui se détachent d'un rien et ne donnent qu'une fois, en début d'été : 'Lloyd George', 'Bois blanc', 'Rose de Côte d'Or'. Quant à 'Arowi', à la fois bonne, très vigoureuse (2 m), elle est plutôt épineuse. Les remontantes, comme 'Zéva' ou 'Héritage' sont en général médiocres, mais leur récolte principale en fin d'été, abondante, permet d'en faire de bonnes confitures.

- Récolte : 200-500 g/plant, dès l'été suivant la plantation.
- Plantation tous les 20 cm de jeunes plants racinés, souvent des rejets donnés par un voisin, en terrain frais, profond, riche en humus, à mi-ombre. Certains réussissent très bien en plantant de simples boutures, mais cela est aléatoire. Choisissez un emplacement où vous pourrez tondre de part et d'autre de la plantation pour la contenir dans des limites raisonnables, soit environ 1 m de large, sinon, les drageons peuvent franchir 5 m en l'espace d'un été !
- Pour limiter l'entretien à un tour de tondeuse mensuel, ensemencez la plate-bande et les allées l'encadrant de trèfle blanc lors de la plantation. Le trèfle broyé sera versé au pied des framboisiers pour entretenir la fertilité du sol. En cas d'invasion de campagnols, remplacez le trèfle par des violettes. Ce tapis de feuilles en cœur aux fleurs parfumées indiffère heureusement ces rongeurs déterminés. De mai à juillet, collectez les punaises qui peuvent détruire une récolte (aucun traitement n'est efficace).
- Il est facile d'arracher des drageons bien enracinés en hiver. Certains jardiniers réussissent aussi très bien les boutures à cette saison, pour ma part j'ai toujours échoué !

GRENADIER

En mai-juin, la floraison d'un pur orange de ce gros buisson (2-3 m vers 10 ans), au feuillage luisant, nuancé de carmin, éclate dans la lumière vive des contrées ensoleillées dont il est un symbole. L'automne venu, l'apparition des gros fruits pourpres et fauves est une irrésistible tentation. Et la grenadine maison, un vrai délice ! Bien plus rustique qu'on ne l'imagine, il lui faut du soleil, beaucoup de soleil… et pas mal d'arrosage. Sinon, pour les grenades, vous attendrez souvent en vain. Au parc du Grand-Blottereau à Nantes, il y en a de magnifiques couverts de fruits fin septembre à l'abri d'un haut mur ensoleillé. Dans ces conditions, il fructifie jusqu'en Val-de-Loire. Choisissez une variété autofertile, sans pépins comme 'Parfianka', ou à pépins tendres comme 'Wonderfull ', 'Fina Tendral', 'Mollar de Elche'.

- Récolte : première récolte 8-10 ans après plantation, mais ensuite c'est tous les 2 ans au moins. 5 à 50 kg/plant.
- Plantation en sol drainé, en plein soleil, à l'abri des courants d'air. Il fructifie sur les pousses de l'année précédente, sensibles aux gelées.
- Entretien : veillez à arroser régulièrement et copieusement cet assoiffé en été (10 l/plant/semaine).
- Multiplication par marcottage au printemps, plus sûr que le bouturage, à l'étouffée jusqu'en été.

GROSEILLIERS

Sous ce nom, 3 types de fruits. Des groseilles à grappes acidulées se distinguant surtout par leur maturité échelonnée. En juin : 'Junifer', 'Jonkheers Van Tets'. En juillet : 'Mulka', 'Versaillaise blanche'. Fin juillet : 'Rondom' et 'Raisin'. Enfin normalement, car les vagues de chaleur peuvent avancer la récolte de 15 jours, voire la griller. Ce qui embête les amateurs de confiture en quête de synchronisation avec fraises, cerises et framboises pour en faciliter la prise. À noter : 'Junifer' et 'Rondom' fructifient même après un hiver doux, les autres aiment bien un gros coup de froid.
Très épineux, le groseillier à maquereau a longtemps eu le défaut d'attraper l'oïdium dès la formation des fruits. C'est le cas de 'Winham's Industry'. Ses gros fruits roses sont de loin les meilleurs. Hélas, il faut poudrer l'arbuste de soufre dès les premières chaleurs d'avril et jusqu'en juin pour sauver la récolte. Les variétés

les plus courantes vous épargnent ce souci, mais elles n'ont plus aucun goût. 'Germania' serait la moins fade, et encore, les années ensoleillées

La caseille, hybride de cassis et de groseille, est follement prodigue en baies, médiocres à croquer, délicieuses en gelée.

- Récolte dès la 2e année, 500 g-1 kg/plant.
- Plantation tous les 1,50 m en terre fertile, fraîche, à mi-ombre en enterrant bien la base des touffes pour qu'elles s'enracinent au maximum...
- Entretien réduit à la taille annuelle en hiver d'1 ou 2 rameaux de plus de 3 ans pour renouveler les buissons. L'occasion de prélever des boutures, grosses comme des crayons, et peut-être de refaire une plantation en les installant direct, 3 par 3 dans des poquets garnis de compost mûr. Coupez les feuilles boursouflées au printemps et brûlez-les (pucerons).
- Pour éviter les coups de soleil, et le pillage des oiseaux, protégez la plantation sous un voile anti-grêle.
- Pensez à les fertiliser ! Deux pelletées de compost en fin d'hiver, un bon paillage en été et la récolte explose... au lieu de s'amenuiser discrètement comme c'est hélas souvent la règle.

KAKI

Un bel arbre au port ample. Sa saison de gloire, c'est de novembre à décembre. Quand son feuillage d'un pur carmin laisse apparaître ses fruits gros comme des tomates jaune indien. Le premier gel l'effeuille d'un coup, exposant ses fruits orange sur le bois noir. Ils sont alors bons à cueillir. Deux sortes de fruits, des croquants, ceux du marché capables de voyager sans bouger, et, à mon avis les meilleurs, des fondants, comme 'Muscat' et 'Hatchya'. Très âpres avant complète maturité, les fruits deviennent doux comme du miel en mûrissant, particulièrement après une petite gelée. Ils fondent alors en lobes glissants sur la cuiller s'aventurant sous leur peau diaphane, embrumée de pruine. Épaisse, un peu croquante, celle-ci, souvent dédaignée, est pourtant délicieuse. La fête de l'arbre de Quissac (Gard) en novembre est l'une des rares occasions de déguster différentes variétés de kaki bien identifiées. Récoltez les fruits après le premier gel avec un fragment de rameau pour les garder jusqu'en février dans une pièce peu chauffée, période pendant laquelle ils se bonifient encore.

- Récolte : 5 à 20 kg/plant, dès 5 ans. Gare aux oiseaux !
- Plantation en sol profond, frais, fertile, ensoleillé, à 7 m de tout autre arbre. Attention ! On réfléchit bien sur l'endroit idéal pour cet arbre qui peut atteindre 8 m de haut à 20 ans, car c'est plantation définitive : il déteste les déménagements.
- Entretien à bien suivre les 4 premières années pour qu'il ne manque ni d'arrosage, ni d'apports annuels de compost. Ensuite, plus rien !
- Greffage et bouturage sont assez difficiles avec cet arbre au bois très dur.

MÛRE SANS ÉPINES

Sous ce nom, des lianes pleines d'énergie, produisant des baies issues de croisements entre framboises et mûres. Selon leur saveur, on les appelle parfois mûroises, ou mûres framboises pour celles à saveur framboisée. C'est le cas de la plus connue 'Loganberry', aux gros fruits acidulés, en juin-juillet, dont la saveur se révèle en confiture. La canicule dessèche les récoltes de celles qui mûrissent entre juillet et septembre, donc privilégiez une variété précoce, calme et sans épine, car il en existe aussi de furieusement armées et de follement drageonnantes. Malheureusement, les variétés, nombreuses, sont mal décrites par les spécialistes qui les diffusent, et comme leur saveur crue est souvent peu représentative de ce qu'elle devient cuite, on passe sans doute à côté de bonnes choses !

Tantôt assez sage (4 m de large, 3 m de haut), tantôt complètement folle, la même variété peut drageonner sans relâche selon l'endroit où on la cultive.

- Récolte : 2-5 kg/plant.
- Plantation : tous les 3 m, en sol profond, même argileux, frais, à l'écart du potager. Palissée dans le grillage du poulailler par exemple. Au printemps, on faufile les jeunes pousses à l'horizontale dans les mailles du grillage, pour qu'elles fructifient abondamment.
- Après la récolte, les rameaux fructifères se dessèchent. On les taille à ras en hiver. Si le sol est bon, pas besoin de fertilisation.
- Comme la plante drageonne, il est facile de multiplier les plants enracinés, en hiver.

MYRTILLIER

Jardiniers en sol calcaire et ensoleillé, n'y comptez pas, même en pot, car ces arbustes touffus (1,30 m en 5 ans si tout va bien) nécessitent un sol acide (pH 4-5), poreux, bien riche en humus, et bien humide. Pas la peine de contribuer à détruire les tourbières en tentant de modifier le terrain, cela ne marche pas, même avec un sol un peu argileux et frais mais de nature calcaire. Il faut encore la mi-ombre pour voir ces arbustes prospérer. La floraison abondante en bouquets de campanulettes crème attire l'œil en avril-mai, prometteuse d'une abondante récolte de grosses baies sucrées, parfois très bonnes, parfois assez banales, de juillet à octobre. Les fruits frais sont très riches en antioxydants et recommandés pour améliorer la vue. Hélas, la confiture n'a pas ces vertus. L'automne venu, le feuillage s'enflamme avant de disparaître. Même les variétés dites autofertiles se cultivent au moins par deux, de préférence différentes (la floraison survient à la même période quelle que soit la maturation). Si en confiture toutes se valent, pour les savourer crues, on préférera les variétés savoureuses à croquer, comme 'Collins', en juin-juillet, 'Blue Crop', en juillet, 'Darrow', en août, 'Powder Blue', en septembre-octobre.

- Plantation à mi-ombre, en sol humide, profond et acide, tous les 1,50 m, dans une bonne pelletée de compost bien mûr. Contrairement à une affirmation répandue, l'apport de tourbe, même copieux ne garantit pas la réussite en sol neutre.

- Entretenez un paillage copieux et permanent en été, ne faiblissez pas sur l'arrosage en cas de sécheresse car c'est une plante de sol humide. Dès que les fruits bleuissent, voilez les buissons pour les protéger des oiseaux.
- Le marcottage au printemps est le plus sûr moyen de le multiplier.

NÉFLIER

Un gros buisson (2-3 m) gnangnan au démarrage, mais tout-terrain, jamais malade, avec la même floraison rosée d'églantine pâle et le même feuillage velouté et vert tendre que le cognassier, son cousin. Un arbre de haie champêtre sans histoire, mais les amateurs de nèfles sont rares ! Ceux des énormes nèfles allemandes encore plus, car elles sont moins savoureuses que les petites sans nom, proches du sauvageon.

- Récolte : 5-10 kg de fruits à déguster blets en novembre-décembre, direct sous l'arbre.
- Plantation à 3 m d'intervalle, ou en haie à 1 m de buissons bas, en tout sol drainé, même pauvre.
- Entretien : pensez surtout à l'arroser et à le fertiliser les 4 premières années, ensuite, plus rien !
- On trouve d'excellents néfliers sauvages en lisière de bois et dans les haies, avec des drageons prêts à planter en hiver.

NOISETIER

Pour récolter des noisettes, il faut 2 noisetiers fleurissant en même temps, par exemple : 'Fertile de Coutard' et 'Segorbe' ou 'Ronde du Piémont', 'Bergeri' et 'Merveille de Bollwiller', 'Longue d'Espagne' et 'Cosford' ou 'Merveille de bollwiller'. Comme ce grand arbuste s'entoure sans relâche de nouveaux brins bien vifs, on peut se procurer facilement des plants gratuits, il suffit de demander gentiment. Si les pousses enracinées manquent, il est facile de les marcotter au printemps. En général, elles sont bonnes à transplanter dès l'automne.

- Récolte : 2-10 kg, à partir de 3 ans, en général 1 an sur 2.
- Plantation : tous les 5 m, au soleil ou à mi-ombre. Il réussit très bien en haie, planté à 1 m de buissons plus bas. Ce tout-terrain aime le soleil et les noisettes sont meilleures et plus grosses en sol calcaire.
- Entretien : au naturel, c'est un grand buisson (4-5 m), mais on peut le maintenir à 2 m en le taillant tous les 4-5 ans, période où, de toute façon, il est bon d'éclaircir les touffes en coupant à ras 2-3 vieilles branches chaque année. C'est l'occasion de récolter de quoi ramer les haricots, gauler les prunes, tresser des paniers et allumer le feu.
- Son seul ennemi, mais il est tenace, c'est le balanin, petit ver destructeur de noisettes. Seul traitement efficace : lâchez les poules ou, plus simple, plantez les noisetiers dans le poulailler. Les poules ont besoin d'ombre et elles seront ravies de ces protéines naturelles.

NOYER

Cette majesté des sols profonds, pas trop argileux, filtrants, n'est pas toujours d'une compagnie facile. Si la vigne, le cerisier, le gattilier, le rosier, le fusain d'Europe poussent volontiers près de son couvert, l'azalée, le magnolia, le styrax n'y tiennent pas, et les légumes réussissent mal dans son voisinage. Choisissez de préférence une variété à coque tendre prompte à produire, dont la floraison tardive échappe aux gelées : 'Franquette', 'Mayette', début octobre, ou 'Parisienne', mi-octobre. On fabrique un très bon vin de noix avec les fruits verts écrasés avec leur brou en début d'été.

- Récolte : 20 à 50 kg par arbre adulte à partir de 7-8 ans, si les écureuils et les choucas ne le pillent pas.
- Plantation tous les 8 m, en terrain ensoleillé.
- Entretien : juste tenir le sol propre autour des arbres durant les 5 premières années, ensuite, ils se débrouillent.
- Les semis sont rarement fidèles, le greffage printanier pas si facile, mais à tenter.

OLIVIER

Sa vente massive en jardinerie l'a répandu dans toute la France. On en a même vu en gare de Lille (pas longtemps) ! Pourtant, même s'il fructifie jusqu'en Bretagne, le Midi, avec son ambiance sèche, reste sa région de prédilection. L'un des plus courants en jardinerie, 'Cipressino' compose de jolies haies productives dès l'âge de 5 ans, jusqu'en Touraine... où la première gelée sévère lui règle son compte, car l'alliance froid plus humidité lui est fatale. Pour récolter de bonnes olives, achetez vos arbres chez un spécialiste, qui vous conseillera sur les variétés les plus appropriées au terroir.

- Récolte en novembre-décembre, souvent 1 an sur 2. L'habitude d'irriguer les oliviers de la floraison à leur nouaison dope les récoltes (de 12 à 30 kg/arbre), mais est-ce bien raisonnable ?
- Plantation tous les 7 m des arbres tiges, tous les 1 m de 'Cipressino' en haie.
- Entretien : former l'arbre sur 3 charpentières bien ouvertes en le retaillant 3 ans de suite de manière à ne garder que 2 jeunes pousses sur chaque étage. Ensuite, supprimer les rameaux ayant fructifié. Éliminer les sauvageons à la hachette en les décollant des troncs en hiver. Notez que ces brins souples se tressent en magnifiques paniers.
  Pour éviter que la mouche ne parasite les fruits, pulvériser les arbres copieusement avec 50 g/l de kaolinite dès leur formation et chaque mois jusqu'à la récolte.
- Le marcottage en février est le plus sûr moyen de le multiplier.

PÊCHER

L'un des plus prompts à donner des fruits, 2-3 ans à partir d'un scion, mais aussi le moins durable des fruitiers – 25 ans maximum – et l'un des plus exigeants. Dans les régions humides, brugnons et nectarines sont souvent anéantis par la moniliose, mais on trouve des semis locaux résistants.

Là où l'hiver est rude, préférez les variétés à floraison tardive, les précoces risqueraient de geler au printemps. Dans les régions accablées par la sécheresse, il faut rechercher les variétés du sud, bref, tout un programme ! Pensez à planter vos pêchers à 1 m de murs ensoleillés, pour protéger leur ravissante floraison rose et récolter des pêches d'élite.

La plus précoce, 'Amsden', dès juillet, pas extraordinaire, demande un climat doux ; 'Charles Ingouf', blanche, 'Roussane du 15 juillet', 'Arp Beauty', jaunes, sont bien meilleures. En août, ayez de la Pêche miel, de la 'Roussane de Monein' et de la 'Belle Angevine' (jaune) et une généreuse blanche excellente, la 'Grosse mignonne hâtive', hélas un peu sensible à la cloque (on pense à sortir le pulvérisateur en novembre, puis en février !).

Pour les climats bien secs, des nectarines 'Lord Napier' et 'Violet' ; l'exquise 'Alberge'. Enfin, partout, 'Saturne' et 'Jalousia' d'amusantes pêches plates, archi-juteuses, toujours très abondantes. On clôt la saison en septembre, avec 'Madame Guilloux' et la 'Belle impériale', deux pêches blanches de haut goût. Malgré leur nom prometteur, ni 'Reine des vergers' ni 'Téton de Vénus' ne sont de grandes affaires, si vous aimez les pêches peu sucrées, plantez plutôt un pêcher de vigne à fruits rouges.

En général, toutes les pêches de vigne donnent en août-septembre des fruits très divers, à la peau souvent un peu âpre.

- Récolte : à partir du 2e été suivant la plantation, 5-30 kg.
- Plantation tous les 5 m, en sol sain, drainant, ensoleillé, pas trop calcaire. Enfin, c'est ce que l'on répète… les copieuses récoltes prodiguées par un vieux 'Téton de Vénus' campé à l'ombre, les pieds dans l'eau me font douter !
- Entretien : taille obligatoire chaque fin d'hiver car le pêcher ne fructifie qu'une fois sur de jeunes pousses (voir p. 188) et son bois mort est non seulement cruel pour le cueilleur mais néfaste pour l'arbre. Il en produit parfois beaucoup qu'il faut couper chaque hiver. La tordeuse orientale déforme les fruits, sans remède pour le jardinier. Surtout pensez bien au traitement copieux suivant la chute des feuilles et précédant leur repousse pour prévenir la cloque (par exemple : Cuivrol, 7 g/l), il est vraiment efficace !
- Le pêcher se reproduit assez fidèlement par semis et donne dans les 4-5 ans. Il est assez difficile à greffer, soit en écusson en fin d'été soit en fente ou en incrustation en mars.

POIRIER

Riche floraison blanche à la senteur poivrée en mars, brillant feuillage, souvent flamboyant en automne, le poirier est un élégant tout-terrain, aux fruits particulièrement savoureux dans les plus pierreux ensoleillés. Il s'appuie volontiers contre les façades et les cloisons du jardin. Pour le jardin, pour croquer des poires dans les 3 ans, on le choisit greffé sur cognassier pour qu'il donne rapidement et dépasse rarement 2,50 m. Sur franc, c'est un géant (5-6 m) qui fait désirer une récolte pendant 20 ans et plus.
Oubliez les palmettes et autres fantaisies de maniaques du sécateur, super chers et vraiment infernaux à tailler, laissez-le filer en « axe vertical », juste palissé sur un tuteur, sans le tailler. Pas compliquée non plus : la conduite « en gobelet » sur 3 branches principales (3 m) ou alors à l'horizontale, sur 2 branches opposées, en cordon à 1 m du sol, pour cloisonner un jardin en beauté.
Il est plus généreux en duo. À noter : les plus précoces ne sont pas les premiers à fleurir. Quelques mariages féconds : 'Bergamotte Esperen' et 'William's' ; 'Beurré Clairgeau' et 'Beurré Hardy' ou 'Clapp's Favourite' ; 'Beurré Bosc', 'Beurré superfin' et 'Sucrée de Montluçon' ; 'Dr Jules Guyot' et 'William's'. Les dégustations commencent au début des grandes vacances avec 'Beurré Giffard', un espalier naturel généreux en fruits fondants et savoureux. Mais la reine de l'été, c'est 'William's' compagne fécondante d'une multitude de variétés, généreuse et tout-terrain même chez un paresseux en friche.
Pour septembre, il y a la populaire 'Beurré Hardy', bien plus généreuse que sa réputation, 'Epine du mas', un arbre magnifique courbé sous le poids des poirettes, 'Beurré d'Amanlis', une bretonne tournée comme un rouge-gorge, patte filiforme et gros ventre, sublime ! Sa saveur rappelle celle de 'Louise Bonne', à l'aise en climat frais mais pas à la montagne, et aussi celle de 'Sucrée de Montluçon', une grosse savoureuse à queue fine qui donne en octobre.

Spécial petits jardins, 2 formats naturellement modestes (2 m) : 'Beurré Clairgeau', prodigue en grosses poires juteuses entre octobre et la Toussaint, et 'Marguerite Marillat', en toute longues, fondantes, exquises. La 'Comtesse de Paris', fine et fondante, se croque en hiver comme 'Doyenné d'hiver', dense, à la saveur de rose, et 'Madame Ballet', une grosse ovale, juteuse, exquise. Quant à 'Bergamotte Esperen', ses fruits ronds à la peau brune, moches et bosselés comme des crapauds, ne révèlent leur fondant à haute saveur de bergamote qu'en janvier-février.

- Récolte : 2-20 kg/plant.
- Plantation : tous les 3 m.
- Entretien : ceinturez les troncs de bandes de carton de 15 cm de large et changez-les tous les mois d'avril à septembre pour capturer les carpocapses. Lâchez les poules une fois par mois durant une semaine sous les arbres pour faire le ménage des parasites.
- Facile à greffer au printemps, en fente ou en coulée. En fin d'été, en écusson.

POMMIER

On a l'embarras du choix : plus de 2 000 variétés, un record mondial ! Mais si l'on veut récolter des pommes avant son 150e anniversaire, il faut s'assurer du porte-greffe qui permet d'avoir des pommiers sur mesure. Du temps où l'on appréciait autant la saveur des mots que celle des pommes, on avait la famille Paradis, pour les petits formats (2-3 m) vite chargés de fruits mais sensibles à la sécheresse ; le Doucin (3-4 m) ; et enfin le franc, vigoureux (5-7 m) et lambin à donner des pommes (15 ans facile !). Aujourd'hui, on appelle les petits Pajam, M9 ou M26 (ce dernier, pour les sols médiocres). Palissés sur un tuteur, ils donnent des pommes souvent dès l'année de leur plantation, sans nécessiter de taille. C'est aussi le porte-greffe à choisir pour le cordon, charmant, généreux en fruits XXL et facile à tailler. Hélas, le M9 est aussi fort appétissant pour le campagnol capable de le croquer jusque dans son emballage prêt à livrer. Le Doucin est devenu M106. Productif dès 2 ans, il redoute le calcaire. Il donne des demi-tiges vraiment faciles à tailler. Enfin, le franc s'appelle M25. Pour les fruits, on attendra, mais côté silhouette, c'est le plus beau, quoique, son style varie beaucoup d'une variété à l'autre, du balai vilain de 'De l'Estre' au parasol taille famille nombreuse de la 'Reinette du Mans'.

Les plus jolis parmi les meilleures variétés : 'Belle fille', 'Pépin de Bourgueil', 'Reinette d'Armorique', du Canada, Clochard, Dubuisson (une grosse bretonne verte à joue rouge), 'Topaz', une jolie tchèque rose, acidulée et croquante. Un conseil si chez vous les gelées printanières sont fréquentes : préférez les variétés à floraison très tardive comme 'Belle fille de Salins', les reinettes du Mans ou d'Armorique.

Un truc pour « mettre à fruits » des pommiers rébarbatifs : taillez-les en septembre. Il ne faut pas recommencer ça tous les ans, mais ça marche ! Contrairement aux grimoires des champions du cache-cache mystère avec sécateur, tailler un pommier n'est pas sorcier, ça s'apprend de bouche-à-oreille dans la bonne humeur. Le pommier est plus généreux s'il est bien marié.

Les variétés ornementales comme 'Evereste' ou 'Golden Gem', la 'Reine des Reinettes' sont des pollinisateurs généreux… mais 'Reine des Reinettes', mûre en septembre, n'est pas une affaire malgré sa popularité : souvent véreuse, sensible à la moniliose, elle promet beaucoup et tient peu. Renseignez-vous, il y en a beaucoup d'autres permettant d'échelonner les récoltes.

Parmi les très bonnes, on croque en août 'Akane' et 'Transparente de Croncels' ; en septembre 'Azéroli', une affaire ! Un pommier jamais malade, joli et généreux ; en octobre 'Reinette Baumann' (à conduire en cordon, sinon elle tombe avant maturité).

On cueille en octobre pour savourer en décembre 'Reinette d'Armorique', 'du Canada' et 'Dubuisson', 'Topaz'. On aura jusqu'en mars-avril pour déguster 'Belle fille de Salins', 'De l'Estre', 'Pépin de Bourgueil', 'Reinette Clochard', 'Reinette du Mans' (dure, mais quelle saveur en tarte !) et la grise, rugueuse et balafrée 'Patte de loup', un tendre délice !

- Récolte : à partir de 2 ans, 2 à 30 kg.
- Plantation tous les 2 m en haie fruitière, tous les 3 m en forme libre. Sol frais, profond, exposition ensoleillée et bien aérée recommandée.
- Entretien : pour chasser le vermisseau ceinturez les troncs de bandes de carton et changez-les chaque mois d'avril à septembre tout en lâchant les poules au même rythme.
  Important : pensez à éclaircir toutes les pommes jumelles en mai car les papillons adorent pondre là où elles se serrent ensemble.
- Facile à greffer au printemps, en fente ou en couronne ou bien en écusson en fin d'été s'il fait frais.

PRUNIER

C'est l'arbre rustique par excellence car il est à peu près tout-terrain et l'un des plus satisfaisants. 'Reine-Claude d'Oullins' fête juillet. Ses fruits vert blond gros comme des œufs sont suaves en conserves. 'Mirabelle de juillet' lui succède de peu, délicieuse en confiture. 'Des Béjonnières', un genre de mirabelle, précède de peu 'Reine-Claude dorée' en août. Attention, sous ce nom, il y a du bon et du médiocre car ce n'est pas vraiment une variété mais une population, comme les mirabelles d'ailleurs.

Dans les deux cas, les meilleures ont la joue rose un peu gercée côté soleil et sont archi-sucrées. 'Mirabelle de Metz' mûrit début août, tandis que 'de Nancy', plus grosse, termine le mois.

La fin de l'été est la saison de la 'prune d'Ente', et de ses cousines 'Anna Späth' et la quetsche d'Alsace (parfois sensible au carpocapse). Leur chair est fine, un peu sèche, fortement parfumée.

- Récolte souvent 1 an sur 2 de 5 à 50 kg/arbre, après 7-8 ans de patience. Sauf coup de chance.
- Plantation à 5 m d'intervalle en incluant, s'il n'y en a aucun dans le voisinage, un 'Reine-Claude d'Oullins' pour féconder les autres reines-claudes et aussi les mirabelles et les quetsches ainsi bien plus productifs.
- Entretien : pas de taille, juste de temps en temps en fin d'hiver une grande toilette pour le débarrasser de son bois mort, et une séance décollage des drageons à la hachette, en profondeur au pied des arbres. Contre les prunes véreuses, ceinturez les troncs de bandes de carton à changer tous les mois d'avril à la récolte. Et surtout, lâchez les poules, si possible une fois par mois toute l'année.
- Au printemps la greffe en fente et en été celle en écusson réussissent à 50 %, s'il ne fait pas trop sec.

VIGNE

Un bout de façade, une bande de terrain bien drainé d'1 m de large au soleil, au midi ou bien à l'ouest, et elle s'étire sur 3 m de long, toujours élégante, même quand l'hiver la dépouille de son feuillage. Elle est le régal du jardinier en sol médiocre, calcaire, caillouteux, car c'est dans ces terres-là que les raisins sont les meilleurs. Au potager, conduite en treille d'1,50 à 2 m, elle protège les cultures des coups de chaleur sans les concurrencer, car son enracinement est profond. Là où l'été est bref, plantez des vignes précoces. Ou bien, comme jadis, en serre ou en véranda : le cep dehors, la treille à l'intérieur. L'été, on a le raisin et l'ombre ; à l'automne, les grappes mûrissent à point jusque bien après la chute des feuilles. Ou encore, toujours à l'ancienne, contre un mur au sud sous un petit chaperon débordant d'au moins 20 cm du mur.

Depuis les années 2000, les récoltes sont plus précoces d'un mois dans l'Ouest. Elles commencent en juillet avec 'Perlette', volubile et sans pépins, généreuse même sans soin, et 'Perle de Csaba', peau fine et saveur exquise du chasselas avec une petite note muscate, hélas adorée des frelons (à ensacher dès l'arrondissement des grains). Se succèdent ces variétés exquises de saveur muscatée : 'Perdin' à la peau très fine, 'Exalta', aux petits grains croquants, pour le Sud-Ouest : 'Amandin', 'Candin' ; 'Lidi', un rose qui réussit bien dans le Nord (où, c'est vrai, l'été est chaud !). Septembre est le mois des chasselas, plus délicats. Le rose est plus savoureux que le blond, mais moins savoureux que le rare et croquant 'Mme Mathias'. 'Sulima', aux longissimes grappes muscates croquantes, et le muscat de Hambourg (photo), mûrs en septembre, sont pour les jardins super-ensoleillés, car ils mûrissent jusqu'à confire jusque bien après la Toussaint. Au même moment, 'Isabella', 'Noah' ou 'Othello' (7-8 m sans fatiguer !) prodiguent d'énormes récoltes à saveur framboisée. On en fait des jus exquis.

- Récolte dès l'été suivant la plantation, puis 3-10 kg/plant.
- Plantation à bonne distance : à 1 m des murs, et au moins tous les 2 m, 3 m idéalement, 5 m avec les exubérantes 'Isabelle' ou 'Perlette', capables de s'étirer sur 7-8 m de large sans que la récolte s'amenuise.
- Entretien : taille obligatoire chaque hiver sinon la vigne s'emporte en folles lianes dissimulant de rares raisins (voir p. 189). Pensez à fertiliser chaque cep aussitôt après. On taille également en été les pousses folles. Naguère, on les coupait après la 2e feuille coiffant la grappe.
Les étés brûlants invitent à tailler plus long pour ombrer le raisin mûrissant, sensible aux coups de soleil. Les variétés citées ici se passent pour la plupart de traitements, à l'exception de 'Chasselas', sensible à l'oïdium et 'Exalta', sensible au mildiou en climat humide, voir p.197.
- La taille est l'occasion de faire des boutures (les pros s'en méfient à cause du phylloxéra, mais il est rare). On réunit en bottes quelques jolis brins gros comme des crayons que l'on enterre contre un mur ombragé. On les plantera en mars, tous les 20 cm dans une pépinière fertile, à mi-ombre.

Deux poivriers à cultiver

Le plus connu est celui du Sichuan (*Zanthoxylum simulans*), un arbuste de patience. Furieusement épineux, lent à pousser (4 m à 10 ans), mais, normalement, pas trop lambin à fructifier (compter 3-4 ans). Après la floraison jaune estivale, l'automne assouplit son port un brin raide de lourds bouquets des fameuses baies roses à saveur de rose. On les récolte avec un sécateur de vendangeur ce qui évite de se piquer cruellement les doigts tout en taillant l'arbuste. C'est leur enveloppe que l'on épluche, lorsqu'après la cueillette, en octobre, on a fait sécher les bouquets dans une pièce fraîche et ventilée. À noter, son feuillage aussi est aromatique. Bien qu'il soit rustique, mieux vaut le cultiver contre un mur ensoleillé, ou en pot, pour l'abriter des gelées tardives.

Les baies du poivrier du Timut (*Zanthoxylum armatum*), plus rare, sont furieusement à la mode, malgré une identité changeante qui peut égarer son jardinier. Elles évoquent le citron et le pamplemousse avec un curieux pétillant qui persiste longtemps. Pour l'arbuste, c'est le même style, super-piquant mais à protéger du gel car moins rustique.

On les sème ou bien on les bouture, avec un bonheur variable mais, sans suspense, que serait la vie du jardinier !

Chapitre III

Sans courbatures ni courbettes, jardinier et jardin en forme

Les aléas climatiques nous compliquent déjà beaucoup la vie, alors essayons d'éviter tout ce qui peut rendre le jardinage bêtement fatigant, car c'est possible. On s'habille confort, on apprend à jardiner en souplesse avec des outils légers et ergonomiques. Moyennant quoi, on a tout ce qu'il faut pour entretenir un jardin fertile et généreux, vraiment écologique.

Jardiner bien habillé, un doux sport

Sûr que si vous jardinez avec un jean qui vous scie les pattes ou un soutien-gorge dont les bretelles rebelles s'acharnent à vous brider les bras, vous n'allez pas croire que jardiner permet de s'entretenir agréablement, sans souffler comme un bœuf le long des routes goudronnées. Et pourtant, c'est vrai. Et comme il est de plus en plus facile de s'habiller confortablement, offrons-nous ce plaisir.

Avec une brassière bien ajustée, un pantalon souple et des outils ergonomiques, jardiner est vraiment un doux sport.

La brassière : l'invention qui change tout

Je parle aux filles, pardon les gars, mais en étant une, je commence par nous, les victimes du soutien-gorge, cet accessoire ravissant mais totalement incompatible avec l'usage d'une binette ou d'un sécateur. Si j'en crois les lamentations de mes connaissances, la fille jardinier pense trop rarement à explorer le rayon « fitness » des magasins de sport. Eh bien c'est dommage ! Car ils sont pleins de brassières bien ajustées qui laissent l'épaule et le bras libres de tous les mouvements. On peut même continuer à tricher avec des bonnets rembourrés. Quoique ce ne soit pas le plus confortable pour jardiner en été. Le détail qui compte : les bretelles en X dans le dos, vous assurant que ça ne va pas bouger. Certains modèles se ferment devant, c'est plus pratique que ceux à enfiler qu'il faut déplier péniblement quand ils vous collent au dos après la douche ! (surtout les premières fois, ensuite, ils se détendent). Un conseil : vérifiez bien les tailles car d'une marque à l'autre M ou L n'a pas les mêmes dimensions, et il ne s'agit pas non plus de jardiner le néné plaqué au torse à vous couper le souffle ! Le prix : 15-20 €.

Pantalons : rayons cheval, fitness, rando

Le bon modèle est bien ajusté mais pas collant (la transpiration n'a jamais fait maigrir personne n'en déplaise à l'inventeur de la sudisette des coquettes d'antan), le bas des pattes est plutôt étroit – ça entre mieux dans les bottes (voir au rayon cheval) et ça ne flappotte pas dans la terre meuble. Avec des poches à l'horizontale,

pour y glisser mouchoir, couteau et étiquettes, sans les perdre.

Au rayon rando, c'est solide et souple, au rayon fitness, plus léger, et souvent sans poches. On peut aussi tout simplement opter pour le survêt', confortable en hiver, mais vite moche. Un détail important : taille haute, pas taille-basse ! Ce qui non seulement exposerait vos fesses au voisinage, mais vous agacerait promptement quand, entre les manœuvres à la brouette, la cueillette des salades et la plantation des choux, vous l'aurez remonté 50 fois.

Polaire, laine ou coton ?

Le pull pure laine solide et chaud tricoté maison a ses adeptes, mais le laver, misère ! Alors polaire pour l'hiver ? C'est léger, c'est chaud, ça se lave impec'... mais, gare à la qualité ! Avant d'acheter l'indispensable gilet sans manches et multipoches en polaire ou un pull, il faudrait se munir d'un paquet de miettes ou de graines d'asters, pour vérifier qu'on n'est pas en train de choisir un de ces modèles attrape-tout qui vous tapisse de cochonneries au premier désherbage. Ce n'est pas une affaire de prix, il y a de la polaire inusable pour pas cher et de la polaire coûteuse promptement minable. Alors du coton ? Oui mais du 100 %, un article rare. Car les mélanges font transpirer (même ceux du rayon rando !), s'avèrent très salissants et pas faciles à détacher. Enfin, attention aux manches : pas trop larges et surtout pas trop longues, car vous aurez beau les rouler, elles se dérouleront dans l'action, et ça, c'est énervant.

Sabots, baskets ou bottes ?

Avantage du sabot : on l'enfile d'un trait pour quérir la ciboulette ou la laitue en vitesse. À condition de marcher sur du sec. Car traverser un carré d'herbe trempée en sabots, c'est rentrer à la maison les talons mouillés, oh misère ! Alors des bottes ? Ma préférée, c'est la Bison de Aigle. Une demi-botte souple, en vrai caoutchouc quasi inusable. Et surtout, une semelle qui ne ramène pas de cochonneries à la maison. Mais pour encore combien de temps ? Naguère en effet, Aigle avait l'agréable particularité de proposer des semelles étudiées pour marcher dans la bouillasse et écraser la limace sans laisser de traces. C'est terminé depuis l'option « gros talon » supposément au nom d'une douteuse ambition sexy qui vous condamne au gros nettoyage. Reste Rouchette avec des sabots et des bottines en vrai caoutchouc aux semelles pas trop salissantes. Ça fait un peu des pieds à la Bilbo le Hobbit, mais passons. Surtout évitez les plastiques froids, raides, vite jetables, jamais recyclables. Le vrai caoutchouc, c'est plus cher, mais il dure 20 ans.

Certains préfèrent les chaussures, trouvant les bottes trop froides. Et c'est vrai. Même avec des chaussons en pure laine maison doublant les chaussettes, en hiver, on peut s'enrhumer par les pieds ! Alors des baskets ? C'est tout confort, été comme

hiver. Quoiqu'en été, le « sans-gêne » soit plus léger. Ce vieux modèle de chaussure plate – français, madame – est redevenu à la mode, avec des élastiques sur les côtés. Bien ajusté, il tient au pied, et se trouve en multiples versions à partir de 10 €. En tout cas, on évitera la tong, car vriller du pied dans la terre meuble, c'est insupportable !

Tablier ou panier ?

Le tablier est démodé, pourtant, il permet d'emporter partout l'indispensable et de jardiner sans se salir. On le choisira assez long pour protéger les genoux, avec une encolure réglable pour que sa grande poche ventrale se trouve à la bonne hauteur, c'est-à-dire en dessous de la ceinture. Il doit d'ailleurs en avoir deux de ceintures, assez longues pour les nouer devant, en boucle, pour les dénouer d'un geste. En revanche, avec tout ce qui coupe, pour tailler ou greffer, mieux vaut prendre un panier.

Jardiner sans courbatures

Beaucoup de jardiniers cultivent encore trop souvent le mode ronchon. Sans se rendre compte que – sauf tempérament porté sur la grogne – c'est la conséquence des courbatures qui les accablent dès qu'ils attrapent une binette. Donc, sauf si l'on aime souffrir – ça arrive –, on ne quitte pas son fauteuil pour direct bêcher ou trimbaler du compost. Une petite balade préalable assouplit agréablement son jardinier. De préférence à bicyclette, la meilleure invention pour faire du sport sans s'en apercevoir, tout en étant à la bonne hauteur pour voir un peu ce qui se passe dans les jardins. Que de belles plantes ainsi échangées ! Que de copines et copains de jardin ainsi rencontrés ! Le temps d'aller acheter le journal et vous voilà en forme pour attaquer le pire des désherbages sans conséquences fâcheuses. Surtout si vous pratiquez le jardinage indolore. Ensuite, suivez le guide, vous verrez, ça change agréablement tout.

D'abord apprendre à plier les genoux, pour garder le dos droit et répartir l'effort sur l'ensemble du corps et non plus sur votre seul pauvre dos. C'est le réflexe numéro 1 pour ne plus souffrir en soulevant quelque chose ou en sarclant.

Naturellement, on aura troqué la fourche à grosses dents ou, pire, la bêche de pépé contre une vraie grelinette ou une fourchette à poignée sur mesure, permettant de faire pivoter les mottes au lieu de les soulever. Et déjà, ça ira mieux.

Idéalement, il ne faudrait rien soulever sans y réfléchir. On fait plutôt basculer, voire basculer sur quelque chose à roulettes (la planche de skate abandonnée dans un placard est formidable pour transporter les pots de fleurs, par exemple).

Un genou à terre et ainsi bien calé, on peut tout faire sans fatiguer. Même arracher, surtout arracher, de grosses mottes d'herbe ! Mais il faut se raisonner pour changer d'habitudes, car jardiner le dos rond est souvent la posture spontanée, cause de douloureuses courbatures.

Ça va mieux aussi pour les plantes si, avant d'arracher une souche de vivaces, on la cerne en enfonçant une fourche à poignée sur tout le pourtour, un peu en biais et en l'actionnant d'avant en arrière. Le plus difficile : extraire du compost sans se faire mal. À petites fourchées, en pivotant gracieusement sur sa taille, ça va mieux. Et surtout, au lieu d'économiser sur le nombre de tours en extrayant des charges maximales, mieux vaut multiplier les exportations vers la brouette de charges minimales. En souplesse. Avec les arrosoirs, mieux vaut en porter deux mi-pleins qu'un seul empli à ras bord. Surtout s'il contient 14 litres, soit 16 kg, à l'ancienne !

À l'époque où l'eau courante n'existait pas, le jardinier déjà habitué à ne jamais se ménager, pensait s'arranger en diminuant les allées et venues vers le puits. Il terminait en général très mal en point, le pauvre. Achetez plutôt des arrosoirs de 5 litres, ils pèsent déjà 6 kg, et empoignez-les genoux pliés, dans l'élan d'un premier pas, dos bien droit.

La meilleure posture pour démarrer avec une charge ou une brouette, c'est une jambe en avant, une jambe en arrière, sur l'élan. C'est la posture recommandée pour les femmes qui devraient éviter de soulever des charges. Les hommes peuvent plier les genoux autour de la charge à soulever, puis accompagner le geste en se redressant.

S'équiper léger et ergonomique

Les petits outils choisis à votre main permettent de travailler mieux et plus vite que les gros… hélas majoritaires dans les jardineries. Un vieux reste du jardinage maso à l'ancienne sous-entendant qu'on n'obtient rien sans douleur ? Plutôt une affaire de cupidité bien d'actualité. Car, alors que la gamme ergonomique n'a cessé de s'étoffer ces dernières années, seuls les curieux motivés jardinent en forme grâce à cet outillage bien conçu. En effet, les jardineries préfèrent nous proposer du gros casse-pattes ou de la binette en tôle prête à plier à la première rencontre avec un caillou. Pour le prix du super. Devinez pourquoi ? Parce que la marge sur ces outils imbéciles est bien plus grosse que celle des ergonomiques. Résultat, faute de distribution, certains disparaissent avant que le bouche-à-oreille n'ait fonctionné. Et je ne vous parle même pas des incomparables fourchettes à bordure anglaises. Avec la géniale embrouille du Brexit, adieu !

Tous les outils dont je parle ici sont référencés, je les vois… ici et là, je les utilise. Mais d'un magasin à l'autre, le choix proposé par la même enseigne varie. Un conseil, explorez les jardineries agricoles genre Atlantic vert, Espace Emeraude, Gamm Vert… et prenez votre temps. Évitez d'acheter un outil inconnu sur Internet, où cela revient à jeter en l'air un billet de plus en plus gros, car avec la spéculation sur l'acier les prix s'envolent. Toutefois, mieux vaut investir dans des outils de qualité qu'on utilisera une vie entière.

Ressourceries, vide-greniers : paradis des outils forgés

Pour la houe et la binette qui décapent l'herbe sans effort, le croc qui se joue de la grosse terre comme des cailloux, la sape qui creuse les rigoles de l'irrigation sans peine ni électricité, pour le croissant et l'arrache-betterave qui défrichent sans tapage, ne cherchez pas en jardinerie, vous n'y trouverez rien de bon. Fouillez plutôt dans les ressourceries et les vide-greniers. On y trouve d'excellents outils pour 1, 3, 5 €. Vérifiez juste l'angle des lames des houes et binettes : le bon, c'est 60°. Ces outils anciens sont typiques du terroir, ils racontent une histoire où l'utile était aussi beau qu'inusable. Il faut souvent les remmancher, mais ce n'est pas sorcier et, à la campagne, c'est gratuit !

Sarclettes, griffettes et râteaux : poids-plume à longs manches

Les kinés nous le répètent : gardez le dos droit, optez pour de longs manches. En clair, le manche de l'outil posé devant vous doit se trouver au niveau de votre menton. La marque championne de cette catégorie c'est Fiskars. Mais on peut remmancher long un outil qui traditionnellement s'utilisait plié en deux. Ça marche très bien pour les houes, par exemple.

Fabriquer ses manches

Ce qu'il vous faut :

– une plane, un étau, un burin, un marteau, un couteau bien aiguisé, du papier de verre, un chalumeau à gaz

– des brins de bois vif plus gros de 2 cm que les douilles ou les viroles, des outils à remmancher. Les plus faciles à remmancher sont les outils à douille, dans lesquels on enfile le nouveau manche. Ceux à virole sont les plus difficiles car ils sont fixés dans leur manche qu'il faut percer. Le sureau convient particulièrement aux petits outils à virole comme les faucilles, serpettes, plantoirs..., car sa moelle tendre se laisse assez facilement percer. Son bois lisse est agréable à la main.

Mesurer le manche abîmé, la pointe de l'outil doit le dépasser d'1 cm. Mettre de côté la virole couronnant le manche désintégré.

Avec la plane, écorcer un brin de sureau de 2 cm plus épais que l'ancien manche. Le laisser sécher au moins 3 mois dans l'atelier.

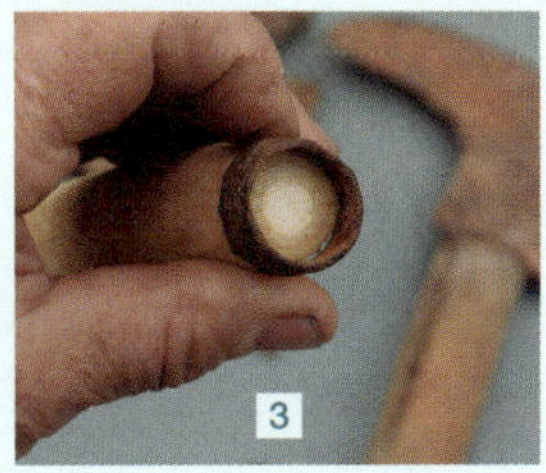

Ajuster le diamètre du manche avec la plane pour que la virole s'enfonce entièrement dedans.

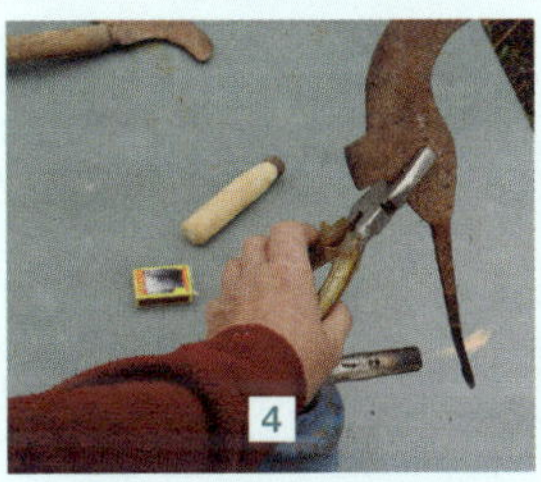

Chauffer la pointe de l'outil jusqu'au rouge en le tenant avec une pince.

Enfoncer aussitôt l'outil dans son manche maintenu par l'étau. Il faut parfois ajuster la virole au burin pour qu'elle bague bien la base de l'outil dans son manche.

Retourner l'outil et recourber sa pointe sur le manche, avec un marteau. Bien lisser au couteau puis au papier de verre. C'est reparti pour 100 ans !

Le châtaignier, léger, odorant et souple, convient surtout pour les manches de fourche à foin, des binettes et râteaux. Pour les fourches à bêcher, le frêne est plus solide. Pour les pioches, piochons, haches, houes, tâchez de trouver de beaux jets de houx ou de cornouiller. C'est une tranquille occupation d'hiver, la meilleure saison pour couper le bois. Quoique pour le châtaignier ce soit toute l'année – sauf juin-juillet. Une solide tradition veut que la coupe soit faite en lune décroissante. Hélas cela n'empêche pas toujours les vers de s'attaquer au bois, châtaignier compris, bien qu'il passe pour insectifuge.

De A à Z les outils ergonomiques

La biofourche (1)

En sol sablonneux, la biofourche Spear & Jackson (environ 50 €) va mieux que la grelinette grâce à ses dents plus serrées (6 cm). On la pilote grâce à une large barre. Hélas, sa hauteur de 1,10 m ne convient pas aux grands de plus de 1,70 m. Comme chez la grelinette, ses dents courbées réduisent l'effort. L'usage des biofourches à dents droites est bien plus pénible.

La bêche (2)

Manche courbe, bords aiguisés, les pelles à poignée, Fiskars pour les grands, Revex pour les moyens (1,60 m), permettent de creuser vite fait un trou, d'extraire du compost, de diviser des vivaces enchevêtrées et les transporter avec leur motte pour les transplanter. Mais, si les racines sont très emmêlées, pour bêcher en sol léger, préférez la biofourche ou une fourche à poignée. Plus ergonomiques, elles évitent de soulever des charges et vous évitent les courbatures.

La vraie grelinette (3)

La grelinette, c'est l'outil idéal pour ameublir un grand jardin écologiquement, sans se faire mal et vite fait (20 m² à l'heure, facile !). On l'actionne d'avant en arrière, ou en la faisant pivoter pour arracher l'herbe, moyennant un mouvement assouplissant pour la taille du jardinier grâce à ses deux manches.

Le succès de cette invention savoyarde a multiplié les copies médiocres. L'original s'achète sur le site Grelin-grelinette ou bien aux marchés de Chambéry et d'Annecy sur le stand Grelin, grainetier réputé. Plusieurs formats : la 5 dents, 50 cm de large, débite un max ; la 3 dents (30 cm) convient aux petits bras. Un détail important : réglez les manches à hauteur d'épaule, sinon, vous n'y arriverez pas.

Très efficace en sol consistant, elle l'est moins en sol léger. On attend donc une vraie grelinette aux dents plus serrées (6 cm). Avis aux jeunes Grelin à la tête de l'entreprise !

1

2

3

La campagnette, actualisation de la grelinette ?

Avec ses roulettes et sa grille censée ameublir finement le sol d'un geste – celui d'actionner d'avant en arrière comme une grelinette –, elle serait l'outil idéal du micro bio maraîcher. En sol idéal, fondant, sans herbe, peut-être. Et encore, à condition d'être super costaud car l'engin est lourd. Dans la terre hirsute d'un permaculteur débordé, sûrement pas ! Si de plus elle est argileuse, actionner cet outil correctement relève de l'impossible. Soit 250 € à économiser.

La fourche à bêcher (4)

Pour bêcher, transplanter, dresser une bordure, diviser les vivaces, prélever du compost, préférez une fourche dite « à bordure », avec poignée : 13 cm de large avec des dents, fines, de 19 cm, c'est parfait (Bulldog). Hélas, difficile à trouver depuis le Brexit. En Belgique, aux Pays-Bas, cherchez DeWit.

Très important pour l'ergonomie de l'outil : le manche doit être courbe, et coiffé d'une poignée vous arrivant pile au creux de la taille. Ainsi, pour bêcher, on fait pivoter l'outil sans rien soulever.

Fiskars est la marque des grands. Sa gamme Light, super légère, convient aux sols filtrants, la gamme Solid, aux plus lourds. Hélas, leurs fourches ont des dents inutilement longues. Cela peut servir pour transplanter des arbres et diviser de grosses vivaces, le reste du temps, c'est un effort pour rien, car il n'est pas nécessaire d'ameublir le sol au-delà de 15-20 cm

Une alternative : la « fourchette à rosiers » Revex, de 10 cm de large, à 3 dents fines de 16 cm de long (souvent chez Gamm Vert). Elle n'a qu'un défaut : son manche sans poignée. On la remmanche ou bien l'on cherche en Belgique sa petite sœur DeWit. C'est l'outil à tout faire : transplanter des vivaces, les diviser, planter des bulbes, mélanger le compost, ameublir vite fait avant de semer sans peine, même en sol argileux.

La fourche à dents fines (5)

Deux modèles : la classique fourche à foin et celle à dents serrées, pour décompacter le compost, recueillir les feuilles ou le fumier (Gardena, Gouvy), et celle à dents écartées pour transporter le foin et les branchettes. Notez que les modèles usagés à dents courtes sont très bien.

6

7

8

La binette parisienne (6)

On l'appelle aussi raclette. Version nantaise, elle est ajourée. Idéale pour tirer un rang large propice aux semis de carottes, casser la croûte d'un sol tassé par un orage. Mais il faut l'acheter forgée à l'ancienne dans quelque brocante, car les modèles contemporains ne valent rien.

La griffe à rosiers (7)

La trouvaille, ce sont les dents plates et leur angle idéal, 60°, d'une efficacité réjouissante pour décoller les mottes d'herbe bien parties, sarcler vite fait avant de planter, entretenir le guéret entre les oignons (Gouvy). Deux avantages : son long manche (1,60 m) à douille, facile à remplacer et son étroitesse. Avec 8 cm de large, elle se faufile sans rien bousculer. À retenir quand vous plantez : il faut ménager un intervalle entre les plants d'environ 5 cm plus large que votre outil de sarclage préféré pour ameublir sans abîmer.

On trouve parfois ce modèle avec un manche emboîté, dit « à soie », plus problématique à changer, et si court qu'il oblige à se courber, donc à se fatiguer inutilement.

La griffe à dents rondes dite « croc à fumier » (8)

Pour recueillir l'herbe sarclée, réunir des branchages coupés, émietter du guéret et du compost, arracher des plaques de chiendent sans effort. Le modèle étroit (17 cm) de Gouvy est particulièrement pratique.

Le racloir (9)

Affûté comme un rasoir, il est sans pareil pour décoller l'herbe prête à inonder un gravier (Light, Fiskars). Variante : le racloir oscillant, dont l'étrier est mobile. À maintenir bien aiguisé, le secret du sarclage qui va tout seul !

9

Le râteau à foin (10)

Pour ramasser les feuilles mortes, le foin. On a la version en plastique, solide avec de curieuses ailettes d'une surprenante efficacité (Fiskars).

Plus classiquement, le râteau à foin en métal (Falci, Comptoir de la faux) avec 22 dents galbées idéalement. Inusable !

Le râteau (11)

Pour affiner un lit de semences, égaliser le gravier, avec des dents courbes (Light, Fiskars) ou des dents serrées fines comme des lames avec un râteau scarificateur (Wolf), très utile en sol lourd. Ce modèle de râteau est très utile pour extraire l'herbe sèche d'une prairie ou ameublir finement une plate-bande.

Faucher en silence

Pour l'herbe tendre, ayez si possible une faucille avec lame déportée, ce détail évite de se couper les doigts (a). Pour la grande herbe et les orties, réapprenons à faucher à la faux (b). Au début, cela ne va pas tout seul. Il faut trouver le bon balancement, qui fait glisser la faux à ras de terre et s'abattre l'herbe en un andain parfait. Une bonne nouvelle : de nouveaux faucheurs silencieux sont prêts à vous apprendre en une demi-journée https://comptoirdelafaux.fr.

Pour aiguiser faux et faucilles ayez une pierre fine, à transporter dans un coffin attaché à la taille (c), une enclume (d) et son marteau (e).

Chapitre IV

Entretenir un sol vivant

La culture sur sol vivant est devenue synonyme de sol couvert en permanence, censé se passer de bêchage, cet exercice passant pour aussi nuisible que pénible. La réalité est plus complexe.

Bêcher a un avantage dans les sols lourds et en climat rude : conjugué avec un paillage copieux à la belle saison, cela permet d'aérer la terre en trois ou quatre ans. Et franchement, pour ceux qui ont une de ces glaises qui colle aux pattes, c'est un bonheur de voir le gel la briser en mille petits grumeaux fondants suite à un bêchage d'automne. Les années à campagnols, et elles se multiplient, le campagnol progressant vers l'ouest en troupes foisonnantes, conserver un sol couvert serait condamner le jardin, car ce rond raton aussi prolifique que discret ne laisse aucune racine sur son passage. Donc, on bêche vite fait, à grosses mottes et on laisse l'hiver les briser. Avec une grelinette à sa main, c'est un petit sport gratifiant.

J'ai bien écrit « on bêche », pas « on laboure ». Dans un petit terrain, le labour tasse souvent plus qu'il n'ameublit en raison des manœuvres d'une machine pesante et ce, même avec un motoculteur léger. Là où c'est piétiné, c'est tassé. Donc sauf défrichage (voir p. 28), on ameublit au croc ou à la grelinette. Car oui, contrairement à une opinion sans doute répandue par des gens qui ne savent pas s'en servir, la grelinette peut ameublir un sol enherbé. C'est d'ailleurs l'occasion rêvée pour monter une belle butte fertile (voir p. 271).

Laisser le sol tel quel et semer direct dedans ? Si vous avez l'intention de vous nourrir avec ce terrain, n'y comptez pas. Le faucher, laisser la verdure sur le sol et démarrer une carrière de non-laboureur ? Les adeptes du non-labour se réfèrent à la grande fabrique d'humus de la forêt. Ils oublient que « labour » est un terme de grande culture, pas de jardinage, lequel sous-entend plus de soin, pas de gros matériel et d'ailleurs, plus de rendement. Alors on dit « forêt jardinée » ? Le problème, c'est qu'un jardin vivrier est un ensemble de critères contrariant la forêt. À commencer par la lumière : pour nourrir son jardinier, il lui en faut davantage qu'un sous-bois. Si le terrain est un peu limoneux ou un brin argileux, ce qui est très bien, car il retient l'eau et les éléments nutritifs, il se tasse. Même bien paillé. Et là un simple griffage ne suffit pas toujours à le rendre assez meuble pour y réussir des cultures. Enfin, le paillage seul ne suffit pas à compenser les éléments nutritifs prélevés par les cultures, un sol vivant, c'est aussi un sol nourri par son jardinier.

Bêcher sans se faire mal : grelinette et fourchette par tranchettes

D'abord, on ne bêche que par beau temps et quand la terre, légèrement humide, fond dans la main. Trop sec, c'est trop dur. Mouillé c'est trop lourd, gelé c'est pénible et désastreux (on enterre du froid). S'il n'y a pas d'herbe, on ameublit en actionnant la grelinette d'avant en arrière. S'il y en a, il faut procéder par tranchettes, d'environ 10 cm de large, à reculons, et faire pivoter l'outil sur une dent dans un geste souple pour l'arracher. Ça va vite et bien, en une heure on ameublit 20 m² facile et en prime l'exercice affine la taille de son jardinier. Mais si on ameublit par tranchettes avec des blocs de 20 cm, gare au mal de dos !

La grelinette ne se faufile pas partout. Pour ameublir avant de planter entre des vivaces ou des arbustes, mieux vaut utiliser la fourchette à poignée, pareillement, par tranchettes, et en faisant basculer les mottes sur le côté.

Ameublir au croc

Dans les terrains caillouteux, et/ou biscornus, certains préfèrent le croc, un outil qui demande une certaine force dans sa version initiale aux dents longues de 25 voire 30 cm. Usagé, avec des dents réduites de moitié, emmanché long et non pas court – à l'ancienne, où il obligeait son jardinier à d'épuisantes courbettes –, c'est un outil fort utile pour ameublir vite fait une parcelle. Comme la houe, il faut le choisir avec un angle fermé à 60°, et là, ça va tout seul. Enfin, presque !

Engrais verts, cultiver la fertilité du sol

On sème les engrais verts dans un sol juste griffé vite fait, puis on tasse les graines au rouleau.

L'engrais vert, c'est une culture luxuriante, prompte à grandir, avec des racines profondes, ameublissant et enrichissant la terre. On le sème sur le sol ameubli rapidement à la griffe. Fauché-broyé à la tondeuse réglée haut ou à la débroussailleuse, puis incorporé en surface à la griffe, il maintient le sol meuble, riche en humus, en vers de terre et autres discrets acteurs de la fertilité. Les maraîchers en sèment toute la belle saison dans les parcelles inutilisées, comme cultures intercalaires. Au jardin, on sème principalement entre l'automne et le printemps les plus faciles à incorporer comme la phacélie, la moutarde, la nigelle, la roquette ou la claytone dont les foisonnants semis spontanés sont aussi d'agréables engrais verts. On peut aussi utiliser ainsi la stellaire, à condition de la faucher avant montée en graine et d'avoir du goût pour le griffage sportif.

Une option charmante et économe : on laisse un peu monter en graine la roquette, le trèfle incarnat, le lin, le lupin, la phacélie, le sarrasin ou le sainfoin pour admirer leur floraison, observer les pollinisateurs qui s'en régalent, recueillir de la semence pour l'année prochaine et faire des économies, car l'engrais vert, c'est un peu cher. On comprend pourquoi quand on en trie la semence !

La luzerne ou le mélilot, dont l'enracinement dépasse 1 m de profondeur, sont d'efficaces ameublisseurs-débroussaillants-fertilisants, par exemple pour restaurer un terrain envahi de chardons, mais ils laissent beaucoup de racines solides longues à se décomposer compliquant semis et plantations. L'occasion de tester la culture des salades sur sol vivant, et de s'apercevoir que c'est une option agricole qui ne réussit pas toujours au jardin faute de scarificateur efficace.

Engrais verts, le choix

Lin bleu (1)

Linacée annuelle et vivace

Vivace, 70 cm, c'est le lin des Alpes, un tout-terrain ravissant en mai-juin, pour terre de misère même calcaire. Il vit 2-3 ans. Annuel, il atteint 1 m et plus en ondoyant rideau vert tendre couronné d'un bleu plus sombre, en été, il se plaît en terrain argileux et climat frais.

Leurs racines ameublissent le sol en profondeur.

- Semis en mars-avril, 50 g/10 m^2.

1

2

Lupin (2)

Légumineuse annuelle

S'il craint le calcaire, il fait merveille dans les sols lourds comme légers, ses hauts (70 cm) épis crème, jaunes ou bleus embaument en mai-juin. Il est très bien en bande entre les arbres fruitiers. Le blanc est plus facile à réussir que le jaune, le bleu est le plus rare.

- Semis de mars à mai, 150 g/10 m^2.

Luzerne (3)

Légumineuse vivace

La floraison bleu-violet de ce haut (80 cm) tout-terrain embaume l'été. Avec ses racines de plus d'1 m, sa résistance à la sécheresse, c'est la plante idéale pour chasser liseron et chardon, ameublir un sol damé, et un excellent précédent à la plantation d'un verger.

En revanche, ce n'est pas une bonne compagne des arbres car elle attire les campagnols. On peut la faucher 3 ans de suite avant de l'enfouir… de préférence au motoculteur, car franchement à la main, bon courage !

- Semis de mars à avril, puis en septembre, 15 g/10 m^2.

3

Mélilot (4)

Légumineuse bisannuelle à vivace

Ce géant vaporeux (1,80 m) illumine les sols les plus désespérants de nuées crème ou jaune acidulé durant tout l'été et les laisse fertilisés et ameublis en profondeur. C'est un tout-terrain que l'on croise souvent en bandes au milieu des autoroutes, c'est dire s'il se contente de peu ! Il ne fleurit souvent que l'année suivant son semis, 2 ans de suite, avant de dépérir. Si on le fauche sitôt fané, il peut durer 3 ans. Ses racines très costaudes ne paraissent pas gêner les cultures, si les plants sont espacés.

- Semis en mars et en septembre, 15 g/10 m^2.

4

5

Moutarde blanche (5)

Brassicacée annuelle

Ce tout-terrain à croissance rapide fond à la première gelée. Les gastronomes la laissent monter en fleur pour en savourer les jeunes pousses à la vinaigrette, ou jusqu'en graine pour fabriquer leur moutarde maison. Mais dans ce cas, ce n'est plus de l'engrais vert, juste un couvre-sol épatant.

- Semis en mars-avril et septembre, 10 g/10 m^2.

Phacélie (6)

Apocynacée annuelle

L'engrais vert express ! Du semis à la floraison : 6 semaines ! Feuillage de fougère ravissant, tout-terrain super ameublissant, floraison nourrissant les abeilles. À faucher quand elle passe du bleu au beige.

- Semis en mars ou septembre-octobre (elle survit aux hivers doux), 10 g/10 m^2.

6

Roquette (7)

Brassicacée annuelle

Son usage n'est pas courant mais elle se sème si facilement que c'est une bonne remplaçante de la moutarde, avec cet avantage qu'on peut en déguster et en donner aux poules avant de l'incorporer au sol ! Sa floraison dès mars attire les pollinisateurs.

- Semis de février à octobre, 10 g/10 m^2.

Sainfoin (8)

Légumineuse vivace

Ses sveltes épis roses jouent avec le vent d'été embaumant les terrains secs et calcaires les plus misérables qu'il requinque. Peu rustique, il gèle souvent dès le premier hiver.

- Semis en mars-avril, 50 g/10 m^2.

Sarrasin (9)

Polygonacée annuelle

Réputé pour améliorer la structure des sols acides, sa floraison blanche en été et son feuillage en cœur rougissant en font un fort joli tapis (40 cm) efficace pour nettoyer un terrain envahi d'herbe.

- Semis d'avril à fin août, 50 g/10 m^2.

Seigle (10)

Graminée annuelle

La providence des sols pauvres et acides, nettoyant efficace du chiendent, il est magnifique avec ses hautes tiges (1,30 m) ondoyantes d'un vert céladon translucide, puis blondes. Malheureusement trouver des graines viables n'est pas facile.

- Semis en septembre-octobre, 100 g/10 m^2, seul ou en mélange avec la vesce. Pour le plaisir des yeux et un autre usage, on peut le faucher 2 fois, au printemps, puis laisser monter les épis pour récolter des graines viables et une paille longue et solide.

Trèfle blanc (11)

Légumineuse vivace

C'est le tapis idéal pour le verger, mais gare, les campagnols en raffolent ! Quand il est mouillé, il est glissant… et pas commode à faucher. Le gel le détruit dans les allées piétinées. Il est assez vagabond et peut se montrer envahissant dans les sols frais, toutefois il ne semble pas déranger les légumes et attire beaucoup de pollinisateurs.

- Semis en avril et septembre, 5 g/10 m².

Trèfle incarnat (12)

Légumineuse annuelle peu rustique

C'est le plus magnifique et le plus attrayant des trèfles pour les bourdons. Il sent très bon. Mais il n'aime ni le calcaire ni le froid. En climat doux et sol frais, il tient (3 à 5 coupes) deux ans. Il se ressème volontiers.

- Semis en mars-avril, 25 g/10 m².

Trèfle violet (13)

Légumineuse vivace

Une nappe (30 cm) de pompons roses tout-terrain à la senteur enjôleuse, vrombissante d'abeilles, pour le début de l'été qui embaume encore quand on le fauche, 3 à 4 fois de suite. Attention, il passe pour attirer les campagnols, s'ils sont présents choisissez un autre engrais vert. Longévité : 2-3 ans.

- Semis en mars-avril, 25 g/10 m².

Vesce (14)

Légumineuse vivace

D'abord, elle tapisse le sol en rasemottes, vous laissant accroire qu'elle serait super dans les sentiers du potager. Erreur fatale car c'est une luxuriante déchaînée (1 m) que l'hiver n'anéantit pas toujours. Désherbant turbo des vivaces les plus tenaces, ses longues racines sont super ameublissantes.

- Semis en mars et septembre, 100 g/10 m².

Le compost sans peine

Si vous avez un chat et deux poules, vous vous demandez peut-être comment faire du compost, car ce que le chat ne mange pas, les poules s'en régalent. Notez toutefois que si les crottes du chat n'ont rien à faire dans le compost (comme celles du chien d'ailleurs), celles des poules, en revanche, le dopent sérieusement et les poules contribuent volontiers au brassage des déchets.

L'obligation à partir de 2023 de composter les déchets organiques n'est pas compliquée à respecter pour qui cultive un jardin. D'abord, pas la peine d'acheter un composteur en plastique moche et pas solide : deux cases en palettes doublées de carton ondulé font parfaitement l'affaire.

Le secret d'un compost réussi : faire un tas plus haut que large, par exemple, soit, pour une personne seule, plutôt 50 cm de large et 1 m de haut que l'inverse ; pour deux : 0,80 x 1 m (une taille standard de palette).

On installe les cases à même le sol enherbé, puis, avant de jeter les premiers déchets, on double les palettes de carton ondulé, afin d'empêcher les herbes têtues de se faufiler entre les planches.

On commence par une couche de 20 cm de mottes herbeuses, puis on jette les déchets de cuisine ou du jardin au fur et à mesure. Si une poignée de déchets serrés dans la main reste sèche, on arrose jusqu'à ce que la poignée devienne juteuse. On peut jeter comme ça vient poubelle de la cuisine et mottes herbeuses. Si au contraire le mélange est sec, on arrose. Par exemple avec le contenu de la poubelle où macèrent les racines d'herbes tenaces.

Important : maintenez le compost constamment couvert, par exemple sous une bâche, un carton, ou 20 cm de branchettes.

Ensuite, 2 options :

- La 1re case est pleine, vous ne compostez pas de toilettes sèches, vous n'êtes pas pressé. Laissez-la bien couverte et patientez 5-6 mois pour recueillir un compost mûr sur l'ensemble du tas. Si la case dispose d'une trappe, vous pouvez dès 3 mois récolter du compost mûr à la base du silo.

Construire un silo à compost

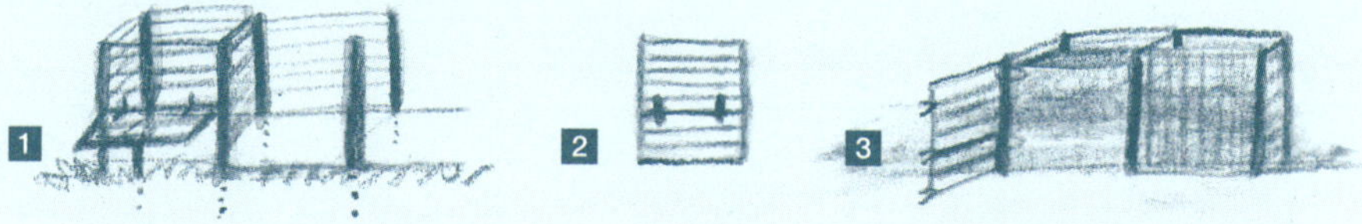

(1) Pour 2 personnes, construisez 2 cases larges de 0,80 m, hautes de 1,20 m, fixées sur 6 piquets de 1,50 m.

(2) Coupez en 2 la façade de chaque case, puis assemblez les 2 parties avec des peintures anglaises, formant ainsi un volet à la base du silo, facilitant la récolte du compost mûr.

(3) Assemblez les côtés aux piquets avec des anneaux de fil de fer, assez lâches pour faire charnière en façade.

Pour fabriquer un excellent compost léger, comptez 1/3 de fumier de cheval et 2/3 de feuilles tendres et humides (ici, du noisetier). Brassez bien l'ensemble à la fourche et couvrez, soit d'une couche de feuilles de 20 cm soit de cartons. Fabriqué à l'automne, ce compost est prêt en avril. Si vous attendez septembre, c'est un excellent terreau de rempotage.

- La 1re case est pleine, il y a des crottes dedans, vous êtes impatient d'obtenir du compost : transférez son contenu dans la case n° 2 en l'arrosant si nécessaire. Couvrez. Prélever le terreau mûr pour vos plantations dans le fond de la case n° 1, puis recommencez à y jeter vos déchets.

Variantes optimisées en mode « tout en un » : la lasagne (p. 66), la butte (p. 271), le compost-pépinière (p. 84).

Variante à la mode : le compost rapide et sécurisé – un « green washing » des valeurs modernes en somme. Pour accélérer la décomposition des déchets, on les broie. Ce qui nécessite d'actionner un broyeur motorisé ou, si l'on est très motivé – et costaud –, un moulin hache-paille à manivelle. Réduits en pièces de 5-10 cm et dûment mélangés pour que le sec équilibre l'humide, les déchets se transforment en compost en 3 mois à la belle saison, en 6 mois de l'automne au printemps suivant, après chauffage et donc grand nettoyage de tout ce qui fait peur aux vigiles du jardinage.

Si dans les 15 jours de son empilement, le tas n'atteint pas les 45 °C réglementaires durant une semaine ; si au contraire, il dépasse 55 °C, on le transfère à nouveau dans un silo voisin, en l'arrosant si nécessaire. C'est du boulot, mais le résultat est beau et, normalement, sans graines ni bactéries. Bref, sécurisé.

Recycler ce qui se composte mal

Composter du gazon est une épreuve inutile, réservée au compostomane militant en mode vigilance haute-tension, le jardinier désinvolte obtient une masse gluante-puante. Donc on le répand en paillage. Les os, les coquillages, les peaux d'agrumes, les plantes malades, l'herbe montée en graine brûlent en fin de barbecue. Leurs cendres enrichissent le compost ou amendent les asperges.

Le loto du compost en sac

Il est si rarement gagnant que mieux vaut produire son compost et son terreau maison (du compost mûr d'environ un an, gardé couvert). Si vous en manquez, inutile de miser une somme coquette sur un sac de marque bio, celui des discounteurs a les mêmes chances d'être bon. Réflexion hélas abondamment illustrée par plusieurs décennies de déceptions, certains de ces mélanges aléatoires ayant été jusqu'à tuer mes semis ! On achète du bon compost chez les horticulteurs... Mais ce n'est pas non plus garanti 100 %, car hélas, ils sont souvent eux aussi obligés de changer de fournisseur.

Le compost itinérant : on l'installe sur une plate-bande entre 4 palettes plates ; il équivaut à la culture sur butte, car on cultivera directement dessus des légumes gourmands comme les choux ou les courges. Efficace pour fertiliser durablement une parcelle misérable et pour entretenir la fertilité du jardin.

Le compost assisté par les poules

Voici ma recette dopée à l'œuf du jour, un exemple du mode « on coopère dans la bonne humeur ». Pour un potager de 300 m², il vous faut :

- 2 poulettes
- 1 enclos de 25 m²
- 1 poulailler d'1 m² avec 2 nids et 1 perchoir
- 2 cases à compost d'1 m3, avec portes.

Installez l'enclos près du potager et les cases à compost dans l'enclos. Quand vous versez des déchets dans la case, ouvrez sa porte. Laissez les poules le mettre en vrac. Le soir, refermez la porte.

Lors du ménage du poulailler, nettoyez la planche à crottes sur le tas. Les crottes de poules c'est : 3-4 % d'azote, 3-5 % de phosphore, 2-3 % de potasse, et 7 à 10 % de calcaire. S'il fait sec, arrosez. Maintenez toujours couvert.

Continuez ainsi jusqu'au remplissage de la case n° 1. Si vous voulez accélérer le processus, transférez son contenu dans la case n° 2, puis recouvrez-le, de carton, de branchettes. Vous allez récolter un compost parfait. À distribuer modérément (3 kg/m² maximum) sinon, monstres malades en vue dans les rangs de choux !

Ni crottes de chat ni crottes de chien

Elles sont certes organiques, mais pour les composter, seule la ville de Vancouver y parvient, et cela ne s'est pas fait sans peine. Cette source de pollution est un vrai problème que les responsables des jardins publics canadiens prennent très au sérieux. En France on préfère l'ignorer. Au jardin, pour éviter de propager une maladie aussi grave que la toxoplasmose et les vers parasites, il faut alors appliquer la méthode « compost sécurisé », entendez brasser le tas et vérifier que la température y atteint 45 °C durant une semaine, ou 40 °C durant un mois.

Attention, si vous vous mettez au vermicompost, surtout ne jetez pas litière de Grochatchéri dans la vermicaisse, eisénia est certes hyper actif, mais pas immortel, et la crotte de chat ou chien, il ne la digère pas.

Le vermicompost pour tous

C'est la solution pour tous, que l'on soit en appartement, ou affligé de ce vilain fléau dont nul ne parle : les rats. Un vrai problème qu'aucune commune, même écolo, n'ose aborder. Pourtant, c'est facile à résoudre : faites du vermicompost, un super compost en silo fermé.

Pour le fabriquer sans vous casser la tête, essayez cette formule qui consiste tout simplement à alimenter deux poignées de vers à fumier, *Eisenia foetida*, avec vos épluchures dans un composteur fermé. Ces sveltes et vifs vers roses, de 6-8 cm, bien connus des pêcheurs, se trouvent au pied d'un tas de fumier, dans le gazon aggloméré sous une bâche de paillage, sous les feuilles mortes humides, l'un de leurs mets préférés. Ils transforment promptement en super compost ce que vous jetez au cours de la journée : marc de café, sacs en papier, carton, épluchures de légumes (sauf les oignons qu'ils n'aiment pas trop), coquilles d'œuf écrasées. Mais ni viande, ni poisson, ni agrumes.

Si vous n'en trouvez pas dans la campagne alentour, parlez-en, il y aura bien un vermicomposteur qui vous en donnera. Bien alimenté, l'eisénia pond 1 à 2 cocons par semaine, d'où naissent 2 à 20 petits 3 semaines plus tard, fins comme des fils et vifs comme l'éclair, plongeant pour se cacher dès qu'on les découvre, car cette espèce a particulièrement horreur de la lumière. Ils sont adultes à 3 mois. En moyenne, un adulte produit 200 à 400 jeunes par an. Il vit en moyenne 2 ans. Une vitalité visible à l'œil nu quand on inspecte un vermicompost en cours, on y trouve des amas gros comme le poing de jeunes vers, voire une nappe grouillante de vifs fils roses… On a alors beau être motivé, il arrive qu'on en sursaute ! Mais pas d'inquiétude : ils ne s'évaderont pas pour autant, donc on peut installer le vermicomposteur à la maison ! En effet, soit ils accélèrent la transformation de la masse de déchets, soit ils meurent, contribuant au compost.

L'appétit d'*Eisenia foetida* – il mange chaque jour plus de la moitié de son poids – et son efficacité en font l'agent d'un compost concentré aux qualités remarquables.

Un compost mûr représente 30 à 40 % du volume initial. Dans la version vermicompost de restes de cuisine, il ne reste que 15 % des apports, ce qui permet d'utiliser un petit silo. Par exemple pour deux convives réguliers, un réservoir en deux parties de 50 cm de côté et un bac de même dimension profond de 10 cm pour recueillir le jus éventuel.

Les conditions de leur multiplication – approvisionnement régulier en déchets végétaux et minéraux (coquilles d'œuf), température du substrat entre 20 et 25 °C – en font les artisans idéaux d'un compost fabriqué à la cuisine. Sans odeur, ni velléités de s'y promener comme on pourrait le craindre.

Beaucoup de vermicomposteurs citadins utilisent trois tiroirs à rangement en plastique pour faire du compost dans leur cuisine. La méthode est des plus simples : on laisse intact le tiroir du bas, pour recueillir le jus éventuel, et l'on perfore le fond des 2 tiroirs supérieurs. Pourquoi ces fonds ajourés ? Pour le drainage (les déchets de cuisine produisent beaucoup d'eau) et pour faciliter la circulation des vers d'un étage à l'autre quand le tiroir de base sera composté.

La méthode :

On tapisse le fond du tiroir inférieur (celui juste au-dessus du bac), d'une couche de papier froissé (papier journal ou vieux imprimés en noir et blanc) et on installe 500-600 g d'eisénias recouverts de 5 l de déchets de cuisine, eux-mêmes couverts d'un carton. Les vers se mettent immédiatement au travail, et ce, de façon si industrieuse qu'à chaque nouvel apport vous constaterez que le niveau du bac reste constant, tandis qu'au fond se forme un compost brun, bien humide. Quand le tiroir du bas est plein, il suffit de jeter des déchets dans celui du haut pour que les vers y migrent, attirés par les déchets frais.

Si vous avez des invités, donc un supplément conséquent d'épluchures, pas grave, tant que les eisénias ont à manger, ils se reproduisent à toute allure donc s'occupent à transformer la poubelle en un terreau brun, humide et excellent pour toutes les cultures. On considère qu'1 kg de vermicompost est équivalent à 10 kg de fumier de cheval composté. On l'utilise à raison d'1/4 mélangé au terreau de plantation. Avec un pH de 6,8 à 7,5 et sa texture parfaite, il augmente la porosité du

sol et la faculté des plantes à y puiser des ressources. Les récoltes augmentent : jusqu'à doubler avec des fraisiers ayant reçu 2,5 à 5 kg/m^2 ; plus 30 % pour des poivrons ayant reçu 1 à 2 kg/m^2. Bien paillés naturellement.

Quant au jus de vermicompost, c'est un élixir propre à remettre en forme le citronnier le plus penaud ! Noir comme du café, mais sans odeur, on en récolte très peu mais c'est un concentré. Les Canadiens en font un thé fortifiant, dilué à 25 % dans de l'eau de pluie et bien brassé durant 2 jours. Distribué aux tomates, la vigne ou les concombres, il a un effet assainissant et même insectifuge.

On commence à récolter le compost quand on voit que la vermicaisse est principalement pleine d'un mélange brun et grumeleux, 3 à 4 mois après son installation. Pour en faciliter l'extraction, on attire les vers avec des épluchures fraîches, soit vers un coin de la caisse, soit vers l'étage supérieur. Avantage de cette seconde solution : elle permet de laisser reposer le compost à point pendant un mois et de voir naître et migrer une nouvelle génération d'eisénias. Mais, c'est de toute façon excellent d'en introduire avec le compost dans le jardin ou les pots !

Malheurs et solutions pour la vermicaisse

Un vol de moucherons s'échappe dès que vous l'ouvrez : le mélange est trop humide, intercalez du carton à mi-hauteur dans les déchets et couvrez-les pareillement, puis saupoudrez un peu de sable ou de feuilles sèches écrasées. Même solution avec les mouches, attirées notamment par l'excès de fruits.

Les fourmis envahissent le mélange, trop sec ou trop acide. Humidifiez-le, saupoudrez-le de coquilles d'œuf ou d'huître brisées et isolez la caisse du sol, par exemple en la posant sur un support dont les 4 pieds reposent dans une coupelle d'eau.

Il y a beaucoup de vers en surface : cela arrive en début de compostage, si cela se reproduit, c'est qu'ils manquent de nourriture, ou bien que les restes de cuisine sont trop humides.

Conseils extraits de Lombricompost pour tous *de Jean-Paul Collaert (Terran, 2009)*

Vermicomposter des toilettes sèches

C'est la solution inventée par l'un des pionniers de la toilette à compost, Clivus Multrum. Ce fabricant introduit les eisénias dans ses réservoirs de 1 000 à 2 000 l dès leur mise en service, notamment pour assurer à leurs utilisateurs citadins un entretien minimal (brasser le mélange sciure/déjections 1 fois par mois), puisque, grâce au vermicompostage, leur contenu est réduit à presque rien. La faculté des eisénias à assainir le fumier, notamment en neutralisant des bactéries aussi redoutées qu'*Escherichia coli* est particulièrement bienvenue pour cet usage, permettant ainsi d'utiliser ce compost au jardin aussi tranquillement que celui de fumier animal... souvent mal composté donc potentiellement aussi dangereux que celui des humains ! Car pour l'assainir, il faut que ça chauffe, 45 °C durant une semaine, ou 40 °C durant un mois. Qui s'en préoccupe ? Pas grand monde. Faire du vermicompost en silo résout le problème. J'ai adapté cette formule en installant l'assise des toilettes sur 2 composteurs de jardin de 320 l, cubiques, avec trappe. Avec ce modèle réduit, les vers pourraient périr au contact de l'urine, donc je ne les introduis qu'en fin d'utilisation.

La méthode : (1) quand le premier bac est presque plein, je dépose à sa surface 500 g d'eisénias mélangés à des feuilles mortes humides le tout roulé dans du carton trempé. Puis je couvre de 15-20 cm de feuilles, de gazon, de paille ou de consoude humide et je ferme. Dans ces conditions, un bac de 320 l est rempli par 2 adultes et leurs invités en 15 mois environ. Soit après une mise en service en juillet (la saison des bricoleurs !), fin octobre l'année suivante. Théoriquement, pas la période idéale pour fabriquer du compost. Pourtant, en avril, récolte de 100-120 l de compost parfait ! Résultat, ces toilettes à compost ont été agréées par le service de contrôle local. Rappelons qu'empiler le contenu de toilettes sèches à l'ombre au fond du jardin pour un an ne suffit pas à détruire virus, bactéries les plus dangereuses, médicaments, ni les parasites – il est vrai rares en Europe, mais hélas fréquents dans les pays du Sud.

Notez que la réglementation obligeant à poser les composteurs sur une dalle n'entrave en rien le processus, au contraire, il facilite l'extraction du beau compost mûr.

Toilettes sur double composteur : quand le premier bac est plein, déposer à sa surface 500 g d'éseinias dans du carton humide, couvrir de paillis. 3 à 6 mois plus tard, récolter le compost mûr à point par la trappe arrière du bac.

Vocabulaire

Amendements : ils modifient la nature du sol à long terme. Par exemple : le lithothamne, calcaire, rééquilibre les sols acides.

Azote : il booste la croissance des plantes et des fruits formés.

Engrais : ils enrichissent le sol en éléments nutritifs absorbés par les plantes durant la belle saison. Sur les sacs, leur composition est détaillée par ces trois lettres suivies d'un chiffre indiquant le pourcentage de chaque élément : N pour azote, P pour phosphate, K pour potasse ; par exemple : N 4, P 8, K 12 détaille la composition d'une formule.

Magnésie : elle favorise la photosynthèse, indispensable à la vie des plantes. Un sol entretenu avec du compost au fumier en manque rarement. La dolomie, le lithothamne en contiennent, préférez ces amendements calcaires si nécessaire.

pH : mesuré avec un pH mètre ou avec des bandelettes réactives (en pharmacie), il indique si le sol est équilibré (pH 7), acide 3,5 à 6,5 ou bien calcaire 7,5 à 9,5. Notez que le créneau 6,5-7,5 correspond à un sol propice à la culture d'un potager, vous l'entretiendrez en utilisant un amendement correcteur tous les 3 ans.

Phosphore : il favorise la formation des fleurs et des graines.

Potasse : elle stimule la formation des racines, des tubercules et des fruits, améliore la coloration des fleurs.

Le terreau de feuilles version paresseux

Dans un coin ombragé, enfournez des feuilles mortes tendres (noisetier, tilleul, érable, cerisier, viorne…) et bien trempées dans un grand sac (50 l), ou bien dans un cylindre en menu grillage doublé de carton, haut de 70-80 cm, sans les tasser. Fermez ou bâchez.

Laissez faire l'hiver. Le printemps venu vous aurez un terreau épatant pour vos semis chéris et vos rempotages.

Le crottin, vraiment bien ? À voir

Votre copain Momo vous fait la cour pour que vous allégiez un peu l'énorme tas de fumier qui s'empile dans sa pension pour chevaux. Momo milite pour le bio, mais comme il n'a pas envie d'avoir d'ennuis avec ses pensionnaires, il n'est pas impossible qu'il use du vermifuge et des antibiotiques. Et ça pour le lui faire dire, ce n'est pas gagné. Donc vous ne l'apprendrez que quand ayant incorporé ce crottin au compost ou dans une couche de feuilles censée chauffer, vous constaterez qu'il ne se passera rien. Et on ne vous raconte même pas le programme cheval de course… Momo non plus d'ailleurs, le sujet est, disons, hyper sensible !

Les fortifiants aux plantes

L'ortie et la consoude sont des stimulants appréciés par les pros de la bio. La prêle et la consoude ont des effets curatifs avérés. En Dordogne, Jean-François Lyphout de Fortiech, teste avec des professionnels des recettes depuis 2007. Avec des résultats très encourageants. Président de l'association Aspro qui promeut ces alternatives, il partage volontiers ses découvertes. Par exemple, cette recette de cocktail à base d'extrait d'ortie (40 %), de décoction de prêle (40 %) et de jus de consoude (20 %). Pulvérisée à 5 % une fois par mois de mai à fin septembre, elle améliore la végétation, qu'il s'agisse de plantes en pots, de légumes ou de fruitiers, en agissant notamment sur leur enracinement. Incorporés au compost, les extraits d'ortie et de consoude en accélèrent la maturation.

La méthode : cueillez les plantes juste avant leur floraison, par un beau matin ensoleillé. Séchez-en une partie à l'ombre pour les conserver en sachets de papier durant un an. Ainsi peut-on les fabriquer au fil des besoins.

L'extrait à froid

Dans une poubelle placée à l'ombre, placez 1 kg de plantes fraîches (200 g de plantes sèches), hachées menu. Couvrez de 10 l d'eau de pluie. Fermez le couvercle. Brassez si possible tous les jours. Dès que le mélange mousse, filtrez-le. Ainsi, seule l'ortie est un peu malodorante. Stockez au frais, dans des bidons opaques. Les résidus enrichissent le tas de compost. Conservation : 1 an.

Dosage : 10 cl/l en arrosage, 5 cl/l en pulvérisation. Principalement utilisé avec l'ortie et la consoude, deux fertilisants améliorant la structure du sol et la vigueur des plantes.

Prêle, pousses stériles à gauche, pousse fertile à droite.

Récoltez la consoude en début de floraison.

Les autorités sanitaires freinent l'usage de la consoude arguant qu'elle pourrait être toxique, mais ce chat en train d'en boire du jus concentré n'a montré aucun signe d'intoxication et il est toujours en forme 5 ans plus tard.

Fabriquer du jus concentré de consoude est facile : une poubelle pleine de plantes, tassées sous des briques, un couvercle et 1 mois de patience. C'est tout pour obtenir un assainissant de premier choix.

Le jus

Le plus populaire est le jus de consoude, d'autres sont à l'étude.

Remplissez une poubelle de tiges de consoude en pleine végétation. Tassez, puis couvrez de briques propres (photo ci-dessus). Fermez le couvercle. Au bout de 3 semaines, recueillez le jus brun dans une (petite) bouteille sombre. Rechargez en tiges fraîches tant que la consoude est en forme. Le rendement est faible, mais le produit exceptionnel. Antiseptique, on le badigeonne sur les plaies de coupe des arbres, qu'il assainit sans les inconvénients des produits commerciaux. Dilué à 3 % et distribué tous les mois aux plantes en pots et aux boutures, il favorise leur enracinement, entre autres. Enfin, 20 % feuilles de consoude ainsi compostées enrichissent le terreau de rempotage.

La décoction

Faites bouillir 20 mn 500 g de plante fraîche (100 g de plante sèche) dans 5 l d'eau de pluie. Utilisez dès que la décoction est froide.

Dosage : 10 cl/l en arrosage, 5 cl/l. Principalement utilisée avec la prêle, pulvérisée en prévention des maladies.

L'infusion

Infusez 20 mn 100 g de plante sèche dans 5 l d'eau bouillante. Utilisez dès que l'infusion est froide. L'infusion d'ortie remplace avantageusement l'extrait à froid, notamment pour redonner du tonus aux plantes abritées, de février à avril, car elle sent bon. L'infusion de fleurs d'achillée accélère la maturation du compost.

Dosage : 10 cl/l en arrosage, 5 cl/l en pulvérisation d'avril à juillet.

Les engrais organiques du commerce

On les trouve surtout dans les jardineries rurales en sacs de granulés malodorants de 10 à 20 kg pour un prix modique. Leur composition varie selon la région, mélangeant fumier, soies de porc, farines de plumes ou de viande et marc de raisin, tourteaux de tournesol de ricin ou de betterave. Riches d'au moins 3 % d'azote, ils contiennent aussi potasse et phosphore. C'est une bonne alternative au compost végétal (1 an sur 3) dès que le sol présente les premiers signes d'engorgement en matières végétales. Mais, comme avec le compost, employez ces engrais avec mesure, localement pour les plantes gourmandes si le terrain est bon, partout s'il est pauvre, mais en respectant bien les doses indiquées sur le sac.

Amender un sol calcaire

On saupoudre ces amendements au printemps, au pied des plantes en pleine croissance, un an sur trois. Leur usage est compatible avec celui du compost.

- Patentkali® : riche en soufre (42 %), en potasse (30 %), en magnésie (10 %). Très efficace dans les sols pauvres et très calcaires (pH 8). Dose : 200 g/10 m².
- Poudres de roche : riches en silice, potasse, magnésie et en oligo-éléments. Dose : 5 kg/10 m2.
- Soufre : il améliore l'assimilation des éléments nutritifs présents dans le sol en l'acidifiant légèrement. Dose : 100 g/10 m².

Organique, n'est pas synonyme de bio, mais côté bio, un mot à propos du tourteau de ricin que certains préconisent pour chasser les campagnols... D'abord ce n'est pas toujours vrai, car suite aux décès de chiens qui avaient consommé ce poison, les fabricants sont censés le traiter pour le rendre moins dangereux. Même non traité, pour tuer les campagnols, il faut décupler la dose prescrite de cet engrais titrant 5,5 % d'azote. Donc, à réserver aux terrains affamés et aux plantes exigeantes, sinon gare à l'overdose.

Amender un sol acide

La bonne saison pour agir, c'est le début d'hiver, par temps doux. En remplacement du compost, ou d'un engrais vert, un an sur trois, on incorpore un des produits suivants en mélange avec un paillis léger pour améliorer leur assimilation par le sol. Tous allègent aussi les sols lourds.

- Calcaire broyé, dolomie, plâtras, vieux mortier de chaux, sont préférables à la chaux, très brutale. Dose : 2 kg/10 m².
- Cendre de bois : riche aussi en phosphore (3 à 10 %) et en potasse (10 à 30 %). Dose : 0,5 à 1 kg/10 m².
- Lithothamne : riche aussi en magnésie et oligo-éléments. Dose : 500 g/10 m² si le pH du sol est inférieur à 6,5, sinon 300 g/10 m². Fabriqué à partir d'une algue fossile draguée en pleine mer puis broyée, son exploitation est très critiquée. Si vous jardinez dans une région maritime, utilisez plutôt le maërl abandonné par la mer. Aussi riche, il améliore davantage la texture du sol que le lithothamne. Dose : 1 kg/10 m².
- Scories : riches aussi en phosphore (15-20 %) et en potasse (15-20 %). Dose : 400 g/10 m².

Mauvaise herbe ?

La concision de cette expression vilipendée aujourd'hui, révèle la cause majeure des courbatures du jardinier : le désherbage. Que celui qui ne s'est jamais couché fourbu-grognon-courbatu après sa énième journée d'arrachage parle d'adventices si ça l'amuse. La mauvaise herbe, c'est la vilaine qui s'impose, se réenracine sitôt arrachée, se bouture sitôt mal arrachée, se ressème partout chez le distrait qui oublie de l'arracher avant qu'elle ne monte à graine.

La vilaine ? Pour certaines, tout le monde n'est pas d'accord. On en connaît qui laissent volontiers l'onagre et la sporobole tenace faire à leur guise, en se réjouissant de la beauté de ce duo des sols maigres et ensoleillés dans la tendre lumière des soirs d'été, tandis que d'autres les pourchassent en pestant contre leur vitalité bien cramponnée !

Mais le liseron rose, malgré son subtil parfum, la prêle malgré ses vertus, le chardon et le gaillet gratteron mettent tout le monde d'accord : c'est de la mauvaise herbe ! Bien d'autres sont en embuscade chez les permaculteurs adeptes du jardinage à l'aveuglette. Car quoi qu'ils en disent, jardiner c'est contrôler. Surtout si l'on prétend s'en nourrir.

Je plains les disciples de ces gourous de la forêt jardinée qui conseillent de planter l'épilobe hirsute et l'eupatoire. Une seule année de montée en graine les asservira à d'éprouvants désherbages à vie. Laisser fleurir la nature demande donc un minimum d'attention et de connaissances botaniques, à acquérir par des échanges avec d'autres jardiniers si l'on veut un jardin bien accordé avec son milieu et son jardinier. Cette botanique-là ne s'apprend pas au catéchisme des « stages » et autres bobarderies lucratives.

Jolies les sétaires ! À gauche, la verte, à droite la pied-de-poule qui enlace une ipomée. Gare à l'amateur de graminées qui oublierait d'arracher leurs touffettes plates, solidement enracinées en été. Tirez dessus sans insister : elles cassent et repoussent aussitôt, montent en graine étouffant tout alentour.

Un jardin, c'est un espace maîtrisé. Le lieu d'un apprentissage permanent. Surtout s'il est piloté par un ami de la nature. Qu'il soit franc ou hypocrite, le jardinier veut câliner les plantes qui lui plaisent sans qu'elles le débordent par leur exubérance. Or, même les petites chéries des collectionneurs un brin frimeurs, souvent achetées bien cher, sont parfois les mauvaises herbes d'autres jardiniers... épris des nôtres ! Certaines nous l'ont prouvé comme l'ailante, le yucca, la renouée du Japon ou l'herbe de la Pampa, objet de multiples brochures « Stop aux plantes invasives ». Ok, mais on fait comment ? Elles sont in-des-truc-tibles ! Le sureau et le frêne, l'érable plane, le roseau et le gléditsia, le typha et l'aegopode sont en embuscade chez le permaculteur distrait. Misère pour ses voisins !

Désherber un jardin submergé

Imaginons le pire : vous vous êtes offert une escapade d'une semaine en plein mois de mai, ou juin, période où le printemps triomphe en verdure luxuriante. Au retour, le jardin a disparu, noyé dans la verdure. Ce peut être beau, le brome scintille de mille plumeaux ondoyants parmi les roses-chou, la bourrache a étalé ses grosses jupes rugueuses pleines d'étoiles bleues et de mignons petits grains velus prêts à lâcher des myriades de graines. C'est aussi un brin décourageant, les carottes semblent avoir perdu le match avec un tapis de gaillet gratteron super dynamique, la laitue blême file direct vers sa fin prématurée. Ici et là c'est versé, enchevêtré, et dessous ça ne va pas fort. Motivé ? Il fait trop sec ? Arrosez copieusement au sol et au crépuscule, puis attaquez le lendemain, quand la terre s'émiette dans la main. Équipé ? C'est le moment de sortir la faucille, la fourchette, la gouge et la griffette à dents plates.

La méthode : tout d'abord la faucille pour sabrer en profondeur tout ce qui se cramponne en plongeant en un dense réseau de racines entre des plantes trop serrées pour laisser passer la griffette à dents plates. Par exemple, des carottes envahies de mouron, de gaillet, de véronique petit-chêne. Oubliez une seule petite racine, et c'est reparti à fond, telle une bouture ravie de cette terre ameublie. Ensuite, la griffette à dents plates pour arracher d'un trait tout ce qui se cramponne en motte comme le brome, la houlque, la bourrache. Elle se glisse sous la motte, et hop ! L'arrache tout entière. Enfin, la fourchette et la gouge, ou si vous trouvez un, le merveilleux arrache-betterave d'antan (voir p. 234), pour déloger le plus profond possible le liseron, le rumex, la potentille, la prêle. Cette dernière n'en mourra pas, elle est indestructible, mais elle se calmera sérieusement et n'empêchera pas le potager de prospérer. Toutes ces vivaces sont à jeter dans une poubelle. Couvertes de 10 cm d'eau, et macérées pendant une quinzaine de jours, vous en ferez un extrait excellent pour doper les cultures et le compost.

Toupiner ?

« Faut les toupiner » fut l'avis d'un de mes voisins devant une bande de rumex récidivistes. S'ensuivit le bon conseil, d'agir de préférence en fin d'été, quand la végétation ralentit. Mais ça marche à vrai dire n'importe quand, avant montée en graine des indésirés. Toupiner, c'est torsader fermement (il faut de la poigne !) pour extraire une racine solidement et profondément ancrée. Cela marche très bien avec tout ce qui a un pivot comme l'aegopode, la berce, le chardon, le fenouil, le panais, le pissenlit, le rumex… Ne reste plus qu'à les transformer en engrais en les jetant dans une poubelle pleine d'eau jusqu'à dissolution.

La solarisation, un désherbage radical

Malheureusement ce désherbage pratiqué par les maraîchers et les viticulteurs bio se fait avec de la bâche plastique transparente, et il faut abandonner pour au moins 2 mois, idéalement 3 mois, le terrain à cette opération pour qu'elle détruise les vivaces tenaces comme le liseron, le chardon, le rumex, le pissenlit, le chiendent, les renouées.

On agit de préférence tôt au printemps, dès février-mars. D'abord, on ameublit le sol à grosses mottes à la grelinette, puis on laisse la pluie le tremper avant de le bâcher aussitôt en tendant bien la bâche sous un bourrelet de terre (1). On laisse ainsi jusqu'en mai où l'on voit de gros paquets de racines s'accumuler en transparence (2). La victoire est proche ! On débâche puis on tire les racines une par une pour trouver le sens de leur ancrage (il y en a toujours un !). Dans cette terre fondante, on les extrait comme jamais, en profondeur. On rebâche pour une dizaine de jours (technique du faux-semis en accéléré !), puis au débâchage, griffage des oubliées et des fraîchement germées (3). Dans cette terre tiède, même ceux qui ne parviennent jamais à récolter des carottes précoces les réussissent, car tout démarre en flèche. N'oubliez pas de pailler vos cultures d'été et vous serez tranquille pour au moins 4 ans.

1

2

3

Si ce sont les estivales comme l'amarante, le chénopode, la sétaire, la digitaire, le pourpier, le liseron qui vous embêtent le plus, solarisez en début d'été, après une bonne averse ou un copieux arrosage, et ne débâchez qu'en septembre. Vous verrez que l'opération là aussi freine sérieusement toute velléité d'invasion.

Un désastre : la toile de paillage

Non seulement c'est du plastique, mais comme mocheté inefficace et polluante, c'est un vrai condensé. Non contente de déguiser votre jardin en bordure d'autoroute, elle n'empêche ni le liseron, ni la prêle, ni la potentille de pousser, donc de la déchirer. Cette année c'est moche, l'an prochain ce sera pire ! Et là-dessous, se tricote serré un tapis de racines qui bientôt percent le tissage dont les fils craquent et se répandent partout. Un ami de la nature qui l'avait doublée avec du plastique noir, pensant se délivrer à jamais de tout désherbage, m'a légué un dense réseau de racines de prêle et de framboisiers s'échappant de toutes parts sur les bords de son œuvre d'art. Après un laborieux débâchage, j'ai eu le plaisir de me retrouver avec une forêt de framboisiers tapissés de prêle, d'aegopode et de renoncules. Rebelle, la nature !

Bâcher : on éteint la lumière !

Au printemps, l'herbe drue s'est emparée du terrain. L'engrais vert vous a débordé par sa vigueur ? Fauchez le plus gros à la tondeuse réglée haut (une tondeuse de 160 cm^3 avale de l'herbe de 70 cm). Puis, bâchez avec de la bâche d'ensilage. En plastique, mais en la récupérant chez un agriculteur et en la rangeant dans l'obscurité entre 2 utilisations, on l'utilise pendant 20 ans. Hervé Coves, éminent connaisseur des sols vivants, appelle ça « calmer le jeu ». On laisse la bâche deux mois pour retrouver un sol agréablement meuble, juste bosselé de mottes d'herbe morte utiles pour pailler les sentiers. La revanche ! Toutefois, il arrive que certaines aux racines profondes comme le liseron ou la potentille se rebellent. S'il y en a beaucoup, solarisez !

Désherber en se régalant. Affaire pissenlit.

Les pissenlits blanchis comme des endives sont un délice très tendre, mais les blanchir à l'ancienne est une corvée aussi peu appréciée que leur arrachage, la seule solution pour s'en débarrasser. Alors, en hiver, dès qu'ils repoussent, conjuguez l'agréable à l'agréable : coiffez les pissenlits de pots en terre cuite de 20 cm de diamètre pour une quinzaine de jours, le délai pour les récolter blonds et croquants à point en les arrachant d'un trait de couteau... meurtrier.

Attention ! limaçons et escargots adorent se cacher sous ces pots. En les visitant tous les matins vous régalerez les poules. Et peut-être attraperez-vous aussi quelques beaux petits-gris à fricasser avec profusion d'ail et de persil ! L'opération peut se poursuivre jusqu'en avril, saison de l'ail des ours. Et le petit-gris à l'ail des ours, miam !

Pailler : quoi, quand, comment, pourquoi oui et pourquoi non

On paille tout ? Pourquoi pas ! Mais avez-vous assez de verdure pour le faire ? Il faut compter environ la même surface en vert que celle cultivée.

Et puis, on ne paille pas tout pareil ! Si le paillage entretient la fertilité et la fraîcheur du sol, il peut aussi étouffer certaines cultures. On ne paille pas les tomates comme les oignons, les fruitiers comme le romarin ou la lavande. Et on ne paille pas non plus forcément toute l'année. En fin d'hiver, jusqu'en avril, il est plus approprié de laisser le sol se réchauffer. Enfin, tous les paillis ne se répandent pas à la même période. Ceux qui ont répandu des copeaux sur le potager au printemps l'ont appris à leurs dépens ! Car, même frais, les ligneux nécessitent de l'azote pour se décomposer en substance nutritive, donc, si vous paillez des légumes avec des copeaux de février à septembre, vous les priverez de nourriture. Seules les vivaces bien installées acceptent un paillage aux copeaux à la belle saison. Enfin, gare aux rongeurs et aux limaces qui prolifèrent dans ces refuges, gare aux paillis contenant des graines. C'est le grand problème avec la paille bio : vous paillez pour ne plus désherber et vous gagnez 3 ans voire plus de désherbage galère !

La dernière tonte mêlant herbe et feuilles mortes prodigue un mélange parfait pour protéger le sol de l'érosion ou couvrir le compost.

Légères et très ramifiées, les branchettes de camérisier protègent bien les plantes gélives. Au printemps, on découvre dessous un sol agréablement meuble et enrichi.

On paille filtrant

D'avril à septembre, on paille à peine les semis, on doit voir la terre entre les pousses de moins de 10 cm. On répand 3 à 5 cm d'épaisseur autour des cultures craignant l'humidité des paillis comme le haricot, la jeune laitue, la pomme de terre, l'œillet, la giroflée.

Végétaux à privilégier : la consoude, la fougère, le jonc, la prêle, l'ortie – avant montée en graine –, les tailles de saule pleureur.

Inconvénient, il faut renouveler ces paillis une ou deux fois entre le semis et la récolte.

À noter : la fougère ne convient pas du tout pour les chicorées. Elle se délite très vite, envahissant la salade de petits brins résistant à de multiples rinçages !

Les aromatiques de soleil comme l'estragon, le thym, le romarin, la sauge prospèrent entourées de pierres plates.

Les brins de consoude forment un paillage grossier, pas joli mais aéré et nutritif, convenant à toutes les cultures. Pour les oignons en revanche, l'ortie convient mieux. En séchant, elle forme un couvert léger comme du papier.

Du bon usage des algues

Naguère tous les cultivateurs côtiers se précipitaient après les grandes marées pour recueillir le goëmon échoué en haut de l'estran. Ils sont de moins en moins nombreux à cause du plastique, omniprésent. Pour en retirer un maximum, l'idéal c'est de trouver un banc d'algues bien sec, en haut de la plage en automne. Les poubelles sont disponibles un peu partout et permettent de faire le tri tout de suite, mais hélas, il reste souvent de menus déchets.

Répandre des algues autour des artichauts, des asperges, des endives, en améliore nettement la saveur. Le sol les digère en quelques mois et devient agréablement grumeleux et durablement amélioré suite à un seul apport. Certains les rincent. Avec 5 cm d'épaisseur tous les deux ans, ce n'est pas nécessaire. En revanche, des myriades de minuscules déchets de plastique se révèlent une fois les algues digérées. De grâce, arrêtons d'acheter du plastique, y compris ce bio qui emballe tout sous vide !

On paille épais

D'avril à septembre, 10 cm d'épaisseur pour des cultures déjà bien parties (20 cm de haut) comme l'amarante, l'aubergine, le chou, le piment et poivron, la carotte, le maïs, le navet, la quinoa, la tomate, après buttage. On paille aussi les fleurs hautes de 20 cm, une taille où elles indiffèrent enfin les limaces.

Les végétaux utiles : consoude, fougère, gazon, jonc, ortie.

À noter, pour les jeunes arbres et les arbustes : en avril, entourez-les d'un tapis d'1 m² de carton humide, sur le sol sarclé et bien arrosé. Recouvrez de 10 cm de gazon. Démarrage en flèche garanti et vous serez tranquille pour 1 an. Opération à renouveler 3 ans de suite.

Ci-dessus, sur le carton, même la grande herbe forme un tapis durant 1 an. À droite, le saule pleureur dispense en toute saison des branchettes et un feuillage précieux autant pour ombrer que pour enrichir le sol. On peut le répandre en couches épaisses de 20 cm.

Paillage-patate

Une variante au paillage des jeunes arbres et arbustes : sur le sol bien sarclé et enrichi d'une pelletée de compost, plantez une pomme de terre germée en avril-mai. Couvrez de 40 cm de foin (sans graines) ou de gazon mélangé avec de la consoude. Arrosez copieusement et laissez faire la nature ! Patates nouvelles exceptionnelles et propres en vue.

On paille très épais

En période de canicule, on répand, de préférence tôt le matin, 20 cm d'épaisseur de branches de saule, de fougère ou de paille autour des aubergines, choux, haricots, maïs, piments, poireaux, tomates.

Entre novembre et décembre, s'il n'y a pas de campagnols – s'ils sont là, sautez ce paragraphe ! –, on répand des branchages, de la fougère, des feuilles mortes ; des copeaux sur un sol qui a besoin d'être amendé – entendez modifié favorablement et durablement. Ce paillis allège les sols lourds et étoffe les légers, il rééquilibre les sols calcaires. En sol plutôt acide, il sera intéressant de le poudrer de cendre de bois (500 g/10 m²) pour l'enrichir en chaux.

Plusieurs options :

- Vous achetez du broyat frais, de préférence d'essences tendres comme le saule, le noisetier, le frêne, et vous le répandez en couche épaisse de 20 cm. Au printemps, en l'écartant, vous retrouvez un sol meuble prêt à ensemencer.
- Vous taillez votre haie fin octobre et répandez les branchages sur 20-30 cm d'épaisseur là où vous voulez améliorer la terre du potager, et pour protéger les artichauts ou les rosiers thé. Parmi les meilleures essences : le camérisier, le chalef d'Ebbing, la coronille. Les mauvaises langues s'esbaudiront sûrement de cette idée de sagouin qui donne à voir un jardin hirsute. Laissez dire ! En mars, quand après avoir rangé les branchages au sec, ils vous verront ensemencer et planter d'un trait de griffe, ils feront moins les malins.

Pas la peine d'acheter un broyeur, c'est beaucoup d'argent pour un engin polluant (l'électricité, c'est du nucléaire et du béton) qui vous fracassera les oreilles.

Plastique biodégradable : l'arnaque

Que ce soit sous forme de sacs soi-disant compostables ou de toile de paillage soi-disant biodégradable, c'est une imposture. Soit le plastique se fragmente en innombrables déchets insaisissables, soit il se transforme en chiffons minables que l'on retrouve entortillés dans les dents des fourches. L'exemple même de ce grand cinéma du bobard commercial prêt à tout pour gagner de l'argent sans respect de rien ni personne.

Du bon usage du gazon

Un solide bobard interdit de vider le bac de la tondeuse directement au pied des cultures sous peine de les étouffer. Pour le faire depuis plus de 30 ans, je peux vous garantir que toutes les plantes qui supportent un paillis épais s'en délectent au contraire ! En 15 jours, le gazon s'est transformé en moquette rugueuse et beige et, là-dessous, c'est meuble, frais et fertile pour tout l'été.

Paillage fertile : merci les poules !

Pour que les poules gardent la forme, il est conseillé de nettoyer leur abri au minimum tous les 3 mois. Pour faciliter ce travail, je vous conseille de couvrir la planche-perchoir et le plancher avec du carton brun. En hiver, on le couvre de 2-3 cm de feuilles mortes, histoire qu'elles ne confondent pas ce tapis de confort avec un nid tout en gardant les pattes au chaud. Cette litière est un vrai dopant pour les choux (sauf le Bruxelles) et le maïs.

On l'étale autour de chaque plant, on recouvre de 5 cm de gazon et c'est parti pour la récolte du siècle.

Ombrer : indispensable en été

Le soleil tape de plus en plus fort et de plus en plus longtemps. Dès juin, il faut préparer les ombrières pour abriter les jeunes semis et protéger les jeunes fruits des coups de soleil, ces larges auréoles gris clair ou beiges qui les rendent inconsommables. Attention notamment avec les poivrons et les tomates !

Ombrer les semis d'été est indispensable, sinon le soleil trop fort les grillerait sitôt germés… si la chaleur ne les empêche pas de sortir de terre. Pareil pour réussir les boutures de rosiers et autres arbustes : sous cloche et sous ombrage !

Une ombrière, c'est quelque chose de léger : les maraîchers utilisent du filet vert ou blanc – du plastique pas toujours durable –, jadis on déroulait des canisses ou des bandes d'osier tissé avec du gros fil. Un écran facile à tisser sur un simple cadre si vous avez des osiers ! Ce peut aussi être une double rangée de liteaux fixés sur des piquets à 70 cm du sol sur lesquels on étale des fougères maintenues entre deux rangs de ficelle. On peut arroser au choix sous ou sur l'ombrière. Par-dessous, en arrosage lent, au tuyau pour irriguer en profondeur. Par-dessus, en douche légère pour ravigoter les plantes fatiguées par la chaleur. Dans les deux cas, ce dais maintient une humidité favorable à la croissance des plantes.

Cultiver en butte : qualités et défauts

Cultiver en butte revient à cultiver directement sur du compost en devenir, donc à améliorer durablement la structure du sol. Une amélioration perceptible après environ 3 ans, et pour 20 ans, même en laissant le monticule se réduire naturellement. La première année, dans ce tas de déchets végétaux en cours de transformation, d'environ 1 m de large, l'humidité est supérieure à celle de la pleine terre, donc économe en arrosage. Toutefois, si la terre est légère, l'humidité générée par le compostage est hélas insuffisante, il faut donc l'arroser et c'est une vraie corvée.

Économe en espace, la butte convient donc plutôt aux sols consistants, ou alors, en sol léger, pour les cultures d'automne et de printemps, deux saisons normalement humides.

Monter une butte demande pas mal d'ingrédients pas toujours faciles à réunir en milieu urbain. Comptez par mètre linéaire : 1 brouette de mottes, plus 1 de gazon frais et, pour les légumes les plus gourmands, 10 l de compost ou 1 l de litière de poulailler ou 1 l de cendres de bois.

Beaucoup de déchetteries proposent du broyat végétal, hélas, sa qualité est rarement garantie. Restent les voisins tondeurs-tailleurs-nettoyeurs acharnés. Leur proposer de les délivrer de la corvée de déchetterie peut les intéresser. On peut aussi se contenter de cultiver direct sur un compost. En réalité, une butte, c'est un grand compost en devenir ! Jadis, on plantait des potirons de part et d'autre d'un tas de déchets qu'ils ombrageaient de leurs larges frondaisons, hâtant la maturation du compost ainsi ombragé. Chaque année on le déplace. Ainsi fertilise-t-on son jardin tout en se régalant sans s'astreindre à une nouvelle tâche. Petit à petit, l'oiseau fait son nid !

La butte sans peine, version grelinette

Partant du fait qu'une butte de 5 m² suffit à satisfaire l'appétit de 2 adultes sociables pour 2 ou 3 cultures (le futur contenu de la butte), j'alterne plates-bandes à plat et buttes, selon les ingrédients disponibles.

En mars-avril, un peu avant la première tonte, j'ameublis 2 bandes de terre larges d'1,50 m (3 largeurs de grelinette), de part et d'autre d'une bande de 80 cm, intacte. À mesure que je bêche le sol, je jette les mottes au centre de la bande verte, d'abord à gauche, puis à droite de la bande cultivée de manière à former un andain de 80 cm de large encadré de deux sentiers qui seront tapissés d'herbe coupée, desservant deux bandes ameublies d'environ 1 m (j'ai de petits bras, un grand gaillard peut voir plus large !). Ceci pour la première couche. Sur ces mottes plus ou moins herbeuses, je saupoudre les cendres, ou la litière des poules ou une brouette de compost, selon l'appétit des futures cultures. Si les mottes contiennent beaucoup d'agrostides rampantes, un ennemi personnel, je recouvre la butte de cartons humides, puis de 10 cm de gazon frais, direct de la tondeuse pour qu'elles ne se rebiffent pas. Et je laisse ainsi jusqu'à la mi-mai, saison de plantation des tomates, concombres, courgettes, piments, dans des poquets dégagés au travers de la couche carton-gazon feutré.

- Variante 1 : préparer la butte en septembre, y répandre pendant tout l'hiver les épluchures ménagères saupoudrées de cendres et couvertes de feuilles mortes humides. En avril, remuer le tout à la grelinette, vite fait, couvrir de gazon et planter dans des poquets en mai. L'année suivante, la butte s'affaisse. Les betteraves, carottes, haricots, choux de Bruxelles y prospèrent ; 2 ans plus tard, elle ne montre plus qu'un léger relief. Elle reste suffisamment fertile pour accueillir carottes, salades, haricots, navets, oignons, radis. La terre sera encore assez tendre pendant 2 ans pour se laisser ameublir à la griffe. Ensuite, le sol ainsi vivifié reste fertile durant 20 ans.
- Variante 2 : la lasagne (voir p. 66), surtout utilisée en ville, est en fait une butte en mode sandwich au carton !

Butte d'automne couverte de 15 cm de terre (1), puis d'autant de feuilles mortes (2). En juin, concombres et haricots palissés (3) laisseront la place en septembre à un sol meuble prêt à accueillir des salades et épinards d'hiver (4).

La couche à l'ancienne

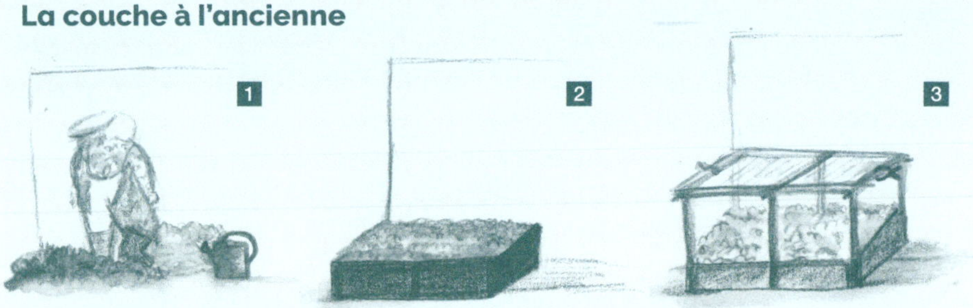

(1) Contre un mur bien exposé, répandre un mélange à parts égales de fumier et de paille ou de feuilles humides sur 60-70 cm d'épaisseur en pente, du mur à l'allée. Arroser copieusement, tasser fermement.

(2) Encadrer ce mélange de planches.

(3) Répandre 20 à 30 cm de terre fine, puis monter un abri. Patienter 15 jours avant d'ensemencer ou de planter.

Au XIXe siècle, lorsque le cheval était omniprésent dans l'agriculture et le transport, les maraîchers avaient déjà inventé la culture sur buttes en fumier. À l'époque, il encombrait tant les villes qu'il fallait bien lui trouver un usage. C'est ainsi que les maraîchers des grandes villes inventèrent la couche, une plate-bande de fumier frais, épaisse de 65 cm, saturée d'arrosage, fortement tassée au fur et à mesure de son montage et couverte par des coffres vitrés, en pente inclinée côté soleil et emplis de 20 à 30 cm de terre... riche, suite à des années de fertilisation au fumier les années précédentes. L'épaisseur de terre variait selon les cultures, sachant qu'elle devait se trouver, au moment du montage à 10 cm des vitres. (Au cas où vous seriez tenté !)

Conséquence directe de cette technique, les maraîchers inventèrent les cultures hâtées, parfois de plus de 2 mois, autrement nommées « cultures forcées » car, de fait, il s'agissait aussi de cultures gavées, dont la récolte se prolongeait pareillement en automne-hiver.

La couche se déclinait en versions plus ou moins chauffées : la plus chaude, accolée à un mur exposé au sud, était encadrée de réchauds, des bandes de fumier frais et pailleux, fortement arrosées, sur 50-60 cm de large et autant de haut. La couche tiède, en 2e rangée devant le mur, ou en plein champ, mais bien exposée, pouvait être à demi enterrée, le coffre posé sur 25 cm de fumier et là encore entouré de réchauds. Une fois le processus de compostage du fumier terminé, après environ 6 mois d'usage et après retrait des réchauds, restait la couche dite « sourde », une sorte de butte super-fertile.

La couche chaude servait à hâter les cultures, avec des semis dès janvier de carottes, navets, oignons et autres primeurs, élevés à grand renfort de main-d'œuvre pour ouvrir et fermer les châssis, les ombrer de paillassons, arroser, enlever les réchauds, etc.

La couche tiède prenait la suite, en accueillant les semis précoces de melons par exemple, la couche sourde en relais, pour une 3e saison de légumes forcés. En résultait quantité de terreau, répandu sur le reste du terrain ou remanié avec de la terre franche pour de futures couches... Tout un programme auquel on doit ces terrains noirs, moelleux, infiniment fertiles dont nous héritons encore aujourd'hui !

La banquette en bottes de paille

On l'installe soit en mars-avril, soit en septembre. On commence par faire un cadre avec deux couches de petites bottes (pas si faciles à trouver !). On remplit le centre, soit avec du fumier, soit, comme pour la butte, en commençant par une couche de mottes d'herbe, puis, 10 cm de fumier. On arrose à fond (20 l/m²), et on termine avec 20 cm de terre meuble. On arrose, on couvre d'une bâche plastique transparente, et on laisse ainsi 15 jours avant de commencer les semis. En climat rude, c'est une excellente pépinière, une plate-bande à remplir de concombres, melons, aubergines, et autres plantes gourmandes. On peut la couvrir d'un tunnel jusqu'à la fin juin pour hâter les récoltes. L'automne venu, on y plantera des choux et des oignons de printemps, des épinards, des laitues d'hiver, de la chicorée qu'on abritera à nouveau sous le tunnel. L'année suivante, ce sera encore une pépinière ou une plate-bande pouvant accueillir des cultures gourmandes. La 3e année pois, haricots, ail, oignon y réussiront. Ensuite, ce sera un joli terreau encore utile aux semis et plantations ! Mais gare au blaireau, gare au sanglier ! s'il y en a dans le quartier ils pourraient bien défoncer ce milieu riche en vers de terre !

Jardiner en creux, comme en pays sec

En sol filtrant, partout où l'été est très sec, mieux vaut cultiver en creux. Comme autrefois dans les jardins méditerranéens irrigués à la rigole, comme en Afrique à la saison sèche (6 mois sans pluie). Cette plate-bande peut être permanente ou servir de base à une butte, un tas de compost. On l'établit au début du printemps.

D'abord on creuse sur 1 m de large et 15 cm de profondeur, avec une pelle à poignée en rejetant la terre sur une bâche. Puis on extrait une nouvelle couche de terre, que l'on accumule en bourrelet sur le pourtour de la plate-bande.

En sol très sableux, on peut alors amender le sol en le saupoudrant d'argile pour lui donner de la consistance, avant de remettre la bonne terre, éventuellement mêlée de compost pour des cultures gourmandes, puis on paille. Pour irriguer cette plate-bande, on laissera juste un passage pour le tuyau dans le petit remblai afin de laisser couler l'eau doucement sous le paillis. Naturellement ces cultures-là seront maintenues bien paillées. Souvent, le sol y devient si meuble qu'un griffage suffit à les entretenir.

Ce jardin du Languedoc est irrigué par gravité depuis un puits situé en haut de la pente. Celle-ci a été aménagée en terrasses alimentées par des canaux et des bassins en pierre. Un gros chantier, exigeant un entretien régulier, mais seule la pompe consomme un peu d'électricité. Avec une éolienne, ça marcherait tout seul.

Arrosage à la sénégalaise

Au Sénégal, les piments et poivrons cultivés en pleine saison sèche (5-6 mois sans pluie et 35-45 °C) sont plantés dans des trous de 40 cm de profondeur et 25 cm de diamètre. Le fond du trou est garni d'une pelletée de compost, le piment enterré dessus. On l'arrose jusqu'à consistance boueuse, puis on paille sur 10 cm. À ce stade, on l'aperçoit à peine au fond de son trou. Arrosé tous les soirs, il en sort en 15 jours et s'épanouit gaillardement. L'arrosage devient alors hebdomadaire, puis sporadique tandis qu'une profusion de fruits se succède, au pire de la saison sèche, par 40 °C ambiants. Quand vient la saison des pluies, brutale, on comble les trous avec la terre de déblai et on butte pour poursuivre les récoltes, qui sous ce climat peuvent se succéder 2 ans de suite voire davantage. En saison sèche, les plates-bandes sont creuses ; en saison des pluies, ce sont des buttes.

Économiser l'eau, une urgence

C'est un réflexe à cultiver en ces temps où l'eau se fait rare : à chaque fois que vous rincez quelque chose, récupérez l'eau pour arroser. Cela commence par l'installation d'une cuvette à demeure dans l'évier qu'on va verser dans un arrosoir ou directement sur les plantes en pots. Mieux, on peut utiliser l'eau de rinçage des légumes pour laver le sol, puis pour l'arrosage. Cette utilisation économe de l'eau était de mise lorsqu'on la puisait à la main, il serait temps d'y revenir !

Si la disposition de la maison le permet, on branchera le tuyau d'évacuation des machines à laver sur les plates-bandes les plus proches. Une machine, c'est 10 l d'eau en moyenne, soit de quoi irriguer 10 m^2 au minimum. On vous dira que ce n'est pas bon, croyez-moi, si vous utilisez des produits écologiques, c'est faux ! Non seulement ce n'est pas plus idiot qu'envoyer cette eau dans un bassin planté de roseaux envahissants, mais depuis 30 ans j'arrose ainsi mon jardin sans aucun inconvénient. Évidemment, voilà un usage non admis… En cas de contrôle, débranchez le tuyau, sinon on vous reprochera de laisser couler de l'eau sale. Un gros risque !

Arroser : le bon tempo, la bonne dose

Arroser son jardin est un moment délicieux pour observer ce qui se passe, dans la fraîche lumière du petit matin, dans la splendeur du crépuscule, quand la terre craquette de satisfaction en embaumant l'air. Accordons-nous avec ce temps lent et cette plénitude.

Préférons les douches réglables en pluie fine aux jets furieux, ou arrosons tout simplement avec le tuyau glissé sous les paillis, au pied des plantes, si le débit de l'eau est assez doux pour irriguer sans bousculer. C'est l'un des avantages des réserves d'eau de pluie, elles dispensent juste assez de pression pour arroser en profondeur et doucement.

Pour que l'arrosage soit efficace, on n'arrose pas pareil toute l'année. En été, c'est le soir au serein, afin que la fraîcheur de la nuit permette aux

Sous cette palissade coiffée de treillages garnis de jasmins, un bac de 500 l de plus de 15 ans. Avec trop-plein se répandant au choix sur les plantes à 10 m à la ronde ou dans un drain. À droite, le soleil peut endommager ce réservoir sans protection.

plantes d'en profiter pleinement. Les arroser en plein soleil ne leur vaut rien : la réverbération des gouttes d'eau fait griller les feuilles, beaucoup d'eau s'évapore, et le contraste brusque sec-mouillé, froid sur chaud, favorise les maladies. Au printemps, à l'automne, on arrose le matin de bonne heure. Ce qui permet de repérer immédiatement les escargots et limaces en vadrouille. La nuit est leur période de sortie, si l'on arrosait le soir, ils en profiteraient pour festoyer !

Quand le sol est sec, quand on arrose des semis délicats, on agit en deux temps : d'abord un passage léger pour humecter la terre, puis un second pour la tremper en profondeur, ainsi les racines vont-elles plonger en terre, renforçant la résistance des plantes à la sécheresse.

Mieux vaut un copieux arrosage hebdomadaire qui encourage les racines à plonger profond qu'une suite d'arrosettes superficielles qui les fait se développer en surface, là où c'est – momentanément – humide.

Calculer la bonne dose

La dose dépend du débit, comptez les secondes qu'il faut pour remplir un seau de 10 l branché sur le tuyau d'arrosage. Ne reste plus qu'à doser la distribution selon la soif des cultures.

Le sauvetage qui fait « glouglou »

Cultiver des plantes en pot c'est très beau, jusqu'à ce qu'on oublie de les arroser, car de l'arrosage, il leur en faut davantage qu'en pleine terre. Et quand elles en manquent c'est la misère. Elles sont toutes fanées, effondrées sur leur pot ? Préparez autant de grands récipients que vous comptez de victimes dans un coin ombragé et, le soir venu, douche générale. Si certains pots flottent tant ils sont secs, poussez-les au fond du seau jusqu'à ce qu'ils cessent de faire « glouglou » et s'immobilisent. Laissez tremper. Le lendemain soir, enlevez toutes les feuilles fanées, taillez tout ce qui a l'air mort ou moche, rangez les pots à l'ombre pour l'été. Normalement, même avec des fragiles comme le basilic, c'est reparti. Mais, ensuite, n'oubliez plus d'arroser, ça marche une fois, rarement deux !

Butter-pailler pour moins arroser

C'est un biodynamique maraîcher du Saumurois, pays de sables sur fond argileux, qui le premier attira mon attention sur cette antique habitude des pays chauds : le buttage haut (30-40 cm) des cultures d'été. Un coup d'œil dans les jardins familiaux permet de voir que les jardiniers originaires de ces contrées le pratiquent sans même y penser pour économiser l'arrosage. Passez devant un jardin turc, marocain ou algérien, et vous verrez que tout est butté haut, mais pas paillé. En plantant très profond, en paillant, c'est encore mieux.

Voici comment procéder pour les tomates : on les plante en poquets garnis de compost, profonds de 30-40 cm. Puis, on les gave de 20 l d'eau chacune, lentement, en 3 passages pour ne rien gaspiller. On paille jusqu'en haut des feuilles.

Un mois plus tard, les tomates s'épanouissent alors dans la lumière, nouvel apport de 20 l d'eau. On comble le trou de terre fine, en laissant un creux puis on paille. Un mois plus tard, elles ont doublé de volume. Nouvel arrosage à 20 l par sujet, sous le paillis puis buttage sur au moins 20 cm de haut, puis paillage épais, 20 cm. Avec ce régime, un seul arrosage mensuel est suffisant. Même par une température infernale !

Ensuite on arrose en laissant l'eau couler doucement d'un tuyau glissé sous le paillage, dans la rigole entre les buttes. Vive l'énergie naturelle !

Arrosage optimisé

Une plante qui lambine dans un coin, ou qui dépérit suite à un coup de gel, se rétablit très bien après un petit séjour dans un pot en terre cuite (détail important) de 20 cm, rempli de bon compost et enterré au potager, entre des plants exigeants en arrosage, comme les poivrons, les aubergines… Les pots reçoivent le même paillage et sont arrosés aussi copieusement que les plants dont on souhaite le prompt démarrage. Donc, eux, on ne les oublie pas, alors que des pots tout seuls, ça arrive !

La terre cuite retient l'eau et donc ce voisinage ne nuit pas aux plants potagers. On peut même laisser les convalescents en place tout l'été, sous l'ombrage léger des feuillages des voisins, ils reprennent gaillardement vie. Reste à leur trouver un nouvel emplacement à leur goût. Il faut parfois répéter plusieurs fois le déménagement. Jardiner, c'est apprendre la patience !

Anticiper la canicule

Comme elle risque de devenir de plus en plus fréquente, plus que jamais, gouverner un jardin c'est prévoir. L'on observe que les plantes qui ont reçu ce qu'il leur faut d'arrosage jusqu'en mai supportent mieux la canicule estivale que celles qui ont subi un printemps sec, comme ce fut le cas en 2022. Un minimum de pluie permet de faire des réserves dans des cuves installées sous les gouttières : 50 mm de pluie correspond à environ 50 l/m² de toiture. Ce qui permet d'abreuver jeunes plants et semis à leur satisfaction.

En prévision de la sécheresse estivale, on ménagera des cuvettes autour des arbres, arbustes, grosses vivaces et on plantera les légumes d'été plutôt au creux de rigoles, afin de les irriguer au maximum en laissant l'eau couler doucement sous les paillages. Dès les premiers signes de sécheresse, on paille épais (15-20 cm) tout ce qui l'accepte. Si la provision d'eau arrive à sa fin, le lendemain matin suivant le dernier arrosage, on butte les cultures, on les paille le plus épais possible. Puis on les ombrage sous des toiles, des cagettes ou des branchettes étalées sur des perches à 70 cm du sol. En période de sécheresse, on manque souvent de matériaux, pensez aux branches de saule. Celles du saule pleureur, longues et souples, sont parfaites à la fois pour pailler et pour ombrager. La fougère aigle est une merveille pour les paillis d'été et de plus elle améliore la structure du sol très rapidement, c'est aussi une ombrière naturelle gratuite et jolie.

Des arceaux en gros fil de fer long de 1,50 m peuvent recevoir des canisses sous lesquelles semis et salades tiendront le coup pendant la sécheresse. On peut aussi ombrer avec des cagettes profondes.

Ce jardin de 150 m² en sol argileux a prospéré avec seulement 1 300 l d'arrosage entre juin et septembre 2022. Il avait été entièrement paillé avec 20 cm d'herbe en mai.

Enfin, surtout, pendant la canicule, n'arrosez pas les plantes encore chaudes, elles sont fatiguées. Attendez 22 h pour les irriguer, lentement. Contrairement à ce qu'on raconte sur Internet, ne douchez pas le jardin tous les soirs, même s'il a l'air fané. Surtout s'il a l'air fané : laissez-le se reposer, gardez votre régime d'arrosages, lents, copieux mais espacés, en profondeur. Beaucoup de cultivateurs ont découvert en 2022 qu'ils avaient réussi leurs récoltes en arrosant moitié moins que d'habitude !

Arroser avec une pompe : quelques précautions

Plongée dans un ruisseau ou dans une mare, elle permet d'arroser à volonté pour presque rien. Enfin, si la sécheresse n'en limite pas sérieusement l'usage, chose de plus en plus fréquente.

Avant le premier arrosage, vérifiez que le filtre est propre et bien dans l'eau. Pas dans la vase, parce que l'eau a baissé et que le flotteur censé maintenir le filtre au bon niveau devient inopérant. Pour éviter l'encrassage et donc l'usure prématurée de la pompe, plongez l'embout filtrant dans un vieux faitout percé de 10-15 l, attachez-le au flotteur, et plongez-le debout de manière à ce que la pompe puise toujours de l'eau à peu près claire. En été, il faut vérifier régulièrement la position du filtre car l'eau peut baisser rapidement.

Du réservoir à la rigole

Pour le réservoir, le meilleur rapport qualité/prix reste le cube de 1 000 l entouré d'un gros grillage sur lequel il est facile de fixer une palissade qui l'embellit, le protège du soleil et garde l'eau à bonne température. On peut en relier plusieurs pour accumuler des réserves moyennant un petit bricolage qui demande du savoir-faire (c'est du plastique très épais) et un peu de connaissances en plomberie pour trouver les accessoires idoines.

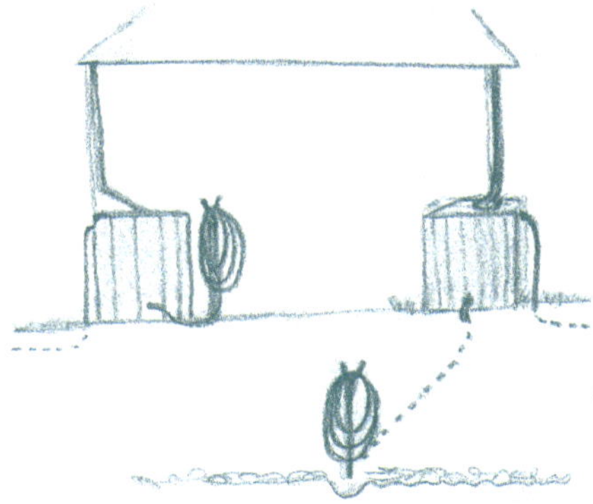

Pour conduire l'eau du réservoir aux cultures éloignées jusqu'à 30 m, une simple rigole profonde de 10 cm suffit à enterrer un tuyau de 19 mm. Quand il ne sert pas, on l'enroule sur un fourchet haut de 1,50 m.

Désormais, ces cuves sont couramment vendues avec un bouchon équipé d'un robinet... hélas pas toujours fiable. Le mieux, c'est de percer soi-même le bouchon et d'y visser un robinet métallique.

Les autres cuves en plastique sont d'une fragilité révoltante, il n'est pas rare de les voir se fendre en l'espace de quelques mois si on ne les protège pas dès leur installation derrière une paroi en bois. Variante plus chère mais plus durable : le réservoir en ciment, à acheter chez un spécialiste, et à faire percer à la demande, par exemple pour le brancher en réseau.

Ici, le bac est sous la gouttière, le tuyau traverse l'allée sous terre. Pour arroser, on le déroule de son fourchet et l'eau s'écoule, doucement, à la bonne vitesse pour arroser en profondeur.

La rigole, c'est l'antique méthode d'arrosage en douceur, animée par la seule loi de la gravité. On peut la remettre au goût du jour avec un réservoir d'eau de pluie. Avec des limites : avec moins de 200 l, la pression ne permet pas d'irriguer au-delà de 10 m. En revanche, avec 1000 l, on peut aller jusqu'à 30 m, facile. L'installation est simple : on branche un tuyau d'arrosage de 19 mm sur le réservoir et, si le jardin se trouve de l'autre côté d'une allée, on le coupe assez long pour l'enterrer sous l'allée et l'enrouler au plus proche des plates-bandes à irriguer. Pas besoin de robinet : enroulé assez haut, le tuyau ne coule pas. Pour conduire l'eau entre les plantations, on trace des rigoles à la houe et on laisse couler l'eau du tuyau placé au bout. Pour apprécier le temps nécessaire à l'irrigation d'une culture, comptez le temps qu'il faut pour remplir un seau de 10 l.

Redécouvrons l'éolienne mécanique

Si vous avez un bon puits, un grand jardin à irriguer, des animaux à abreuver, cette antique machine emblématique des prairies de Mayenne mérite attention. Comment ça marche ? Le moindre souffle de vent active une grande roue en haut d'un pylône, et la pompe se met en route. Un bassin recueille l'eau, avec un trop-plein renvoyant le surplus au puits. Pas d'électronique, pas de caprices, juste une grimpette annuelle à l'échelle à l'intérieur du pylône pour graisser la mécanique. Bien entretenue, la machine fonctionne pendant des décennies. À Herbignac (44), c'est une éolienne qui alimente en eau Yves Gillen et ses magnifiques Jardins du Marais. La ville de Nantes en a installé pour irriguer les jardins familiaux des Collines. Une éolienne mécanique coûte de 1 300 à 2 500 € selon la puissance souhaitée (à partir de 1,5 m^3/jour).

Goutte à goutte ? Économe ou pas très fiable ?

C'est un investissement, c'est – encore – du plastique, et l'installer chaque année au début de l'été, puis le démonter à l'automne est un petit boulot. De plus, avec le modèle vendu en jardinerie, les goutteurs sont placés une fois pour toutes à un intervalle donné qui en limite l'usage. Si, pour réduire les attaques de mildiou sur vos tomates, vous décidez de les planter à 70 cm d'intervalle au lieu des 50 cm habituels, il faudra racheter du tuyau.

Théoriquement, le débit des goutteurs est homogène, et parfois réglable. Malheureusement, très souvent, tout le rang n'est pas également irrigué, les goutteurs se bouchent, il faut ménager une pente douce pour que le flux soit régulier… toutes choses qu'un jardinier ordinaire surveille rarement. Si on le relie à un automate censé réguler l'arrosage, c'est plus cher et pas mieux : c'est souvent en découvrant une mare au pied du robinet que l'on découvre que rien ne va.

En outre, beaucoup de professionnels qui l'avaient adoré constatent que lors des étés très chauds, il n'irrigue pas si bien que ça. Les plantes accablées de chaleur et arrosées ainsi plongent leurs racines moins profondément que celles irriguées à la main ou, à l'ancienne, à la rigole, sous un bon paillis. Bref, des sous et du plastique pour rien !

Temps boudeur, sol sec ? Arrosez !

Si le ciel se met en mode boudeur en plein printemps ou en plein été, ne lâchant que de vagues bruines, arrosez ! Par ce temps gris et un peu frais, l'arrosage sera plus efficace que par une chaleur accablante. Et si le sol est très sec, agissez en deux temps : un premier passage pour humecter la poussière, en arrêtant avant que l'eau ne ruisselle en rigoles, emportant bonne terre et fraîcheur loin de l'objectif. Puis, quand la terre s'est assombrie sous l'effet de l'humidité, un second passage, lentement, doucement, avec une douche douce ou juste au tuyau, au pied des plantes.

L'arnaque à la citerne

L'installation d'une citerne récupérant l'eau des toits est encouragée depuis 2008, les communes ont même le droit de la rendre obligatoire. À partir de 2023, un décret devrait encadrer cette obligation pour les constructions neuves afin de limiter la consommation en eau potable. La citerne enterrée permettant de laver le linge, alimenter les toilettes (une hérésie hélas très appréciée) et bien sûr arroser est le modèle privilégié, censé faire baisser votre taxe pollution, il est vrai en ascension constante. Pas sûr, il se pourrait même bien qu'une nouvelle taxe soit en vue ! Ce genre d'installation doit non seulement être déclaré en mairie, mais équipé d'un compteur, d'un réseau séparé, le tout soumis à un entretien contrôlable.

Enfin, naturellement, pour extraire l'eau d'un réservoir enterré, il faut une pompe. Électrique.

Malgré les filtres sur la gouttière, il faudrait 4 nettoyages annuels de ceux de cette citerne en plastique pour qu'elle ne s'envase pas. Des corvées bien périlleuses.

Ceux qui ont devancé cette obligation ont déjà découvert le vrai prix de ces citernes : 10 à 20 000 € selon la nature des travaux… et l'appétit de l'arnaqueur. Car ils se retrouvent souvent aux prises avec des margoulins qui les laissent avec des installations bricolées, périlleuses à entretenir. L'indice sûr d'une arnaque se déclare dans les jours suivant la demande de devis : par un hasard merveilleux « un créneau » vient de se dégager permettant de commencer le chantier tout de suite. Si par malheur vous sautez sur cette aubaine, vous paierez cher des années de galère. Comme cette habitante du Maine-et-Loire, astreinte à nettoyer chaque trimestre les filtres fragiles d'1 m de diamètre d'une cuve en plastique de 15 m^3.

Même à deux, allongés à plat ventre, l'opération est une épreuve quand ils se gondolent sous le poids de la boue accumulée, sans grille anti-chute sur ce réservoir de 2 m de profondeur. Quant au nettoyage annuel obligatoire de la citerne, il est impossible avec cette installation bricolée.

Si malgré tout vous êtes tenté par la citerne enterrée, prenez votre temps, installez-la avant de commencer le jardin, car même avec une mini-pelle, creuser un trou est un chantier destructeur. Il existe des citernes en béton, perçables à volonté qui permettent non seulement de récupérer l'eau de pluie, de les brancher directement sur une irrigation écologique, de les entretenir assez facilement, mais aussi de les utiliser comme support d'un petit abri. Ce n'est pas plus cher et beaucoup plus écologique.

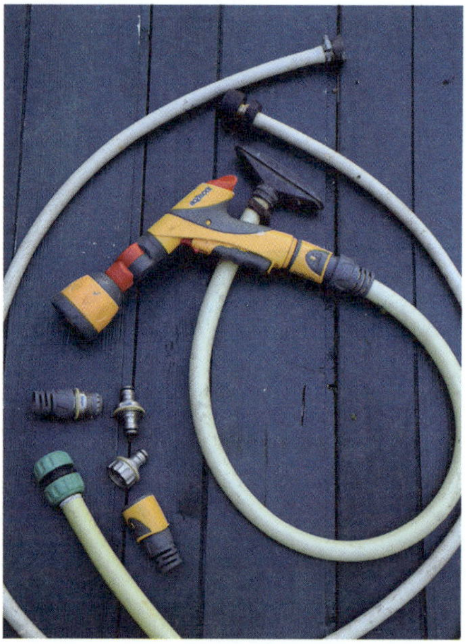

Le bon tuyau et ses accessoires

Avec la pression modérée d'un réservoir, on peut arroser en douceur avec un tuyau sans embout. Avec une pompe électrique ou l'eau du réseau, il faut modérer la puissance du flux avec une douchette. Un conseil, choisissez un modèle métallique professionnel vissé sur une canne car les douchettes en plastique les plus chères succombent rapidement sous la pression. En outre, la canne d'arrosage permet d'arroser à distance, donc de ne rien piétiner, et si par malheur la pomme de douche se détachait, on peut la réparer ou la remplacer. Le meilleur tuyau reste la qualité « tricotée », de 19 mm de diamètre. Gare aux ultra souples qui font des nœuds ! Les raccords métalliques sont plus chers que ceux en plastique, mais aussi bien plus fiables et durables. Surtout pas de plastique pour raccorder un réservoir d'eau de pluie ! Robinets compris.

On cure mares et canaux durant l'été, quand ils sont à sec ou presque. C'est l'occasion de trier les poissons, voire en cas de canicule, de tenter de les sauver en les transportant dans un étang encore en eau. La vase est excellente pour fertiliser le jardin, mais elle est très lourde à extraire.

Un bassin, un ruisseau, un canal, ça s'entretient

Même petits et en plastique, il faut curer les bassins tous les 5 ans environ, en été, quand l'eau est au plus bas. La vase, très fertile, enrichit le compost (elle peut contenir pas mal de graines d'herbe), ou sert à irriguer un jardin en panne d'arrosage. On trace alors un sillon de 20 cm de profondeur le long des haricots, par exemple, on comble de vase, on remet le paillage et voilà de quoi tenir une bonne dizaine de jours de plus ! L'automne venu, les mâches semées dans cette vase deviennent larges comme des soucoupes !

Les riverains des petites rivières et canaux sont censés les entretenir jusqu'à la moitié de leur étiage. Entendez émonder les arbres, faucher les berges, les consolider et curer la vase. L'usage s'est hélas perdu et, sous l'assaut des rats et des canards, les rives s'effondrent, ralentissant le flux de l'eau et provoquant d'embarrassantes inondations que plus personne ne semble comprendre.

Consolider une berge se fait avec les moyens du bord : des piquets en saule ou en aulne, qui s'enracineront si ça leur chante, entre lesquels on tresse – on plesse – des branches souples du même saule ou aulne. Entre la terre ferme et cette clôture, on comble les vides avec des perches de saule, de frêne ou d'aulne, que l'on noie dans la vase, en sandwich avec des branchettes, le tout bien damé. Dans cet espace refait à neuf, on peut planter des iris d'eau, des hémérocalles, l'osmonde royale, le mimulus, l'arum et autres plantes de berge. Les piquets qui s'enracinent seront conduits en têtards bas, leurs rameaux souples tressés entre les troncs pour renouveler le plessis. L'émondage se pratique en hiver ou en été quand le point d'eau est à sec.

La vase sitôt extraite peut aussi être versée dans une tranchée le long des légumes en guise d'arrosage de secours, à raison de 10 l tous les mètres. Paillée sous 20 cm de feuillage, cette irrigation à la boue a sauvé des piments privés d'eau par la canicule de 2022.

Chapitre V

Accorder son emploi du temps avec le temps du jardin

Pour tenir son jardin d'une main légère, il faut savoir agir au bon moment et, plus que jamais, cultiver pour se nourrir, c'est apprendre à anticiper. Le réchauffement du climat, les orages, tempêtes, canicules, nous obligent à observer les moments favorables permettant de remplir les assiettes, à anticiper la sécheresse de l'été, le froid de l'hiver, à réfléchir sur les conséquences de nos interventions. Pour utiliser au mieux l'espace, l'arrosage et le compost, il faut envisager les cycles de croissance des plantes. La connaissance fine des plantes et de leurs variétés éduque leur jardinier à un calendrier qui optimise l'emploi du temps et de l'espace. C'est ainsi qu'on arrive à environ 15 jours d'entretien annuel pour un grand jardin nourricier (jusqu'à 3 000 m² pour un seul jardinier).

La période la plus exigeante : le printemps, grande saison des préparatifs pour emplir le jardin et s'en nourrir jusqu'au printemps suivant.

La plus critique : l'été, avec ses canicules qui mettent le jardin au repos forcé, nous contraignant à reporter semis et plantations pour l'automne et l'hiver, au point parfois de les compromettre. Ainsi, moins que jamais, il n'y a de date impérative, plutôt des périodes de quelques jours où la terre fond dans la main, la température est favorable, pour semer, planter, pailler ou arroser.

D'une année à l'autre il y a toujours des surprises. Entretenir un jardin, c'est apprendre que quoi qu'il arrive, en général mieux vaut être un peu en retard que trop en avance. Donc, on respire ! Et on regarde, c'est tellement bon de vivre pleinement chaque saison !

Le jardinier qui sait s'accorder avec ce tempo réussira tout ce qu'il veut. Voici globalement le programme. Pour les détails, voyez le calendrier… et surtout, regardez votre jardin. De la terre au ciel.

Savoir agir au bon moment

On n'entretient le jardin que par temps sec et tempéré. On ne touche jamais aux plantes en pleine chaleur. On laisse la terre mouillée ou gelée tranquille. En été, on se lève tôt pour les cueillettes, l'on arrose et on plante au crépuscule, au frais.

Pas la peine de se mouiller en jardinant quand il pleut, ce serait tasser la terre et désherber pour rien car toutes les plantes oubliées sur place reprendraient illico racine. On désherbe de préférence au lendemain d'une bonne pluie – ou à défaut, d'un arrosage – au matin d'une journée ensoleillée pour arracher facilement les herbes et les griller.

S'il gèle, on reste à la maison, sauf bien sûr pour récolter des navets ou des poireaux qui passent l'hiver au jardin et les consommer immédiatement, car sitôt dégelés ils pourrissent.

On arrose le matin au printemps et en automne, au crépuscule en été. Par temps gris, juste après une pluie trop chiche, en complément, c'est aussi très bien.

On sème et on plante de préférence comme on arrose : dans la fraîcheur du crépuscule, de préférence par temps gris du printemps à l'automne. Et on arrose, copieusement, le moins souvent possible pour que les racines plongent en profondeur. Et on paille, selon son terroir, selon les besoins des plantes tantôt beaucoup, tantôt peu.

Certaines plantes comme les carottes, le persil, la coriandre et beaucoup de fleurs vivaces peuvent mettre un temps fou à germer. Patience ! On place une étiquette au bout de chaque rang, on arrose ce qu'il faut, on protège ou l'on ombrage s'il le faut, et, un beau jour, c'est germé. Ou pas. Mais ça, c'est la vie.

Combiner vacances et potager vivrier

Sachant que le grand boum des semis et plantations va de la floraison des narcisses à celle des roses, laquelle amorce la saison des récoltes qui se termine aux chrysanthèmes. Alors ces vacances, c'est pour quand ? Si un copain de jardin vient arroser, c'est quand vous voulez ! Si personne ne sait jardiner autour de vous, c'est à considérer.

Pour la mise en route du jardin, le retard étant préférable à la hâte, aucun problème pour s'accorder des vacances printanières, mais si vous êtes du genre inquiet, plutôt en mars qu'en mai. Si vous partez plus d'une semaine entre avril et la mi-juin, pensez bien à pailler tout ce que vous avez semé, planté, ameubli avant de partir, sinon disparition des projets dans l'exubérance verte. Et conséquemment, grosse séance de désherbage pour votre retour. Le jardin n'en mourra pas, mais vous risquez d'y laisser un peu de bonne humeur ! Cela dit, on peut aussi considérer cet exercice comme une séance d'observation très intéressante, c'est l'occasion de voir ce qui pousse spontanément.

La saison des récoltes nourrissantes commence à la floraison des roses. Si vous partez à ce moment-là, vous raterez les primeurs, ces privilèges du jardinier. Si vous ne vous absentez qu'une semaine, vous les retrouverez au retour, juste un peu plus avancés, donc encore exquis. Après quinze jours d'absence, si personne n'a arrosé,

le cerfeuil et les laitues auront monté, les petits pois durci, en revanche carottes, navets et petits oignons seront toujours agréablement savoureux.

En été, en pleine période de récoltes, la meilleure solution, c'est la garde partagée avec des voisins, car garder un jardin à plus de 2 km, ce n'est pas si facile. Près de chez soi, c'est une mission plaisante qui souvent amène à changer d'habitudes et à faire des découvertes. Mais, expliquez-vous bien avant de partir pour éviter les fâcheries bêtes. En général, le surveillant garde les récoltes en cours. Mais, il ne serait pas gentil de s'approprier les échalotes ou autres provisions d'hiver ! On les range plutôt au sec, et c'est un grand plaisir pour le vacancier de les retrouver bien appétissantes dans la resserre.

Personne pour garder le jardin ? Après 15 jours d'absence, vous retrouverez des avalanches de tomates, aubergines, poivrons archi mûrs. Si vous cultivez des mangetouts, ils seront un peu gros mais toujours tendres, mais les salades seront mortes de soif et, si le mildiou est passé par là, aillaillaille ! Adieu tomates, adieu conserves, bonjour le gros ménage ! Mais ça, de toute façon, il aurait fallu le faire même en restant sur place !

À partir de septembre et jusqu'en mars, on peut partir tant qu'on veut. C'est la saison d'aller voir comment ça se passe ailleurs. Et de se faire de nouveaux copains de jardin. N'oubliez pas d'emporter des graines !

Connaître le temps des plantes

Elles naissent, vivent et meurent selon deux longévités : l'une déterminée par leur biologie, l'autre par le terroir qui les accueille. Certaines accomplissent tout leur cycle, de la graine à la graine entre le printemps et l'automne. On les dit annuelles.

D'autres accomplissent leur cycle sur deux belles saisons, on les dit bisannuelles. Elles germent au printemps en été ou à l'automne, fleurissent l'année suivante, puis montent en graine et meurent.

D'autres vivent un nombre d'années variable qui va de 2-3 ans (giroflée, muflier, œillet des poètes, sauge sclarée…) à 100 ans et plus (iris, pivoine). On les appelle vivaces. On peut aussi ranger dans cette catégorie les bulbes comme les narcisses ou les jacinthes, qui stockent leur énergie dans des oignons pour refleurir l'année suivante et se multiplier.

Toutes ces vivaces, sauf les pivoines qui détestent les transplantations, gagnent à être arrachées, divisées et replantées tous les 4-5 ans, sinon elles déclinent et peuvent disparaître. C'est en général l'occasion d'en distribuer car, au fil des ans, on se retrouve avec trop de plantes pour la surface du jardin !

Attention, « vivace » n'est pas synonyme de résistant au gel ! Bien des vivaces en climat sans gel, comme la capucine, le lantana ou le tabac, sont dans nos contrées considérées comme annuelles. D'autres sont vendues sous l'appellation énigmatique de « vivaces peu rustiques ». En clair, ne les achetez pas à l'automne si chez vous l'hiver est sévère, car vous les aurez à peine plantées qu'elles seront mortes, gelées ! On pourrait ranger aussi les agrumes dans cette catégorie souvent décevante. Tous ceux qui ne peuvent s'empêcher d'en acheter pour Noël l'ont expérimenté, hélas.

D'autres plantes ne durent que 4 ou 5 ans. C'est le cas de toute une catégorie d'arbustes peu ligneux comme l'anisodontéa, la lavatère en arbre, l'abutilon hybride, le genêt, le lupin arbustif. Par chance, ils se bouturent à volonté, mais il faut penser à préparer la suite dès la 3e année, car ils meurent souvent subitement, en plein été.

Le tempo plants/semis du potager

Si vous achetez des plants de mars à mai, en septembre-octobre, vous gagnez un mois d'avance sur les semis effectués au même moment. Mais, en été, ce n'est pas la peine, car les plants souffrent davantage de la chaleur, que les semis éclaircis et souvent meurent prématurément.

Si, en éclaircissant un semis trop serré, de mars à mai ou bien en septembre, vous transplantez les plus jolis sujets, en revanche, vous étendez la période de récolte. Ainsi, les petits plants de laitue, de betterave, de chicorée, de moutarde, de roquette issus d'un semis éclairci à ces bonnes périodes, seront bons à croquer environ 15 jours plus tard que leurs camarades qui ont continué à pousser direct, sans transplantation.

Calendrier des semis, plantations et soins au jardin

Étant donnée la variété de micro-climats, les repères phénologiques – floraisons, fructifications, arrivée des migrateurs – sont plus fiables que les repères mensuels, indiqués ici en complément.

En France métropolitaine, il y a environ 4 semaines de décalage entre les zones les plus avancées et les plus tardives. Mais, quelle que soit la date de floraison du lilas, début ou fin d'avril, elle donne le signal pour planter les pommes de terre et les dahlias.

Depuis les années 2000, on observe, entre autres, une succession plus rapide des floraisons et récoltes, bien plus groupées qu'auparavant. Les canicules nombreuses depuis 2003 m'ont amenée à retarder beaucoup de semis antérieurement conseillés en été.

Le temps indiqué pour l'entretien correspond à un jardin clos (haies et grillage) de 3 000 m^2 avec basse-cour, moutons, verger, potager, large gamme de plantes ornementales. La surface moyenne des jardins français est de 500 m^2.

JANVIER-FÉVRIER

Floraison du perce-neige, de l'amandier, du cornouiller mâle, du noisetier. La mésange charbonnière chante à tue-tête.

Entretien du jardin : 1-2 jours.

Au programme :

- Au cellier, retirer fruits et légumes endommagés, consommer les fruits mûrs, éliminer les pousses des pommes de terre de consommation, des carottes, betteraves, céleris-rave.
- Mettre de petites pommes de terre à germer devant une fenêtre, au frais, en vue des plantations.
- S'il gèle, s'il neige, repos ! S'il fait doux, action !
- Tailler les noisetiers. Garder les branchettes de 1,50 m pour ramer pois et haricots ou les répandre sur les plantations d'ail et d'oignon pour empêcher les oiseaux de les arracher. Stocker le reste au sec pour utiliser au jardin ou allumer le feu.
- Taille des fruitiers, sauf cerisiers et pruniers.
- Pulvérisation copieuse au cuivre des fruitiers avant l'éclosion des bourgeons.
- Plantation de tous les arbres, arbustes, grimpantes.
- Ameublissement à grosses mottes des sols lourds et distribution d'engrais ou de compost là où c'est nécessaire.
- Surveillance des plantes rangées à l'abri du gel (les insectes passent à l'attaque !).
- Réviser tondeuse et débroussailleuse.

- Préchauffer durant un mois une ou deux plates-bandes exposées au sud, en déployant des châssis ou un tunnel dessus pour semer carottes, laitues, radis dans la terre tiède en février-mars.
- On réfléchit, on rêve aux modifications du jardin, on commande des graines après revue des stocks.

Semer ou planter	Où	Quelle plante	Pour récolter	Conservation
P	PT	ail rose	juin-juillet	mars année suivante
SD	HG	carotte courte	mai-juillet	
SP	HG	chou pommé	juin-juillet	
SP	HG	chou-fleur	juin-juillet	
P	PT	échalote	mai-août	mars année suivante
SP	HG	laitue Reine de mai	avril-juin	
SD	HG	navet Milan	avril-juin	
SP	HG	poireau d'été	juin-juillet	
SD	PT	pois Caractacus	mai-juillet	
SD	HG	radis rose	mars-avril	

S : semis ; P : plantation ; A : abri chauffé ; HG : abri hors gel ; PT : en pleine terre ; SO : sous ombrière ; SP : semis en pépinière ; SD : semis direct ; « + 4 ans » signifie qu'il s'agit d'une plante vivace à diviser au bout de 4 ans.

Conservation : bulbes et racines à garder en cellier ; « décembre-avril » indique que la conservation est possible jusqu'en décembre ou avril, la durée dépend des variétés. Par exemple, l'échalote grise s'abîme en décembre, la rose, en avril.

FÉVRIER-MARS

Floraison de la primevère, de la violette, du crocus. « Tsit-tsat », le pouillot véloce cadence le premier printemps.

Entretien du jardin : 1-2 jours.

Au programme :

- Aérer les plantes abritées et surveiller aleurodes et pucerons gris.
- Surveiller les légumes et fruits conservés au cellier. Laver les pots vidés de leurs provisions.
- Poursuivre la plantation des vivaces, des rosiers et arbustes par temps doux.
- Exposer le plant de pomme de terre à la lumière pour qu'il germe 1 mois avant plantation.
- Placer les chayotes dans un vase à demi empli d'eau pour les démarrer.
- Tailler les pêchers, rosiers remontants et les vignes ; ranger les branchettes au sec.
- Solariser les terrains très enherbés.
- Ameublir potager et massifs et incorporer engrais ou amendements.
- En climat doux, butter fèves et pois semés à l'automne.
- Nettoyer la serre et l'aménager en prévision des semis et rempotages à venir. C'est le moment d'y installer un tunnel pour réussir tous les semis nécessitant de la chaleur.
- Préchauffer les barquettes de terreau 2 ou 3 jours à la maison ou en véranda avant de les ensemencer.
- Préchauffer durant un mois une ou deux plates-bandes exposées au sud, en déployant des châssis ou un tunnel dessus afin de hâter la germination des semis de printemps.

Semer ou planter	Où	Quelle plante	Pour récolter	Conservation
P	PT	ail blanc	juin-juillet	mars année suivante
SP	A	aubergine	août-octobre	
SD	HG	carotte courte	juin-juillet	
SD	HG	cerfeuil	avril-juin	
SP	PT	chou pommé hâtif	juin-août	
SP	PT	chou-rave	mai-juin	
SD ou P	PT	ciboule	juin + 4 ans	
SD	PT	cresson alénois	mars	
P	PT	échalote	mai-août	décembre-avril
SD	PT	épinard	avril	
SD	PT	fève	mai-juillet	
P	PT	fraisier	septembre + 3 ans	
SP	HG	laitue de printemps	mai-juillet	

Semer ou planter	Où	Quelle plante	Pour récolter	Conservation
SD	HG	navet Milan	avril-juin	
SP	HG	oignon blanc	mai-juin	
P	PT	oignon de couleur	juin-août	mars année suivante
SD	PT	panais	juin-octobre	
SD	PT	persil	mai-avril	
SP	A	piment	juillet-novembre	
SP	HG	poireau d'été	juillet-août	
SD	PT	pois mangetout	mai-juillet	
SD	HG	radis rose	mars-avril	
SP	A	tomate	juin-novembre	

S : semis ; P : plantation ; A : abri chauffé ; HG : abri hors gel ; PT : en pleine terre ; SO : sous ombrière ; SP : semis en pépinière ; SD : semis direct ; « + 4 ans » signifie qu'il s'agit d'une plante vivace à diviser au bout de 4 ans.

Conservation : bulbes et racines à garder en cellier ; « décembre-avril » indique que la conservation est possible jusqu'en décembre ou avril, la durée dépend des variétés. Par exemple l'échalote grise s'abîme en décembre, la rose, en avril.

MARS-AVRIL

Floraison du forsythia, des narcisses, du lilas. Le merle siffle à l'aube et au crépuscule.

Entretien du jardin : 4-5 jours.

Au programme :

- Marcottage des aromatiques, des œillets, des figuiers, groseilliers, ronces.
- Greffer les cerisiers, poiriers, pommiers, pruniers lors de leur floraison.
- Tonte des allées.
- Paillage général du jardin avec la première tonte. Paillez épais (10 cm) les asperges, les artichauts, la rhubarbe.
- Avant de cultiver une allée engazonnée, lâchez les poules à la chasse aux vers blancs.
- Semer ou bouturer du trèfle blanc dans les sentiers, allées et espaces libres.
- Semer les capucines, immortelles, œillets et roses d'Inde, tournesol, zinnias en pépinière.
- Planter les fleurs vivaces et la consoude.
- Récolter les laitues d'hiver, les radis roses, les épinards et la claytone.
- Trier et consommer les fruits conservés au cellier.
- Distribution de compost aux jeunes arbres, rosiers, grimpantes, vivaces de 1 à 5 ans, puis paillage !
- Pose de ceintures en carton anti-ravageurs sur les troncs des arbres.
- Remettre les réservoirs d'eau de pluie en service.
- Préchauffer durant un mois les plates-bandes destinées aux aubergines, concombres, courgettes, tomates en les abritant sous un tunnel ou des panneaux vitrés.

Semer ou planter	Où	Quelle plante	Pour récolter	Conservation
P	PT	ail	juillet-août	avril
S	HG	aneth	juin-juillet	
S	PT	arroche	juin-juillet	
P	PT	artichaut	1 an + tard + 4 ans	
S	HG	asperge	3 ans +tard	
P	PT	asperge	2 ans + tard + 20 ans	
S	A	aubergine	août-octobre	
S	SP	bette	juillet-avril	
S	PT	carotte hâtive	juin-juillet	
S	HG	céleri	juillet-avril	
S	PT	cerfeuil	mai-juillet	
P	PT	chénopode bon-Henri	août + 5 ans	
S	HG	chicorée frisée	juin-juillet	
S	SP	chou brocoli	août-octobre	
S	SP	chou de Bruxelles	octobre-février	
S	SP	chou-fleur	juillet-octobre	
S	SP	chou cabus	juillet-septembre	
S	PT	chou-rave	mai-juin	
S	SP	chou rouge	octobre-février	
S	SP	chou vert	octobre-février	
P	PT	ciboulette	avril + 4 ans	
S	PT	coriandre	juin-août	
P	PT	échalote	mai-août	décembre-avril
P	PT	fenouil vivace	juin + 5-7 ans	
S	SP	laitue de printemps	mai-juin	
S	PT	navet de Milan	mai-juillet	
S	PT	oignon blanc	juin-juillet	
S	SP	oignons de garde	juillet-août	mars-mai
P	PT	oseille	juin + 4 ans	
S	PT	panais	juillet-septembre	avril
S	PT	persil	juillet + 1 an	
S	A	piment-poivron	août-novembre	
S	SP	poireau	juillet-septembre	
S	PT	pois	juin-juillet	
P	PT	pomme de terre	juin-août	avril
S	PT	pourpier	avril-juin	
S	PT	radis	avril-mai	
P	PT	raifort	novembre + 5 ans	
S	PT	romarin	juillet + 5-7 ans	
S	PT	roquette	mai-juillet	
P	PT	rhubarbe	septembre + 5 ans	

Semer ou planter	Où	Quelle plante	Pour récolter	Conservation
S	PT	salsifi	novembre-avril	
S	PT	scorsonère	novembre-avril + année suivante	
P	PT	sarriette vivace	juin + 5 ans	
S	SP	sarriette annuelle	août-octobre	
P	PT	sauge	juillet + 4 ans	
S	SP	tétragone	juillet-septembre	
P	PT	thym	juin + 4 ans	
S	A	tomate	juillet-octobre	
P	PT	topinambour	octobre-avril + années suivantes	

S : semis ; P : plantation ; A : abri chauffé ; HG : abri hors gel ; PT : en pleine terre ; SO : sous ombrière ; SP : semis en pépinière ; SD semis direct ; « + 4 ans » signifie qu'il s'agit d'une plante vivace à diviser au bout de 4 ans.

Conservation : bulbes et racines à garder en cellier ; « décembre-avril » indique que la conservation est possible jusqu'en décembre ou avril, la durée dépend des variétés.

AVRIL-MAI

Floraison des tulipes, du lilas de la glycine. « Coucou ! » chante le coucou caché dans les arbres.

Entretien du jardin : 5-6 jours.

Au programme :

- Semis en pépinière (ou direct en pleine terre là où les limaces se tiennent tranquilles) des capucines, chrysanthèmes d'été, immortelles, ipomées, lavatères, pois de senteur reines-marguerites, roses d'Inde, volubilis, zinnias. Plantation de celles hautes de 15 cm.
- Gare aux escargots ! Enterrer des verres de bière tous les mètres le long des cultures menacées ou bien couvrir les sentiers de planches à distribuer aux poules chaque matin.
- Plantation des amaryllis belladona, lis, dahlias, glaïeuls, nérines.
- Taille des armoises, fuchsias, sauges, verveine citronnelle quand le gel ne menace plus.
- Les plantes abritées prennent l'air contre un mur ensoleillé.
- Tonte une fois par mois et paillage général.
- Récolte des primeurs : échalote, cerfeuil, fève, laitue de printemps, pois, radis, carotte, navet et oignon blanc.
- Monter les buttes ou le compost avec les mottes d'herbe fraîchement arrachées.
- Voiler les semis et plantations de ciboules, oignons et poireaux contre la mineuse. Si vous les préférez à l'air libre, surveillez les attaques et arrachez les plants endommagés sitôt repérés à leur feuillage strié de raies claires.

Semer ou planter	Où	Quelle plante	Pour récolter	Conservation
P	PT	agastache	juillet-octobre	
S	PT	amarante	juillet-octobre	
S	PT	aneth	juillet-août	
S	PT	arroche	juin-juillet	
P	PT	artichaut	1 an + tard + 4 ans	
P	PT	asperge	2 ans + tard+ 20 ans	
S	A	basilic	juin-octobre	
S	PT	bette	août-avril	
S	PT	betterave	septembre-novembre	mars-avril
S	SP	cardon	novembre-mars	
S	PT	carotte hâtive	juillet-novembre	
S	PT	céleri	août-mars	
S	PT	cerfeuil	mai-juin	
S	PT	chicorée	juillet-août	
S	SP	chou brocoli	septembre-janvier	
S	SP	chou de Bruxelles	octobre-mars	
S	SP	chou cabus	octobre-avril	
S	SP	chou-fleur	septembre-novembre	
S	PT	chou-rave	juin-juillet	
P	HG	citronnelle	juillet + 4 ans	
S	A	concombre-cornichon	juin-août	
S	PT	coriandre	juin-septembre	
P	PT	coriandre	mai-juillet	
S	A	courge	septembre-octobre	janvier-avril
S	A	courgette	juillet-octobre	
P	A	courgette	juin-août	
S	PT	cresson	juillet-novembre	
S	PT	épinard	juillet-août	
P	PT	estragon	juillet + 4 ans	
P	PT	fenouil vivace	juillet + 5-7 ans	
S	SP	fenouil annuel	août-octobre	
S	SP	hysope	juin année suivante + 5 ans	
P	PT	hysope	juin + 5 ans	
S	PT	laitue d'été	juin-juillet	
S	PT	lentilles	août	
S	PT	maïs	septembre-octobre	
P	PT	mélisse	juillet + 10 ans	
S	A	melon	août-septembre	
P	PT	menthe	juillet + 10 ans	
S	PT	navet hâtif	juillet-août	

Semer ou planter	Où	Quelle plante	Pour récolter	Conservation
S	PT	persil	juillet + 1 an	
S	A	physalis	août-novembre	
P	PT	pomme de terre	août-octobre	décembre-avril
S	PT	pois ridé	juillet-août	
S	PT	pourpier	mai-juin	
S	PT	quinoa	septembre-octobre	
S	PT	radis d'été	mai-juin	
P	PT	rhubarbe	Mai suivant + 10 ans	
P	PT	romarin	juillet + 5-7ans	
S	PT	roquette	juin-juillet	
S	PT	rutabaga	septembre-mars	
S	PT	salsifi	novembre-avril	
P	PT	sarriette vivace	juillet + 5 ans	
P	PT	sauge	juillet + 4 ans	
S	PT	scorsonère	novembre-avril + année suivante	
S	PT	tétragone	juillet-octobre	
P	PT	thym	juillet + 5 ans	
P	HG	tomate	juillet-novembre	
P	PT	topinambour	octobre-avril + années suivantes	
P	PT	verveine citronnelle	août + 5-7 ans	

S : semis ; P : plantation ; A : abri chauffé ; HG : abri hors gel ; PT : en pleine terre ; SO : sous ombrière ; SP : semis en pépinière ; SD semis direct ; « + 4 ans » signifie qu'il s'agit d'une plante vivace à diviser au bout de 4 ans.

Conservation : bulbes et racines à garder en cellier ; « décembre-avril » indique que la conservation est possible jusqu'en décembre ou avril, la durée dépend des variétés.

MAI-JUIN

Floraison des roses, du genêt d'Espagne, des pivoines, de l'aubépine. La tourterelle des bois ronronne dans le secret des taillis.

Entretien du jardin : 2-3 jours.

Au programme :

- Plantation des fleurs d'été, capucines, cosmos, immortelles, lavatères, œillets et roses d'Inde, tournesols, zinnias... à 30 cm d'intervalle et hautes de 15 cm dans les jardins envahis de limaces, car à ce stade, elles n'y touchent plus.
- Si le printemps est sec, arroser le soir les arbustes plantés cet hiver (10 l/plant), les pois, laitues, carottes, navets, oignons (1 l/m).
- Après un arrosage copieux (10 l/plant), butter et pailler aubergines, haricots, melons, pastèques, piments, tomates.
- Tuteurer les concombres, haricots, melons, tomates et grands piments.

- Rempotage, taille et sortie au grand air des plantes gélives.
- Renouveler les colliers de carton sur les troncs des fruitiers et brûler les anciens.
- Éclaircir pommes, poires, pêches au sécateur pour n'en laisser qu'une dizaine par mètre de branche.
- Couper les pousses de la vigne à 2 feuilles au-dessus des grappes et réduire les autres de moitié.
- Soufrer les groseilliers à maquereau sensibles à l'oïdium.
- Couper toutes les feuilles boursouflées (pucerons) ; tailler les rameaux des pommiers et poiriers en cordons à 2 feuilles après chaque fruit (sauf en cas de canicule).
- Préparer du jus de consoude
- Couvrir carottes, ciboules, poireaux et oignons de voile anti-insectes.
- Pailler les fraisiers avec de la paille, des aiguilles de pin, du jonc.
- Plantation du safran en pots et des nérines en pleine terre.
- Continuer les récoltes de primeurs : artichauts, asperges et pommes de terre nouvelles arrivent !

Semer ou planter	Où	Quelle plante	Pour récolter	Conservation
S	PT	amarante	août-novembre	
S	SP	asperge	4 ans + tard + 20 ans	
P	HG	aubergine	août-octobre	
P	HG	basilic	juin-octobre	
S	PT	betterave	septembre-novembre	mars-avril
S	SP	cardon	décembre-mars	
P	PT	cardon	octobre-mars	
S	PT	carotte	octobre-février	
S	SP	céleri	septembre-mars	
P	PT	céleri	août-mars	
S	PT	cerfeuil	juin-juillet	
P	PT	chayotte	septembre-octobre	février-mars
S	PT	chicorée	juillet-août	
P	PT	chicorée	juin-juillet	
S	SP	chicorée endive	novembre-avril	
S	SP	chicorée sauvage	novembre-avril	
S	SP	chou brocoli	octobre-mars	
P	PT	chou brocoli	septembre-février	
S	SP	chou de Bruxelles	octobre-mars	
P	PT	chou de Bruxelles	septembre-février	
S	SP	chou cabus été	août-octobre	
P	PT	chou cabus été	juillet-octobre	
S	SP	chou cabus hiver	décembre-avril	

Semer ou planter	Où	Quelle plante	Pour récolter	Conservation
P	PT	chou cabus hiver	novembre-mars	
S	SP	chou rouge	décembre-avril	
P	PT	chou rouge	octobre-janvier	
S	SP	chou vert	décembre-avril	
P	PT	chou vert	octobre-mars	
S	PT	chou-rave	juillet-août	
S	PT	concombre-cornichon	août-octobre	
P	PT	concombre-cornichon	juillet-septembre	
S	PT	courge	octobre	janvier-avril
P	PT	courge	septembre	
S	PT	courgette	juillet-octobre	
P	PT	courgette	juin-septembre	
S	PT	haricot vert	juillet-août	
S	PT	haricot grain	août-septembre	
S	PT	laitue d'été	juillet-août	
P	PT	laitue d'été	juin-juillet	
S	PT	maïs	août-octobre	
S	HG	melon	août-septembre	
P	HG	melon	juillet-septembre	
S	PT	navet hâtif	juillet-août	
S	PT	panais	juillet-août	
S	HG	pastèque	septembre-octobre	
P	HG	pastèque	août-septembre	
S	PT	persil	juillet + 1 an	
P	PT	physalis	août- novembre	
P	PT	piment-poivron	août-novembre	
S	PT	pourpier	juillet-octobre	
S	PT	radis été	juin-juillet	
S	PT	roquette	juillet-septembre	
S	PT	salsifis	novembre-mars	
S	PT	scorsonère	novembre-mars + année suivante	
S	PT	tétragone	juillet-août	
S	PT	thym	octobre + 5 ans	
P	PT	thym	Juillet + 5 ans	
P	HG	tomate	juillet-novembre	

S : semis ; P : plantation ; A : abri chauffé ; HG : abri hors gel ; PT : en pleine terre ; SO : sous ombrière ; SP : semis en pépinière ; SD semis direct ; « + 4 ans » signifie qu'il s'agit d'une plante vivace à diviser au bout de 4 ans.

Conservation : bulbes et racines à garder en cellier ; « décembre-avril » indique que la conservation est possible jusqu'en décembre ou avril, la conservation est possible jusqu'en décembre ou avril, la durée dépend des variétés.

JUIN-JUILLET

Floraison des tilleuls, de la salicaire, du lis, du fuchsia. La huppe chante « houp houp houp » cachée dans les bois.

Entretien du jardin : 1-2 jours.

Au programme :

- Vérifier l'épaisseur des paillages et désherber le matin si nécessaire.
- Arroser copieusement au crépuscule sous les paillages sans oublier les arbustes récemment plantés, une fois par semaine. En période de canicule, attendre 22 h, et reporter les arrosages enrichis.
- Le lendemain d'un arrosage, profiter de la terre humide pour tuteurer les haricots. Palisser les tomates en enlevant les pousses latérales au-delà de 10 bouquets, mais ne pas trop les effeuiller pour éviter les coups de soleil. En cas de canicule, ombrer les grappes exposées avec des bouquets de fougère, des branchettes de saule.
- Ombrer les salades et les plantations récentes sous les pois arrachés, des cagettes ou des claies.
- Dans un seau fermé, à l'ombre, fabriquer des extraits de consoude, d'ortie et de prêle.
- Dans l'espace libéré par les primeurs, s'il ne fait pas trop sec, semer et planter pour l'automne et l'hiver.
- Plantation du safran, en pots.
- Continuer les récoltes de primeurs ; arrêter celle des asperges fin juin, savourer le bon-Henri, l'arroche, la rhubarbe, les artichauts.

Semer ou planter	Où	Quelle plante	Pour récolter
S	PT	aneth	juillet-septembre
S	PT	carotte de garde	octobre-février
S	PT	chicorée scarole	août-septembre
S	SP	chicorée endive	décembre-avril
S	SP	chicorée sauvage	décembre-avril
P	PT	chou brocoli	novembre-avril
P	PT	chou de Bruxelles	novembre-mars
S	PT	courgette	août-octobre
S	PT	haricot	août-septembre
S	PT	laitue d'été	août-septembre
S	PT	navet de garde	septembre-mars
S	PT	radis d'été	août-septembre
S	PT	radis d'hiver	octobre-mars
P	PT	poireau	octobre-avril

S : semis ; P : plantation ; A : abri chauffé ; HG : abri hors gel ; PT : en pleine terre ; SO : sous ombrière ; SP : semis en pépinière ; SD semis direct ; « + 4 ans » signifie qu'il s'agit d'une plante vivace à diviser au bout de 4 ans.

Conservation : bulbes et racines à garder en cellier ; « décembre-avril » indique que la conservation est possible jusqu'en décembre ou avril, la conservation est possible jusqu'en décembre ou avril, la durée dépend des variétés.

JUILLET-AOÛT

Floraison de la reine des prés, du tournesol. Les piérides volètent au-dessus des choux, gare !

Entretien du jardin : 1-2 jours.

Au programme :

- Arroser au crépuscule. En cas de canicule, attendre 22 h et veiller particulièrement à arroser doucement, en profondeur.
- S'il fait sec, c'est le moment d'arracher un maximum d'herbes vivaces et de ronces.
- S'il fait humide, si le mildiou frappe les aubergines, pommes de terre, tomates, après nettoyage au sécateur, pulvériser – copieusement – dessus/dessous à la bouillie bordelaise (25 g/l) additionnée de 20 cl/l d'extrait de consoude. Recommencer tous les 3 jours jusqu'au retour du beau temps et l'apparition de nouvelles pousses saines.
- Arroser (10 l/m^2) avec un mélange d'extrait d'ortie (10 %) et de consoude (10 %), tous les mois les tomates, aubergines, piments, haricots, courgettes, concombres.
- Arrosage hebdomadaire (10 l/plant) des arbustes de moins de 4 ans.
- Faire du jus de consoude en ajoutant des tiges bien vertes dans le récipient. Incorporer le feuillage décomposé dans le compost.
- Par temps frais (20 °C maxi), le soir, poudrer au soufre les vignes sensibles à l'oïdium.
- En cas de grosse chaleur, ombrer la vermicaisse pour maintenir la température à 30 °C maxi.
- Préparer une pépinière ombrée d'une toile verte ou d'une canisse pour y semer des fleurs vivaces qui fleuriront du printemps prochain à 5-6 printemps de suite : giroflée, julienne des dames, lupin, lychnis, pavot d'Orient...
- Enterrer des pots de terre cuite sous l'ombrière pour y bouturer armoise, fuchsias, lavatères arbustives, œillets, pélargoniums, rosiers, romarin, sauge et autres arbustes, sous cloche. Les doucher tous les soirs pendant un mois, puis les découvrir.
- Récolter les basilics chicorées, laitues, concombres, courgettes, haricots, tomates au moins une fois par semaine.
- Récolter les graines de fenouil encore vertes, ail, échalotes, pommes de terre et oignons de garde.
- Recueillir les graines des acanthes, ancolies, œillets, lupins, giroflées, belles de jour, volubilis, bleuets et centaurées, pois de senteur... et les ranger dans des boîtes en fer au frais et au sec. Et on n'oublie pas les étiquettes millésimées car les graines ne se gardent pas éternellement !
- Par temps humide, greffer en écusson abricotier, cerisier, prunier, pêcher, rosier. Ombrer, arroser régulièrement et copieusement les plants greffés et paillés. S'il fait chaud, attendre le printemps.
- Poser 1 piège à sirop tous les 2 m dans les fruitiers précoces, mouches et frelons attaquent les fruits encore verts.
- Curer les mares et fossés à sec et composter la vase, très fertile. Consolider les berges.

Semer ou planter	Où	Quelle plante	Pour récolter	Conservation
S	PT	carotte	octobre-mars	mars
S	SP	chicorée endive	décembre-avril	
S	SP	chicorée sauvage	décembre-avril	
S	PT	chicorée scarole	septembre-novembre	
S	PT	coriandre	septembre-mars	
S	PT	haricot vert	septembre-octobre	
S	PT	laitue à couper	septembre-novembre	
S	PT	navet d'automne	octobre-février	janvier
S	SP	oignon blanc	mai-juillet	
S	PT	radis d'hiver	octobre-mars	mars
S	PT	roquette	octobre-avril	

S : semis ; P : plantation ; A : abri chauffé ; HG : abri hors gel ; PT : en pleine terre ; SO : sous ombrière ; SP : semis en pépinière ; SD semis direct ; « + 4 ans » signifie qu'il s'agit d'une plante vivace à diviser au bout de 4 ans.

Conservation : bulbes et racines à garder en cellier ; « décembre-avril » indique que la conservation est possible jusqu'en décembre ou avril, la conservation est possible jusqu'en décembre ou avril, la durée dépend des variétés.

AOÛT-SEPTEMBRE

Floraison de l'aster couvert de vulcains, de l'anémone du Japon. Les tournesols montent en graine, les mésanges se régalent ! Les hirondelles s'alignent sur les fils avant le grand départ.

Entretien du jardin : 2-3 jours.

Au programme :

- Arroser au crépuscule. En cas de canicule, attendre 22 h et veiller particulièrement à arroser doucement, en profondeur sous les paillages.
- En cas de canicule, différer les plantations jusqu'au retour de la pluie.
- Tendre des ombrières sur tous les jeunes plants en cas de vague de chaleur.
- Ombrer un coin de jardin sous un store afin d'y semer des fleurs pour le printemps prochain : centaurée, coquelicot, coréopsis, immortelle, julienne, muflier, myosotis, pavot, rose trémière.
- Par temps frais, bouturer les armoises, buis, deutzias, fuchsias, ifs, hortensias, lauriers-roses, lavatères arbustives, sauges, rosiers, vignes, viornes sous ombrière.
- Planter le safran en pots, et s'il fait frais, des fraisiers à mi-ombre.
- Tailler les lavandes défleuries pour qu'elles reforment de jolies boules.
- Par temps sec, couper à ras, ou mieux, arracher les ronces, chardons, oseilles, orties pour les dévitaliser.
- Renouveler les paillages si nécessaire.
- Récolter les oignons et les pommes de terre de garde. Récolter les basilics, aubergines, chicorées, laitues, concombres, courgettes, haricots, piments, tomates au moins une fois par semaine.

- Ensacher les grappes de raisin et entretenir les pièges anti-guêpes dans les pruniers et pêchers, pour éviter que frelons et grosses mouches ne dévorent les fruits presque mûrs.
- Pendant tout le mois d'août, on continue à arroser les jeunes arbres chaque semaine.
- S'il fait frais, écussonner abricotier, amandier, cerisier, kaki, néflier, pêcher, poirier, pommier, prunier. S'il fait sec, on attend.
- Poursuite des traitements mensuels des vignes à cette période critique où oïdium et mildiou passent facilement à l'offensive.
- Sécher les prunes et les tomates au soleil.
- Curer les mares et fossés, composter la vase, consolider les rives.

Semer ou planter	Où	Quelle plante	Pour récolter	Conservation
S	SP	angélique	mai + 2 ans	
P	PT	chénopode bon-Henri	+ 4 ans au moins	
S	SP	chicorée scarole	novembre-décembre	
P	SP	chou pointu	avril-juin	
P	PT	chou vivace	+ 4 ans	
P	PT	ciboule	+ 4 ans	
S	PT	coriandre	octobre-avril	
S	PT	épinard	octobre-avril	
P	PT	fraisier	mai + 2-3 ans	
S	PT	laitue à couper	septembre-novembre	
S	SP	laitue d'hiver	avril-juin	
S	PT	navet d'automne	octobre-février	janvier
S	SP	oignon blanc	mai-juillet	
S	PT	persil	mars-juin	
S	PT	radis rose	octobre-novembre	
P	PT	rhubarbe	vivace + 20 ans	
S	PT	roquette	novembre-avril	

S : semis ; P : plantation ; A : abri chauffé ; HG : abri hors gel ; PT : en pleine terre ; SO : sous ombrière ; SP : semis en pépinière ; SD semis direct ; « + 4 ans » signifie qu'il s'agit d'une plante vivace à diviser au bout de 4 ans.

Conservation : bulbes et racines à garder en cellier ; « décembre-avril » indique que la conservation est possible jusqu'en décembre ou avril, la conservation est possible jusqu'en décembre ou avril, la durée dépend des variétés.

SEPTEMBRE-OCTOBRE

Floraison des asters. Le maïs blondit, les pyracanthas et les cotonéasters ruissellent de baies orange ou rouges. La fauvette à tête noire se régale des baies blanches des cordylines.

Entretien du jardin : 1-2 jours.

Au programme :

- Diviser les vivaces (ciboule, livèche, origan, oseille, iris, pivoines, hémérocalles…) et refaire les plantations de narcisses de plus de 5 ans en les plantant tous les 15 cm en poquets garnis de 5 cm de compost. Planter pareillement tulipes, jacinthes, crocus.
- Semer les centaurées, nigelles, pois de senteur, tabacs en caissette dans un coin de véranda. Pour gagner un mois d'avance sur les floraisons au printemps prochain.
- Plantation des pensées, giroflées, myosotis, œillets de poète… si vous avez le temps, s'il fait frais et si chez vous l'hiver n'est pas trop méchant, sinon, laissez-les en pépinière jusqu'au printemps.
- Abriter basilics, aubergines, chicorées, laitues, concombres, courgettes, persil, piments, tomates pour tenter de prolonger les récoltes.
- Récolter les courges par temps sec, en les manipulant doucement, puis les ranger sur le haut des meubles de cuisine.
- Récolter l'amarante, la quinoa, le maïs, les haricots-grains, le physalis, les noix, le raisin, le soja ; en région froide arracher les betteraves, navets, radis noirs et les ranger au cellier dans des pots garnis de feuilles de noyer. Ranger pareillement les carottes.
- Tailler les haies fin octobre pour pailler le potager et les plantes gélives avec les branchettes.
- Secouez les fleurs et le persil en graine au-dessus des massifs, l'an prochain vous aurez plein de petits semis vigoureux.
- Vers le milieu du mois, en région froide, rapprocher les piments et agrumes des façades et stopper l'arrosage de toutes les plantes en pots.
- Tondre les allées et prairies.
- Semer du seigle, trèfle et vesces en engrais vert.

Semer ou planter	Où	Quelle plante	Pour récolter	Conservation
S	PT	arroche	novembre-janvier	
S	PT	cerfeuil	novembre-mars	
P	PT	chicorées	novembre-mars	
P	PT	ciboule	mars + 4-5 ans	
P	PT	chou pointu	avril-juillet	
P	PT	chou vivace	avril + 3-4 ans	
S	PT	claytone	janvier-avril	
S	PT	coriandre	octobre-avril	
S	PT	épinard	novembre-avril	
P	PT	hysope	avril + 5 ans	
S	PT	laitue à couper	septembre-novembre	
S	SP	laitue d'hiver	avril-juin	
S	PT	mâche	janvier-mars	
S	PT	navet d'automne	octobre-février	janvier
S	SP	oignon blanc	mai-juillet	
S	PT	radis rose	octobre-novembre	
P	PT	rhubarbe	juin + 20 ans	
P	PT	romarin	avril + 20 ans	
S	PT	roquette	novembre-avril	
P	PT	serpolet	avril + 4-5 ans	
P	PT	thym	avril + 4-5 ans	

S : semis ; P : plantation ; A : abri chauffé ; HG : abri hors gel ; PT : en pleine terre ; SO : sous ombrière ; SP : semis en pépinière ; SD semis direct ; « + 4 ans » signifie qu'il s'agit d'une plante vivace à diviser au bout de 4 ans.

Conservation : bulbes et racines à garder en cellier ; « décembre-avril » indique que la conservation est possible jusqu'en décembre ou avril, la conservation est possible jusqu'en décembre ou avril, la durée dépend des variétés.

OCTOBRE-NOVEMBRE

Floraison du lierre, des chrysanthèmes. Les chardonnerets se disputent les bouffettes rousses de l'aster de Nouvelle-Angleterre. Un insecte mystérieux fait de la dentelle avec les physalis.

Entretien du jardin : 1-2 jours.

Au programme :

- Début des plantations d'arbres et arbustes.
- En climat doux, semis de fèves et de pois Caractacus. Plantation des oignons blancs.
- Après les premières gelées, nettoyage général dans les massifs, on bêche d'une main légère grâce au paillage maintenant complètement digéré, on divise, on plante vivaces et arbustes.
- Plantation des tulipes, jacinthes, crocus, narcisses. Attention, dans la pelouse c'est joli, au bord c'est plus pratique !
- Dernière tonte, en début d'après-midi par temps sec, pour aspirer les feuilles mortes et enrichir le compost.
- Abriter les boutures sous un tunnel en voile de forçage.
- Bêcher les sols lourds à grosses mottes, puis épandre les amendements nécessaires avant l'hiver.
- Placer un tunnel sur les chicorées, les épinards, bettes et ciboulettes pour en récolter jusqu'en janvier.
- Abriter artichauts, cardons, rosiers thé, jasmins et autres plantes gélives avec des branchettes dans les régions froides.
- Tailler les haies (en lune décroissante pour les lunistes), arracher les asperges devenues blondes et répandre les branchettes autour des plantes gélives en bourrelets aérés de 30-40 cm.
- Abriter citronniers, piments, pélargoniums, lauriers-roses et autres plantes gélives dans une pièce claire et sur les fenêtres ensoleillées.
- Récolter les châtaignes, kiwis, poires et pommes de garde et les ranger au cellier. Pour les kakis, attendre la première gelée.
- Ratisser les fruits pourris et les feuilles des fruitiers malades, puis lâcher les poules pour le grand ménage d'automne.
- Pulvériser tous les fruitiers sitôt les feuilles tombées au cuivre.
- Vider les réservoirs d'eau.

Semer ou planter	Où	Quelle plante	Pour récolter
P	PT	ail blanc (climat doux)	mai
P	PT	chou vivace	avril + 4 ans
S	PT	fève (climat doux)	avril-juin
P	PT	laitue d'hiver	avril-mai
S	PT	pois à grain rond (climat doux)	mai-juin
S	PT	roquette	décembre-avril

S : semis ; P : plantation ; A : abri chauffé ; HG : abri hors gel ; PT : en pleine terre ; SO : sous ombrière ; SP : semis en pépinière ; SD semis direct ; « + 4 ans » signifie qu'il s'agit d'une plante vivace à diviser au bout de 4 ans.

Conservation : bulbes et racines à garder en cellier ; « décembre-avril » indique que la conservation est possible jusqu'en décembre ou avril, la conservation est possible jusqu'en décembre ou avril, la durée dépend des variétés.

NOVEMBRE-DÉCEMBRE

Chute des feuilles : le tilleul inonde la pelouse de feuilles blondes. Floraison du camélia sasanqua. Le rouge-gorge, perché sur la grelinette devient franchement familier.

Entretien du jardin : 1 jour.

Au programme :

- Terminer les plantations de tulipes, narcisses, jacinthes, anémones dans la première semaine de décembre car plus tard, ils ne fleuriraient pas.
- Passer la tondeuse sous les arbres pour aspirer les feuilles mortes mêlées de gazon et en couvrir le compost.
- Brûler les bandes pièges fixées sur les troncs.
- Sitôt les feuilles tombées, traiter l'ensemble du verger en prévention des maladies.
- Taille des poiriers, pommiers, pêchers, de la vigne.
- Plantation des jeunes arbres par temps doux.
- Badigeonner troncs et maîtresses branches d'argile additionnée de 1 % de silicate de soude (en droguerie) pour prévenir maladies et attaques d'insectes et les débarrasser des lichens ou bien les badigeonner au lait de chaux, magnifique dans la lumière rase de l'hiver.
- Lâcher les poules sous les arbres pour détruire les larves hibernant dans le sol et dans le potager pour la chasse à la limace et à l'escargot.
- Incorporer superficiellement, à la griffe, une brouette de compost mûr sous la couronne de chaque arbre adulte ; une brouette pour 3 groseilliers et vignes.
- Après les gros coups de vent, vérifier les abris sur les boutures et les plantes gélives.

DÉCEMBRE-JANVIER

Floraison du noisetier, du perce-neige, de l'hellébore orientale. Les mésanges rayent le ciel d'éclats jaunes et noirs et de trilles euphoriques dès que le soleil brille.

Entretien du jardin : 1 jour.

Au programme :

- S'il fait froid, s'il pleut, si la terre n'est pas parfaitement meuble : repos !
- S'il fait doux : fermer les sacs et poubelles pleines de feuilles mortes trempées. Si vous en trouvez, introduisez une poignée d'*Eisenia foetida*, pour hâter la transformation du contenu en terreau.
- Terminer la récolte des kiwis et kakis avant les grosses gelées.
- Surveiller les provisions conservées au cellier pour retirer celles endommagées, éliminer les pousses des légumes racines et savourer les fruits mûrs.
- En climat doux, planter les camélias, edgeworthia, hamamélis, à l'ombre et en sol fertile peu calcaire. Bien ameublir le terrain sur 1 m^2 avant de planter un arbuste. Pour les arbres, creuser les trous sitôt le sol ameubli et y planter un solide tuteur d'1 m.
- Taille des poiriers et des pommiers, de la vigne. Pour les pêchers, on peut attendre que les bourgeons floraux passent au rose pour les distinguer des autres.
- Arracher l'herbe au pied des jeunes arbres et arbustes sans blesser les racines superficielles sur un rayon d'1 m autour du tronc.
- Couper les drageons en profondeur autour des arbres, puis incorporer un engrais complet ou du compost.
- Taille de la vigne, des groseilliers et cassis.
- Enterrer les greffons, les boutures de vigne et de groseilliers, à l'oblique, contre un mur exposé au nord.
- Badigeonner les troncs et les maîtresses branches des arbres.
- Bêcher le jardin à grosses mottes ou le pailler selon la qualité du sol et la région.
- Répandre les amendements si nécessaire.
- Tracer un plan du verger avant plantations.
- Préparer le plan du potager et repos !

« Rien n'est vrai,
tout est vivant. »

Édouard Glissant

Lectures inspirantes

Christian Boué, *Une saison au jardin*, éditions L'harmattan
Au fil des saisons, le poétique journal d'une année à la campagne par l'auteur de *Produire ses semences bio*, éditions Terre vivante, le meilleur des manuels pour semer l'autonomie et, avec **Jean Paul Thorez**, *Le guide Terre vivante du potager bio*. Copieux et complet, du semis à la graine.

Michel Chauvet, *Encyclopédie des plantes alimentaires*, éditions Belin
La description finement écrite et illustrée de 700 espèces alimentaires par un botaniste gastronome du Muséum d'Histoire naturelle. Unique ! L'œuvre d'une vie.

Eliot Coleman, *The New Organic Grower*, éditions Chelsea Green
À lire en américain car, hélas, sa traduction française est un massacre. Fâcheux pour un auteur aussi inventif que partageur. En français, son émule, **Jean-Martin Fortier** (*Le jardinier-maraîcher*, éditions Écosociété) inspire les jeunes maraîchers en quête de méthode. Mais attention, jardiner en maraîcher n'est pas exactement comme jardiner pour se nourrir !

Yves Darricau, *La vigne et ses plantes compagnes* (éditions du Rouergue) ; *Planter des arbres pour les abeilles* (éditions Terran)
Heureux vigneron breton, cet apiculteur agronome expérimente et partage ses expériences en pédagogue savant et bon vivant.

Pierre Idiart, *Herbes folles*, éditions Flammarion
Magnifique, unique et poétique. Pour découvrir la beauté des herbes sauvages de nos contrées, celles que l'on arrache sans un regard.

Jean-François Lyphout, *Purin d'ortie et extraits végétaux*, éditions Ulmer
Par le pionnier des producteurs, militant pour la liberté de ces alternatives aux pesticides avec l'association ASPRO. Un livret de référence, unique en son genre car basé sur l'expérimentation dans les champs de ces formules végétales.

Pierre Masson, *Guide pratique pour l'agriculture biodynamique*, éditions BioDynamie Services
Les savoir-faire d'un formateur résumés en un petit guide.

Dominique Louise Pélegrin, *Stratégies de la framboise, aventures potagères* ; *Ciel ! ma prairie, aventures paysagères*, éditions Autrement
Elle sait comme personne écrire une philosophie pimpante depuis un jardin un peu fou. Considérant la prairie, elle nous fait réfléchir sur nos façons de penser, d'habiter, de vivre. Son écriture est radieuse. Elle sait des histoires que l'on a oubliées, que l'on ignorait, que l'on oublie d'écouter, passant trop vite dans une vie de plus en plus hors-sol, tandis que tout lui est prétexte à gamberger, à réfléchir et à s'amuser.

Thierry Thévenin, *Les plantes du chaos* ; *Les plantes sauvages – Connaître, cueillir et utiliser*, éditions Lucien Souny
Une réflexion sensible sur ces plantes que l'on dit invasives et un guide documenté pour la cueillette des plantes sauvages, par un grand connaisseur, membre du syndicat Simples (www.syndicat-simples.org).

Les légumes passent à table, **collectif**, éditions Terre vivante.

Jardin inspirant

Depuis les années 1970, Yves Gillen vit en Brière, dans un jardin de 3 hectares qu'il entretient avec ingéniosité, sans moteur ni abonnements. De magnifiques bâtiments inventés avec des matériaux récupérés témoignent de son art de faire beau et pratique d'un rien. Il sait actionner un hache-paille, une éolienne pompe l'eau, le soleil la réchauffe, des oiseaux en tôle peinte volent parmi les vrais, nombreux en ces jardins bio cultivés avec brio. On lira avec plaisir *Les affranchis jardiniers* d'Annick Bertrand-Gillen (éditions Ulmer) avant ou après la visite de ce grand jardin singulier, d'avril à novembre, tous les après-midi.

Les jardins du marais, Hoscas, 44410 Herbignac.
Détails sur www.jardinspaysdelaloire.fr

Bonnes adresses

Mieux vaut consulter les sites de ces petits producteurs pour s'assurer des stocks disponibles, car, très occupés, la plupart ont un usage mesuré du téléphone et vendent surtout par correspondance.

Graines

www.biaugerme.com
Sous ce nom, treize fermes du Lot-et-Garonne produisent des semences bio de qualité. Avec une agréable option gastronomique pour les potagères et le rare talent de sélectionner des fleurs grandes et parfumées, quand la plupart de leurs collègues s'acharnent à nous les servir naines et muettes.

www.ecoflora.be
Pour curieux de fleurs sauvages de qualité, un site belge réputé.

www.germinance.com
Très grand choix de plantes comestibles dont beaucoup en biodynamie.

https://graines-grelin-grelinette.fr
Le site où acheter la vraie grelinette ! Son inventeur était grainetier, la maison a presque 100 ans, elle offre un choix incroyable de légumes, dont les fameux haricots 'Crochet de Savoie' et 'Signora della campagna' avec toute une gamme de délices italiens et des fleurs introuvables ailleurs. Aussi sur les marchés savoyards de La Rochette le mercredi, Albertville le jeudi, Chambéry le samedi et dans les fêtes des plantes locales.

https://lepotagerduncurieux.fr
Chez ce pionnier de la semence paysanne, gourmet et esthète : l'oignon des Cévennes, des collections de tomates, piments, légumes et aromatiques rares, des officinales et des fleurs magnifiques. Graines de qualité.

https://laboiteagraines.com
Une gamme originale : corète, kiwano rond, pois 'Caractacus', poivron 'Cubanelle', piment 'Végétarien'... avec beaucoup de fleurs rares.

www.semaille.com
Un producteur belge en potagères bien adaptées aux climats nordiques, comme le pois mangetout jaune 'St Désirat' ou le céleri 'Pipe creuse de Malines'.

www.olivier-tranchard.fr
D'achillée à viorne tin, le plus grand choix en graines de plantes sauvages issues d'un bio jardin pédagogique à Talmontiers (95)

https://phytosem.com
Ce spécialiste propose plus de 500 espèces de graines de sauvageonnes récoltées en France, avec un large choix de mélanges à semer selon votre terroir.

DEUX VRAIES GRAINETERIES :

Graineterie Colcy
10 rue Ardre, 51170 Fismes, www.graineterie-colcy.fr

Une graineterie à l'ancienne avec des spécialités locales comme le haricot 'Soissons à rames', le radis 'Jaune d'or' ovale, suave et croquant avec une bonne bière !

Graineterie Sabau
13 rue de Dunkerque, 59630 Bourbourg, tél.: 03 28 22 29 91

Une spécialité exquise : la chicorée 'Tête d'anguille' à grosse racine tendre, douce amère.

Fruitiers

Tous ces pépiniéristes expédient leurs arbres pour un tarif modéré. Ils vendent – sagement – des scions exclusivement en hiver que l'on peut récupérer dans les foires indiquées sur leurs sites. On a alors le plaisir de les rencontrer, d'apprendre beaucoup et de déguster d'innombrables variétés méconnues. Beaucoup organisent aussi des stages de greffage et de taille.

- **Pépinière d'Amélie,** Bain-sur-Oust 56 https://pepinieredamelie.fr
- **De l'arbre aux fruits,** Juliette et David Watson, Hameau de Caillens, 11140 Rodome, www.larbreauxfruits.fr
- **Pépinières Baud,** Le Palis, 84160 Vaison-la-Romaine, www.fig-baud.com. Le spécialiste du figuier (plus de 300 variétés), plus des grenadiers.
- **Pépinière du Bosc,** route de Lodève, 34700 Saint-Privat, www.pepinieredubosc.fr
- **Christophe Delay,** Les combes, 38780 Estrablin, https://christophedelay.pagesperso-orange.fr
- **Pépinière Grange,** 128 Chemin des Gardies, 30360 Monteils, www.pepinieregrange.fr
- **Mela Rosa,** 105 rue du Bois Tahon, 62140 Grigny, www.melarosa.fr
- **Nature et verger,** www.natureetverger.fr
- **La petite pépinière,** Grégory Faupin, Les Tesnières, 49500 Chazé-sur-Argos, www.lapetitepepiniere.fr
- **Pépin'Hier,** 200 impasse Chantemerle, 26150 Die, www.pepinhier.fr

Vignes

- **Viticabrol,** 18 avenue de Bélarga, 34230 Plaissan, https://viticabrol.fr
- **Jardivigne,** BP 54, 47110 Sainte-Livrade-sur-Lot, https://jardivigne.com : dans sa vigne conservatoire, on peut déguster avant d'acheter.

Baies et fruits singuliers

- **Permafruit**, 61 La Coumeillo, 11230 Tréziers, www.permafruit.fr
- **Ribanjou**, Zone Horticole du Rocher, Briollay, 49125 Tiercé, www.ribanjou.com
- **Pépinière Sebtan**, 200 chemin de Flaujac, 81380 Lescure d'albigeois, www.sebtan.fr
La plus riche collection de fruitiers insolites, des plants de qualité proposés sans cachotteries.

Vivaces et arbustes pour climat sec

- **Pépinière Filippi**, RD 613, 34140 Mèze, https://jardin-sec.com
Une collection unique pour jardiner magnifiquement sans arroser. Ceux qui ont le privilège de visiter le jardin de cette pépinière singulière découvrent l'art et la manière de cultiver magnifiquement l'impermaculture dans des circonstances difficiles, en bord de mer, en climat méditerranéen.

Vivaces sauvageonnes

- **Le Jardin du Lièvre**, 65 impasse de l'Hazegat Veld, 59173 Sercus, https://lejardindulievre.fr
Sur environ un hectare, un jardin singulier composé de plantes sauvages d'ici et de la Prairie américaine, par un Benoît Destiné, pépiniériste et jardinier émérite. La preuve qu'un beau, un bio jardin, c'est d'abord affaire de coup d'œil ! Pépinière de premier choix.

Rosiers anciens

- **Francia Thauvin**, 345 Rue des Pépinières, 45590 Saint-Cyr-en-Val, www.rosier-pepiniere.com
- **Lens Roses**, Redinnestraat 11, 8460 Oudenburg, Belgique, https://lens-roses.com
Spécialiste des hybrides de moschata, cette pépinière proche d'Ostende mérite une visite en mai lorsque sa collection, l'une des plus variées d'Europe, est en fleur.
- **Pépinière roses Loubert**, 11 rue de la société, 49 350 Les Rosiers-sur-Loire, www.pepiniere-rosesloubert.com
- **Roses Anciennes du Jardin de Talos**, La Plaine, Chemin de Saint-Jacques, 09190 Saint-Lizier, www.rosesanciennes-talos.com

Outils

www.triangle-outillage.fr
un site pour professionnels proposant une gamme de première qualité.

https://comptoirdelafaux.fr
pour trouver tout ce qu'il faut pour faucher à la faux, y compris des stages pour maîtriser cet art, et l'excellent *Guide pratique de la faux* d'Emmanuel Oblin, éditions Ulmer

Vocabulaire jardinier

- **Aisselle :** intérieur de l'angle formé entre un rameau et une feuille.
- **Ameublir :** bêcher ou griffer le sol pour le rendre meuble et perméable.
- **Annuelle :** une plante qui de la graine à la graine accomplit son cycle dans l'année.
- **Aubier :** la couche vivante, juste sous l'écorce d'un arbre ou arbuste.
- **Autofertile :** une plante dont les fleurs se fécondent sans l'intervention d'un partenaire. Par exemple le griottier. À noter que même les arbres autofertiles fructifient mieux en compagnie d'un semblable.
- **Autostérile :** une plante nécessitant le pollen d'un partenaire pour fructifier.
- **Basse-tige :** désigne un arbre fruitier dont le tronc mesure de 1 à 1,50 m.
- **Battant :** un sol prompt à se tasser, souvent argileux ou riche en limon.
- **Bisannuelle :** une plante accomplissant son cycle, de la graine à la graine, sur deux ans.
- **Caduque :** indique que la plante perd ses feuilles chaque automne.
- **Claie :** grille en bois.
- **Cordon :** rangée d'arbres fruitiers hauts d'1 m, conduits sur 1 ou 2 bras à l'horizontale.
- **Côtière ou costière :** plate-bande adossée à une paroi qui l'abrite du froid.
- **Cotylédon :** en général les deux premières petites oreilles vertes déployées par une graine germée. Mais les graminées n'émettent qu'un cotylédon, on les appelle d'ailleurs monocotylédones.

- **Couler :** se dit des fleurs qui ne donnent pas de fruits, par exemple parce que leur pollen est stérilisé par la chaleur (haricots, tomates) ou pour d'autres raisons variées, ainsi beaucoup de raisins étaient dits « coulards ».
- **Dioïque :** plante tantôt mâle, tantôt femelle. Par exemple : l'ortie.
- **Drageon :** pousse surgissant des racines de certains arbres (prunier myrobolan par exemple) ou arbustes (cognassier du Japon, corète…).
- **Éclat :** fragment de plante muni de racines, obtenu en divisant une touffe.
- **Écusson :** mode de greffe à partir d'un bourgeon taillé dans un fragment d'écorce ovale. On écussonne les rosiers par exemple.
- **Espalier :** une rangée d'arbres plantée contre un mur.
- **Flèche :** pousse principale d'un arbre.
- **Franc :** arbre ou arbuste issu de semis. Se dit aussi d'un semis de pommier grand format (4-6 m).
- **Gourmand :** pousse verticale vigoureuse poussant soit au pied d'un arbre, soit sur ses branches principales.
- **Greffe :** technique consistant à implanter un jeune rameau sur un plant enraciné, plus ou moins gros, de même espèce ou d'espèce compatible pour l'adapter à un terroir, contrôler la vigueur de la plante greffée, changer ses caractéristiques. La plupart des fruitiers sont greffés sur une pléiade de porte-greffes dont seuls les spécialistes maîtrisent la science, car il s'en invente régulièrement de nouveaux.
- **Guéret :** terrain ameubli.
- **Habiller :** désigne la taille des racines et rameaux d'un végétal avant plantation.
- **Haute-tige :** désigne un arbre fruitier dont le tronc mesure plus de 1,50 m.
- **Javelle :** bouquet de haricots arrachés que l'on suspend sous un toit pour les sécher.
- **Mangetout :** se dit des pois et haricots dont la gousse reste tendre et sans fil, prolongeant ainsi leur récolte.
- **Monoïque :** plante portant à la fois des fleurs mâles et femelles. Par exemple la courgette.
- **Œilleton :** jeune pousse d'artichaut ou de cardon pourvue d'un peu de racines. On l'obtient en la décollant du plant principal.
- **Pépinière :** plate-bande consacrée aux semis et boutures jusqu'à leur plantation définitive.
- **Pincer :** tailler une pousse tendre avec l'ongle.
- **Poquet :** fosse de 20 à 40 cm de large, garnie de compost avant plantation ou semis direct.
- **Porte-greffe :** semis de sauvageon ou plant développé sur lequel on greffe de jeunes pousses pour obtenir de plus belles floraisons ou récoltes.
- **Prâliner :** tremper les racines d'un plant dans une bouillie à base de bouse de vache et d'argile.
- **Scion :** arbre fruitier greffé d'un an.

Index des plantes

Index général

Imprimé en France par Champagne à Langres

N° 0,1358 - Dépôt légal : mars 2023

PEFC 10-31-3162